바람을 잡는
그대에게

바람을 잡는 그대에게

지은이 | 최병락
초판 발행 | 2023. 1. 26
2쇄 발행 | 2023. 3. 13
등록번호 | 제1988-000080호
등록된 곳 | 서울특별시 용산구 서빙고로 65길 38
발행처 | 사단법인 두란노서원
영업부 | 2078-3352   FAX | 080-749-3705
출판부 | 2078-3331

책값은 뒤표지에 있습니다.
ISBN 978-89-531-4385-2 03230

독자의 의견을 기다립니다.
tpress@duranno.com   www.duranno.com

두란노서원은 바울 사도가 3차 전도여행 때 에베소에서 성령 받은 제자들을 따로 세워 하나님의
말씀으로 양육하던 장소입니다. 사도행전 19장 8-20절의 정신에 따라 첫째 목회자를 돕는 사역과
평신도를 훈련시키는 사역, 둘째 세계선교(TIM)와 문서선교(단행본·잡지) 사역, 셋째 예수문화 및 경배
와 찬양 사역, 그리고 가정·상담 사역 등을 감당하고 있습니다. 1980년 12월 22일에 창립된 두란
노서원은 주님 오실 때까지 이 사역들을 계속할 것입니다.

바람을 잡는 그대에게

영원을 만나는 시간, ——————

전도서

최병락 지음

두란노

목차

추천사 6
서문 10

전도서는 어려운 책이다. 그 이유는 잘못 읽으면 허무를 찬양하는 책처럼 보이기 때문이다. 또한 모순과 알레고리를 많이 사용한 까닭에 깊이 묵상하지 않으면 핵심을 간파하기 어렵다. 그런 까닭에 누가, 어떤 관점을 가지고 전도서를 이해하느냐는 아주 중요하다. 똑같은 재료를 가지고도 음식을 만드는 사람에 따라 음식 맛이 달라지는 것처럼, 전도서를 강해하는 사람에 따라 전도서의 맛이 달라진다.

전도서 읽기는 지혜의 보물찾기와 같다. "모든 것이 헛되다"는 말이 자주 나오지만, 전도서는 지혜의 보고 그 자체이다. 저자는 전도서에 담긴 지혜의 보물을 찾아내어 우리에게 참된 지혜를 선물해 준다. 익숙한 것은 낯설게 만들고, 낯선 것은 익숙하게 만들어 우리를 깨우친다. 먼저 깨달은 사람만이 깨우칠 수 있다. 저자는 성령님의 도움을 받아 먼저 깨달은 것들로 우리를 깨우친다. 저자는 이 책에서 해 아래 지혜와 해 위 지혜의 차이를 보여 준다.

전도서는 기독교적 인문학의 정수다. 하나님의 안목에서 그리고 영원의 시각에서 인생이란 무엇이며, 인간이란 누구인가를 말해 준다. 한 걸음 더 나아가 하나님은 어떤 분이신가를 보여 준다.

저자는 힘들고 어려운 이민 목회를 경험한 목회자다. 고난의 풀무를 통과한 분이다. 그런 까닭에 저자의 깨달음은 깊다. 저자의 통찰은 힘겨운 세월을 견뎌 농축된 경험의 열매다. 저자가 깨달은 하나님의 지혜는 아름다운 향기를 발한다. 저자는 이 책에서 해 아래 이야기를 하면서 영원하신 하나님, 영원한 지혜, 영원한 세계를 드러내어 준다. 무엇보다 전도서의 감춰진 주인공, 예수님을 거듭 증거한다. 그래서 《바람을 잡는 그대에게》는 지혜의 보화가 담긴 책이다.

솔로몬의 지혜에는 한계가 있다. 그의 지혜는 탁월했지만, 정작 자신의 지혜를 따라 살지 못한 까닭이다. 하지만 솔로몬보다 크신 예수님은 지혜를 따라 사셨다. 그분은 지혜의 원천이시다(골 2:3). 솔로몬의 지혜는 거룩함을 겸비하지 못했다. 하지만 예수님의 지혜는 거룩함을 겸비한 지혜다. 그런 까닭에 우리는 전도서를 통해 예수님의 지혜를 더욱 갈망하게 된다.

전도서에 감춰진 하나님의 지혜를 배우길 원하는 분들에게 이 책을 추천한다. 전도서를 가르치고 강해하기 원하는 목회자들에게 이 책을 추천한다. 한 번뿐인 생애를 낭비하지 않고 값지게 살길 원하는 모든 분들에게 이 책을 추천한다.

● **강준민** 새생명비전교회 담임목사

최병락 목사님의 책을 읽으면 언제나 깊은 은혜와 감동을 받습니다. 주님을 바라보는 눈이 뜨이고, 인생과 세상을 보는 지혜가 생깁니다. 《바람을 잡는 그대에게》는 그중에서도 가장 은혜가 큽니다. 전도서 설교집인 이 책은 우리에게 무엇을 바라보며 살아야 하는지를 깨우쳐 줍니다.

사람에 대한 진정한 평가는 세 가지를 보아야 정확히 알 수 있습니다. 첫째는 죽을 때입니다. 우리는 장례식에서 비로소 '아, 이분이 이런 사람이었구나!' 하고 알게 됩니다. 둘째는 역사가 평가하는 것입니다. 앞서 말한 장례식 때도 그 사람이 진정 어떤 사람이었는지 알 수 없는 경우가 있습니다. 장례식은 거창했지만, 세월이 지나 그 무덤이 파헤쳐지는 사람도 많습니다. 바로 역사의 평가를 받는 것입니다. 셋째는 하나님 앞에서입니다. 주님은 자신이 구원받을 줄 알았던 많은 사람들이 하나님 앞에서 버림받을 것이라 말씀하셨습니다. 주의 이름으로 선지자 노릇 하며 주의 이름으로 귀신을 쫓아내고 주의 이름으로 많은 권능을 행하던 많은 사람도 주님 앞에서 "내가 너희를 도무지 알지 못하니 불법을 행하는 자들아 내게서 떠나가라"(마 7:23)라는 말을 들을 것이라고 하셨습니다.

대부분의 사람들이 '해 위에 있는 세상'을 보지 못한 채 '해 아래 있는 것'만 바라보며 살기에 그렇습니다. 결국 삶을 허비하고, 마지막 순간 큰 혼란에 빠져 비참한

종말을 맞이하기에 그렇습니다. 이 책은 세상에서 머뭇거리거나 헛것을 기웃거리며 살지 말라며 경각심을 불러일으킵니다. 짧게 지나가는 것에 소망을 두지 말고, 하나님 앞에 설 때를 바라보라는 것입니다. 그래서 이 책이 너무나 소중합니다.

해 아래 살면서도 해 위의 것을 바라보고 사는 은혜의 눈이 열려야 합니다. 사도 바울은 하늘 위를 다녀온 뒤 하늘 아래의 삶이 완전히 바뀌었습니다. 저자는 사도 바울만 아니라 우리에게도 이러한 순간이 온다고 말합니다. 큰 사고를 당해 죽음을 앞둔다든지, 정말 행복해서 눈물이 나는 순간 등 하늘이 인간에게 말을 거는 때가 있다는 것입니다. 그때 그 영혼의 속삭임을 무시하지 말라고 합니다. 하나님이 말을 걸어오시는 순간이기 때문입니다. 그때 모든 것을 다 내려놓고 하나님의 손을 잡아야 합니다.

우리에게 필요한 것은 "세월을 아끼라"는 말씀입니다. 누가복음 13장 6-9절에 보면, 포도원에 심겼으나 3년 동안 열매를 맺지 못하는 무화과나무를 찍어 버리라는 포도원 주인에게 포도원 지기가 한 해만 기다려 달라고 간청하는 장면이 나옵니다. 여기 나오는 포도원 지기가 바로 예수님이십니다. 우리는 예수님 덕에 '한 해 더 사는' 은혜를 받았습니다. 이것을 믿으면 하나님의 말씀대로 사는 것이 왜 어렵겠습니까? 항상 기뻐하고, 쉬지 않고 기도하고, 범사에 감사하며 왜 못 살겠습니까? 원수라도 왜 사랑하지 못하겠습니까? 먹고사는 걱정을 왜 하겠습니까? 예배하고 전도하고 사랑만 하다가 주님 앞에 가고 싶을 것입니다. 세상 모든 것이 배설물처럼 느껴질 것입니다. 세상에 미련이 왜 남겠습니까? 24시간 예수님만 바라볼 것입니다. 고난이 축복이고 희생이 감사요 순교가 기도 제목이 될 것입니다.

예수님은 하나님이시지만 사람이 되셨고, 모든 사람의 죄를 지고 십자가에 죽으셨으나 지금 모든 성도의 마음속에 거하십니다. 새것이 없는 해 아래서 새로운 것을 찾지 말고 새로운 눈을 가져야 합니다. 구원받은 성도는 누구나 전도서 기자나 사도 바울처럼 자신을 만나 주시는 하나님의 은혜의 순간을 경험하게 됩니다.

이 책을 읽는 이들은 주님을 바라보는 눈이 뜨이고 주님의 음성을 듣는 귀가 열리며, 사랑만 하며 살게 될 것입니다. ● **유기성** 선한목자교회 담임목사

전도서는 시대를 불문하고 지혜와 삶의 깊이를 더해 주는 성경이지만, 설교자들이 전체를 강해 설교하기에는 유독 어려워하는 책이기도 합니다. 그 이유는 전도서가 요새 젊은이들의 말을 빌리자면 '답정너'에 가깝기 때문입니다. '답정너'란 '답은 정해져 있으니 너는 대답만 하면 돼'의 줄임말입니다. 전도서를 읽다 보면 '이렇게 살아야 지혜자고 저렇게 살면 우매자다' 라는 식의 구절이 많습니다. 그런 구절에 대하여 독자인 우리는 뭐라 답하겠습니까? 이미 정해진 답에 "아, 네에" 하고 대답만 하면 그만입니다. 그야말로 '답정너' 전도서입니다. 전도서의 부분 부분을 설교하는 설교자는 봤어도 전도서 전체를 강해하는 설교자가 드문 이유가 여기에 있습니다.

최병락 목사님의 신간 《바람을 잡는 그대에게》는 그 어려운 전도서를 주해하고 강해하여 가장 핵심 메시지들을 서른 장의 글로 연결했습니다. 너무나 쉬운데, 깊으며 감동이 됩니다. '답정너'가 아니라 '이게 내가 이해했던 전도서 맞나?' '전도서가 혹시 살아서 나에게 말을 거나?' 하는 의문까지 들게 합니다. 영원이 순간에게 말을 걸고, 지혜가 지혜에게, 승리가 성공에게, 죽음이 삶에게, 수고가 수고에게, 시간이 시간에게 말을 건다는 최병락 목사님의 특별한 의인화 기법 때문입니다. 그래서 마치 전도서가 우리에게 말을 걸어오는 대화 같은 내러티브가 되었습니다. 《바람을 잡는 그대에게》를 통해 하나님의 지혜의 말씀인 전도서와 대화해 보십시오. 바쁘게 지나가던 일상의 의미와 삶의 깊이를 새로이 느끼게 될 것입니다.

아울러 세미한교회의 후임 목사인 저를 포함해 수많은 후배 목사들에게 이 시대 살아 있는 전도자가 되어 이 시대 목회자들을 위한 전도서를 써 가고 계시는 최병락 목사님께 감사드립니다. 목회하는 분들이나 목회를 준비하는 신학도들이라면 더더욱 이 책을 강력 추천합니다.
● **이은상** 세미한교회 담임목사

바람을 잡으려고 쫓아가 본 적 있으신가요? 아니면 높은 언덕에 서서 불어오는 바람을 손으로 움켜쥐어 본 적 있으신가요? 그렇게 잡은 그 바람은 지금 어디에 모아 두셨나요?

이 일에 누구보다 열심이었던 전도자는 그 모든 수고가 허무하다고 고백합니다. 고민에 빠집니다. 허무한 것을 알고 일찌감치 포기해야 하는가? 아니면 그래도 끝까지 따라가 잡아야 하는가?

바람은 절대로 잡을 수 없는 것이라고 포기하고 산다면 염세주의에 빠지게 되고, 끝까지 잡으려고 따라갔다간 허무주의에 빠지게 됩니다. 잡을 수 없는 줄 알면서도 잡을 수 있는 것처럼 산다면 자기기만에 빠지고, 노력하면 언젠가는 잡을 수 있으리라 여기며 따라가면 결국 탈진을 경험하게 됩니다.

그럼, 우리는 어떻게 살아야 하나요? 〈전도서〉를 펼쳐야 할 시간입니다. 놀랍고 신비로운 것은, 우리가 바람을 쫓아가는 그 길고 허무한 시절 동안 우리를 집요하게 쫓아오는 바람이 있었다는 것입니다. 그 바람은 하나님의 숨결, 곧 바람 같은 성령님입니다. 내가 해 아래 바람을 따라갈 때, 하나님의 바람은 하늘에서 내려와 나를 따라왔습니다. 내가 허무한 것을 따라갈 때, 하나님은 허무한 내 인생을 쫓아와 기어이 붙잡으셨습니다. 이 만남을 저는 '영원이 순간에게 말을 걸다'라고 표현했습니다.

이 책은 영원의 세상이 순간의 인생에게 가르쳐 주는 서른 가지 주제를 다룹니다. 인생의 참된 의미는 피조물이 창조주를 만날 때, 순간이 영원에 접속될 때, 헤벨(허무)이 올람(영원)의 소리를 듣게 될 때 비로소 찾게 됩니다. 영원의 소리가 들릴 때 우리는 바람을 쫓던 길에서 돌이켜 나를 쫓아오신 그 바람을 향하게 됩니다.

"너는 청년의 때에 너의 창조주를 기억하라 곧 곤고한 날이 이르기 전에, 나는 아무 낙이 없다고 할 해들이 가깝기 전에 그리하라"(전 12:1).

이 책이 세상에 나올 수 있게 힘써 주신 분들께 감사를 드립니다. 먼저, 늘 부족한 글에 한결같은 지지로 출판을 격려해 주시는 두란노서원에 감사를 표합니다. 얇지 않은 책을 편집하고 다듬느라 저보다 더 수고를 아끼지 않은 출판부에 감사를 보냅니다. 평생 글 쓰고 책 쓰는 남편의 시간을 넉넉히 배려하고 보장해 준 가장 든든한 지원자인 아내와 멀리서 응원을 아끼지 않는 저의 팬클럽, 딸 하연, 아들 영광에게도 고마움을 전합니다. 무엇보다 기도와 엄지 척으로 제가 늘 거룩한 착각에 빠져 자기가 최고인 줄 알고 살게 만들어 주는 강남중앙침례교회 식구들의 분에 넘치는 사랑에 고마움을 전합니다. 그리고 나의 주 나의 하나님께 감사합니다.

최병락

1

영원이 순간에게
말을 걸다 전 1:1-11

전도자가 이르되
헛되고 헛되며 헛되고 헛되니
모든 것이 헛되도다 (전 1:2)

● ● ● ●　　전도서는 지혜서입니다. 어떤 사람은 허무의 책이라며 꺼리기도 하지만, 제게는 가장 복음적이며 영원을 생각나게 하는 복된 책입니다.

전도서는 저자를 밝히지 않지만, 전통적으로 솔로몬이라고 봅니다. 이유는 1장 1절 때문입니다. "다윗의 아들 예루살렘 왕 전도자의 말씀이라"(전 1:1). 여기서 아들은 친아들도 되지만, 자손도 되기 때문에 정확히 누구를 지칭하는지는 알 수 없습니다. 하지만 '다윗의 아들 예루살렘의 왕'이라고 밝힌 것이 중요한 힌트입니다. 이스라엘은 솔로몬 이후로 북이스라엘과 남유다로 나뉜 후 남쪽의 왕은 '유다 왕', 북쪽의 왕은 '이스라엘 왕'이라고 불렸습니다. 따라서 다윗 이후 '예루살렘 왕'이라는 호칭을 사용할 수 있는 유일한 왕인 솔로몬이 1절의 주인공이라고 할 수 있습니다.

전도서는 '액자식 구성'으로 기록되었습니다. 액자식 구성이란, 액자 안에 그림이 들어 있듯이 전체 이야기 안에 또 하나의 이야기가 들어 있는 구성 방식입니다. 1장 1-2절은 "다윗의 아들 예루살렘의 왕 전도자의 말씀이라 전도자가 이르되 헛되고 헛되며 헛되고 헛되니 모든 것이 헛되도다"라고 기록되어 있습니다. 이 표현은 전도자가 한 말이 아니라, 전도자가 한 말을 누군가 제3자 입장에서 기록한 것입니다.

그러다가 전도자가 직접 말하는 1인칭 화법으로 바뀝니다. "나 전도자는 예루살렘에서 이스라엘 왕이 되어"(전 1:12). 이 1인칭 화법이 마지막 장인 12장 7절까지 이어지다가 12장 8절에서 다시 3인칭으로 바뀝니다. "전도자가 이르되"(전 12:8 상), "전도자는 지혜자이어서"(전 12:9 상). 전도자를 설명하면서 마무리하는 것입니다. 따라서 전도서의 열두 장 전체는 3인칭, 1인칭, 3인칭으로 구성된 액자식 구성입니다. 이것은 곧 어떤 편집자가 솔로몬의 지혜를 모아서 편집했다는 뜻입니다.

저자를 솔로몬이라고 본다면, 전도서는 그의 노년에 기록했다고 할 수 있습니다. 부귀영화와 권력을 다 가져 본 후 자신의 생을 돌아보며 인생의 짧고 덧없음을 기록합니다. 전도서의 원래 이름은 "코헬렛"입니다. 코헬렛은 '불러 모아 말하는 사람'이라는 뜻입니다. '사람을 불러 모아 가르친다', 이것을 한글 성경은 '전도자'라고 번역한 것입니다.

〜 헤벨과 올람

많은 사람들이 전도서의 주제를 '헛됨'이라고 생각합니다. 그 이유는 시작부터 끝까지 가장 많이 등장하는 단어가 '헛되다'라는 뜻의 '헤벨'이기 때문입니다. 한글 성경도 헤벨을 '헛됨'으로 번역했습니다. 성경 전체에 헤벨이 73번 정도 나오는데, 그중에 전도서에서만 38번이 나옵니다. 그래서 헤벨은 전도서를 대표하는 핵심 단어입니다. 전도서의 대표 구절인 1장 2절은 "전도자가 이르되 헛되고 헛되며 헛되고 헛되니 모든 것이 헛되도다"(헤벨 헤발림 아마르 코헬렛 헤벨 헤발림 하콜 헤벨)로 헤벨이 다섯 번이나 반복되어 나옵니다.

여기서 헤벨을 어떻게 번역하느냐가 매우 중요합니다. 헤벨은 '헛되고 허무하다'라고 번역할 수도 있고 '짧다'라고 번역할 수도 있습니다.

한글 성경은 '허무', '헛됨'으로만 번역했지만, 전도서 전체의 내용을 볼 때는 '짧다'라고 번역하는 것이 더 합당합니다. 전도자가 세상의 모든 것이 '헛되다'고 말한 이유는 그것이 영원하지 않고 잠시 있다가 사라지기 때문입니다. '헤벨'의 원래 뜻은 '수증기, 입김, 이슬'로, 금방 사라진다는 공통점이 있습니다. 전도서가 일깨워 주는 것은 우리가 이 땅에서 영원하다고 생각했던 모든 것들이 사실 주전자에서 나오는 수증기, 입에서 나오는 입김, 해 뜨기 전 맺힌 이슬이나 안개와 같이 순식간에 눈앞에서 사라져 버리는 허무한 것들이라는 점입니다. 이 땅에 소망이 없다는 것입니다. 따라서 2절을 이렇게 번역하면 더 정확합니다. "전도자가 이르되 인생은 짧고 짧으며 짧고도 짧으니 모든 것이 쉬이 사라지는 것들이다."

헤벨은 아벨의 이름에도 등장합니다. 아벨과 헤벨은 어원이 같습니다. 아벨은 잠시 살다가 형에게 살해당해 이 세상을 떠난 인생입니다. 아벨이 헤벨이었다는 뜻이지요.

헤벨은 신약에도 나옵니다. "내일 일을 너희가 알지 못하는도다 너희 생명이 무엇이냐 너희는 잠깐 보이다가 없어지는 안개(헤벨)니라"(약 4:14). 여기서 말하는 헤벨도, 잠깐 있다가 사라진다는 뜻입니다.

헤벨과 함께 기억해야 할 단어 하나가 있습니다. 바로 '올람'입니다. 올람은 헤벨의 반대말로 '영원'을 나타냅니다. 영어로는 'eternity'입니다. 인생의 참 지혜자는 무엇이 헤벨이고 무엇이 올람인지를 아는 사람입니다. 전도서는 1장부터 12장까지 무엇이 헤벨(잠시 잠깐)이고 무엇이 올람(영원)인지를 밝혀 줍니다. 독자들에게 요구하는 것은 한 가지입니다. 헤벨을 위해 살지 말고, 올람을 위해 살라는 것입니다. 지금 손에 쥐고 있는 것, 앞으로 가지려 하는 것이 헤벨인지 올람인지를 생각하면서 선택과 결정을 하라고 합니다.

어릴 적에 눈깔사탕이라는 것이 있었습니다. 맛은 둘째 치고 잘만 조절하면 하루 종일 입에서 녹여 먹을 수 있을 만큼 컸습니다. 마당에서 뛰어노는 아이를 불러 보통 사탕과 눈깔사탕 중 하나를 선택하라고 하면 무조건 눈깔사탕을 선택합니다. 무엇이 더 오래가는지 알기 때문입니다. 우리 인생의 선택이 바로 이와 같습니다. 영원한 것과 영원하지 않은 것 사이의 선택입니다. 전도자는 우리에게 이야기합니다. 무엇이 헤벨이고 무엇이 올람인지를 기억하고, 금방 사라지는 허무한 것이 아니라 영원한 것을 선택하라고 말입니다.

전도서 1장 1-11절에는 무엇이 헤벨이고, 무엇이 올람인지를 시각적으로 설명해 주는 단어가 있습니다. 바로 '해 아래'(under the sun)입니다. 전도자는 해 아래에 있는 것은 헤벨이고, 해 위에 있는 것은 올람이라고 가르쳐 줍니다. "해 아래에서 수고하는 모든 수고가 사람에게 무엇이 유익한가"(전 1:3).

세상에는 두 종류의 사람이 있는데, 해 아래의 것을 위해 사는 헤벨의 사람이 있고, 해 아래 살면서도 해 위의 것을 바라보며 사는 올람의 사람이 있습니다. 기독교인은 어떤 사람인가요? 바로 해 아래 살지만 해 위의 것을 위해 사는 사람입니다. 김진홍 목사님의 《바닥에서 살아도 하늘을 본다》(한알의밀알)라는 책이 있습니다. 헤벨에서 살아도 올람을 본다는 뜻이지요. 또 한스 부어스마의 《천상에 참여하다》(IVP)라는 제목의 책도 있습니다. 우리는 이 땅을 살지만 하늘의 삶에 참여합니다.

해 위를 본 사람은 해 아래에 마음을 빼앗기지 않습니다. 올람을 경험한 사람은 헤벨에 아까운 시간을 쏟아붓지 않습니다. 해 아래에서 일어나는 큰일도 해 위로 올라가면 아무런 문제가 되지 않기 때문입니다.

맑은 날씨에 비행기가 이륙하는데 갑자기 검은 구름이 끼고 비가 오기 시작하며 번개가 칩니다. 금방이라도 비행기가 추락할 것 같습니다. 기체가 흔들리고 천둥소리가 창문을 두드립니다. 그러나 비행을 포기하지 않고 계속 비상해서 구름 위로 날아오르면, 완전히 다른 세상이 펼쳐집니다. 이것이 해 아래 인생과 해 위 인생의 차이입니다.

성경에는 해 위를 다녀온 사람이 나옵니다. 바울은 어느 날 삼층천을 다녀왔다고 합니다. 일층천을 대기권, 이층천을 우주라 한다면, 삼층천은 어디일까요? 우주 너머 하나님 계신 천국입니다. 바울은 "내가 그리스도 안에 있는 한 사람을 아노니 그는 십사 년 전에 셋째 하늘에 이끌려 간 자라(그가 몸 안에 있었는지 몸 밖에 있었는지 나는 모르거니와 하나님은 아시느니라)…그가 낙원으로 이끌려 가서 말로 표현할 수 없는 말을 들었으니 사람이 가히 이르지 못할 말이로다"(고후 12:2, 4)라고 고백합니다. 바울은 사람의 말로 표현할 수 없는 천국을 보고 다시 해 아래로 내려왔습니다. 하늘 위를 다녀온 뒤, 하늘 아래 그의 삶이 완전히 바뀌어 오직 올람을 위해 살게 되었습니다. 그는 하늘 밑에 자기 인생을 걸 만한 게 없다는 것을 알았습니다. 영원을 보고 왔으니 이 땅의 무엇에 소망을 걸 수 있었겠습니까? 평생 해 위의 주님을 위해 살다가 그토록 멋지게 인생을 마무리하고 하늘 위로 간 것입니다.

전도자는 어렴풋이나마 영원을 경험케 하는 네 가지를 소개합니다. 바로 '땅, 해, 바람, 강'입니다. "한 세대는 가고 한 세대는 오되 땅은 영원히 있도다 해는 뜨고 해는 지되 그 떴던 곳으로 빨리 돌아가고 바람은 남으로 불다가 북으로 돌아가며 이리 돌며 저리 돌아 바람은 그 불던 곳으로 돌아가고 모든 강물은 다 바다로 흐르되 바다를 채우지 못하며 강물은 어느 곳으로 흐르든지 그리로 연하여 흐르느니라"(전 1:4-7).

"땅을 밟던 사람들, 불어오는 바람을 맞던 사람들, 해 아래 일광욕을 하던 사람들, 강물에 발을 담그던 사람들은 다 바뀌었지만, 그 땅, 그 해, 그 강과 바람은 여전히 남아 있는 것처럼 하나님이 계시는 천국은 영원히 변하지 않는 올람의 세계다." 이렇게 말하는 것입니다. 하지만 산과 바다도 영원을 설명하기에는 부족합니다.

영원이 얼마나 긴 시간이냐는 제자의 물음에 스승은 이렇게 설명합니다. "저 히말라야 에베레스트 꼭대기에 천 년에 한 번씩 독수리가 날아와 치고 간단다. 그렇게 에베레스트가 평지가 되는 시간, 그때가 바로 영원의 시작이다." 올람은 사람의 상상으로 잴 수 있는 시간의 길이가 아닙니다.

〰 하늘 위에서 내려온 손

놀라운 사실은 우리가 살아가는 중에 하늘 위에서 하늘 아래로 내려오는 손을 만날 때가 있다는 것입니다. 하늘이 땅에게 손을 내밉니다. 올람이 헤벨에게 말을 겁니다. 그 소리를 듣는 사람이 있고, 듣지 못하는 사람이 있습니다.

사우스웨스턴 신학교의 교수 로이 피시는 《When Heaven Touched Earth》라는 책을 썼습니다. 번역하면 '하늘이 땅을 만질 때'입니다.

하나님이 올람의 삶을 살라고 우리 영혼을 만지실 때가 있습니다. 그 순간을 라틴어로 '메멘토 모리'(죽음을 기억하라)라고 합니다. 갑자기 죽음 이후를 생각하고, 인생의 허무를 경험하는 순간이 누구에게나 있습니다. 그때가 해 위의 손이 해 아래로 내려와 나를 만지는 순간입니다.

당대 최고의 지성인이었던 고(故) 이어령 박사는 6살 시절 이야기를 들려주었습니다. 동네 친구들이 모두 산으로 들로 놀러 간 후, 그는 혼

자 남아 보리밭 사이로 굴렁쇠를 굴리며 놀고 있었습니다. 그러다 쏟아
지는 태양 밑에서 불현듯 이유 없이 눈물을 흘립니다. 그 순간을 잊지
못하고 어른이 된 이어령은 대학 때 라틴어 수업을 듣던 중 '메멘토 모
리'라는 단어를 만납니다. 그때 비로소 6살에 흘린 이유 없는 눈물이 죽
음을 기억한 순간이었음을 알게 되었다고 합니다. 6살짜리 아이에게
영원이 말을 걸어온 것입니다. 해 위의 손이 해 아래로 내려와 그의 영
혼을 만진 것입니다. 그는 일흔이 넘어 하늘에서 내려온 손을 붙잡았
고, 예수님을 믿고 세례를 받았습니다.

하나님은 인생에 몇 번씩 당신을 만날 기회를 주십니다. 큰 사고를
당해 죽음을 앞둔다든지 정말 행복해서 눈물이 나는 순간, 영혼이 어
떤 것을 만난 것입니다. 행복한 순간이 끝날 것만 같아서 펑펑 우는 신
부 역시 하늘이 인간에게 말을 거는 때를 만난 것입니다. 영혼을 만지
는 시간입니다. "너 헤벨만 위해 살다가 죽을래, 아니면 올람을 준비하
면서 살래?" 그때 우리는 영혼의 속삭임을 무시하면 안 됩니다. 하나님
이 그 사람을 살리기 위해 말을 걸어오시는 것입니다. 이 세상이 전부
가 아니라는 음성이 들려올 때는 모든 것을 다 내려놓고 하나님의 손을
잡아야 합니다.

하늘의 하나님이 헤벨을 사는 우리에게 걸어오시는 가장 강력한 말
은 '예수'입니다. 말씀이 육신이 되어 이 땅에 오신 분이 예수님입니다.
올람의 세상에서 헤벨의 사람을 구원하기 위해 직접 내려오신 분입니
다. 예수님을 믿는 순간, 우리는 올람의 세상에 접속되고, 해 위의 사람
이 되는 것입니다. 그러한 사람은 헤벨을 위해 살지 않습니다. 인생의
남은 순간을 오직 영원을 위해 살게 됩니다. 오늘 이 땅에서 살아도 올
람을 위해 사는 것을 히브리어로 '올람 하제'라고 합니다. 그리스도인

은 '올람 하제'의 삶을 사는 이들입니다.

'목숨은 태어나면서부터 죽음의 기저귀를 차고 나온다'라는 말이 있습니다. 누구도 죽음을 피해 갈 수 없습니다. 그런데 이 땅에서 어떻게 사느냐에 따라, 죽음 후에 '올람'으로 가는 사람이 있고, 지옥으로 던져지는 사람이 있습니다. 순교자 짐 엘리엇 선교사가 선교를 떠나기 전 남긴 고백입니다. "영원한 것을 얻기 위해 영원하지 않은 것을 포기하는 자는 결코 어리석은 자가 아니다." 헤벨과 올람이 무엇인지를 제대로 아는 사람만이 할 수 있는 고백입니다.

때로는 하나님이 누군가를 너무 사랑하셔서 해 위의 세상을 억지로 경험시키시는 경우도 있습니다. 바로 임사 체험입니다. 몇 초에서 몇십 분까지 병상에서 물리적으로 죽었다가 다시 깨어나는 것입니다. 그들의 삶은 이전과 달라집니다. 하늘 위를 본 사람은 절대로 이전처럼 살 수 없습니다. 자기의 모든 것을 드려도 아깝지 않습니다. 하늘의 영원함과 이 땅의 허무함을 봤기 때문입니다. 남은 생애를 어떻게 살아야 하는지 정확히 알게 됩니다. 임사 체험이 아니더라도 불치의 병에서 고침 받거나 큰 사고에서 살아난 사람들은 영원이 순간에게 건네는 말을 듣기도 합니다. 그리고 절대로 이전과 같이 해 아래 삶을 살지 않습니다. 더 높은 가치를 위해서 살게 됩니다.

～ 짧고 짧으니 모든 것이 순간이로다

그렇다면 우리는 해 아래에서의 하루를 어떻게 살아야 할까요? 헤벨을 '허무'로 해석하면 세상 아무렇게나 살아도 됩니다. 그러나 헤벨을 '짧음'으로 해석하면 이 세상의 모든 순간이 소중하게 바뀝니다. 그래서 우리는 전도서의 헤벨을 '짧음'으로 해석하며 살아야 합니다. 우리 눈

앞에 있는 모든 것이 영원하지 않고 짧게 지나간다는 것을 알아야 합니다. 그때 우리의 눈이 바뀝니다. 모든 것이 다 소중해집니다. 함부로 대할 것이 없어집니다.

사람에게 소홀한 이유는 이 사람과 오래 있을 것이라는 착각 때문입니다. 영원하지 않은 대상을 영원한 것으로 오해하면 소홀하게 대합니다. 오늘 잘해 주지 못하면 내일 잘해 주면 된다고 생각합니다. 하지만 헤벨을 아는 사람은 모든 것이 안개와 같이 쉬이 사라짐을 알기에 오늘 내 눈앞의 사람을 사랑하며 삽니다.

《일리아드 오디세이》에서 신은 인간을 질투합니다. 모든 것을 다 가진 신이 인간을 질투하는 이유는 인간이 죽기 때문입니다. 그래서 순간순간을 절실하게 살며 소중히 여기기 때문입니다. 오늘이 전부라는 것을 알았을 때 삶이 가장 농밀해집니다.

사랑하며 살아도 부족한 시간입니다. 내 눈앞에 있는 배우자를 내일 또 볼 수 있다고 생각해서 사랑하기를 미루거나 함부로 대하지 맙시다. 학교 가는 아이가 저녁에 돌아올 것이라고 생각해서 사랑을 미루지 맙시다. 삶은 짧습니다. 미워하지 맙시다. 좋아한다는 말을 내일로 미루지 맙시다. 소중한 모든 것이 입김처럼 순간 사라질 존재입니다. 있을 때 더 사랑하고 소중하게 대하길 바랍니다.

해 아래 새것이 없는데 매일 새롭게 만나는 방법은 그것을 새로운 눈으로 보는 것입니다. 새로운 것을 찾지 말고 스스로 새로운 눈을 가집시다. 새로운 사람을 찾지 맙시다. 새로운 눈을 가지면 똑같은 사람도 새로운 사람이 됩니다. 전도서가 가르쳐 주는 것이 이것입니다. "짧고 짧으니 모든 것이 짧은 순간이로다." 해 아래 있는 모든 것이 순식간에 사라집니다. 미워하고 보내기에 너무 아까운 시간입니다.

부모가 다 커 버린 아이의 어릴 적 사진을 보면서 무슨 말을 합니까? "이때 이렇게 아기였는데, 다 큰 줄 알고 대했네. 좀 더 사랑하고 받아 줄걸." 훌쩍 커 버린 자녀를 보고 후회합니다. 이처럼 모두 입김처럼 사라지는 짧고 소중한 것들입니다. 지금 우리가 대하는 모든 순간이 어쩌면 마지막일지도 모릅니다. 새로운 눈을 열고 살아가시길 바랍니다.

영원이 우리에게 속삭입니다. "인생은 짧다. 사랑하라. 기뻐하라. 감사하라. 용서하라. 아무것도 영원하지 않으니 오늘을 사랑하라." 전도서를 통해 주시는 하나님의 음성을 듣고, 뜨겁게 사랑하며 살길 원합니다.

2

지혜가 지혜에게
말을 걸다 <small>전 1:12-18</small>

마음을 다하며 지혜를 써서
하늘 아래에서 행하는 모든 일을 연구하며 살핀즉
이는 괴로운 것이니 하나님이 인생들에게 주사
수고하게 하신 것이라 (전 1:13)

●●● 솔로몬 하면 가장 먼저 떠오르는 단어가 지혜입니다. 그는 지혜의 대명사입니다. 성경을 읽어 보지 않은 사람도 솔로몬의 지혜는 다 압니다. 당시에도 주변 모든 나라에까지 유명했기에 그 지혜를 배우기 위해 각국에서 솔로몬을 찾아왔습니다.

"하나님이 솔로몬에게 지혜와 총명을 심히 많이 주시고 또 넓은 마음을 주시되 바닷가의 모래같이 하시니 솔로몬의 지혜가 동쪽 모든 사람의 지혜와 애굽의 모든 지혜보다 뛰어난지라 그는 모든 사람보다 지혜로워서 예스라 사람 에단과 마홀의 아들 헤만과 갈골과 다르다보다 나으므로 그의 이름이 사방 모든 나라에 들렸더라 그가 잠언 삼천 가지를 말하였고 그의 노래는 천다섯 편이며 그가 또 초목에 대하여 말하되 레바논의 백향목으로부터 담에 나는 우슬초까지 하고 그가 또 짐승과 새와 기어 다니는 것과 물고기에 대하여 말한지라 사람들이 솔로몬의 지혜를 들으러 왔으니 이는 그의 지혜의 소문을 들은 천하 모든 왕들이 보낸 자들이더라"(왕상 4:29-34).

솔로몬의 지혜는 이 세상의 모든 것을 섭렵했습니다. 레바논의 백향목부터 담에서 자라는 우슬초까지, 하늘을 나는 새에서부터 숲속을 거니는 짐승과 곤충까지 해박했습니다. 이처럼 지혜로운 솔로몬이 '지혜'에 관해서는 뭐라고 말할까요? 놀랍게도, 그가 내린 결론은 '허무하다'

입니다. 여기서 허무하다는 뜻의 '헤벨'은 '의미 없다'라는 뜻이 아닌, '한계가 있는 지식'이라는 뜻에서의 허무입니다.

지혜에도 두 종류가 있습니다. 해 아래(헤벨)의 지혜와 해 위(올람)의 지혜입니다. 그중 지혜자가 들려주는 것은 해 아래 지혜입니다. 해 아래 지혜의 특징은 무엇일까요?

⌒ 번뇌와 근심을 더하는 해 아래 지혜

"나 전도자는 예루살렘에서 이스라엘 왕이 되어 마음을 다하며 지혜를 써서 하늘 아래에서 행하는 모든 일을 연구하며 살핀즉 이는 괴로운 것이니 하나님이 인생들에게 주사 수고하게 하신 것이라…지혜가 많으면 번뇌도 많으니 지식을 더하는 자는 근심을 더하느니라"(전 1:12-13, 18).

왜 해 아래 지혜가 많을수록 괴로움과 번뇌와 근심이 커지는 것일까요? 해 아래 지식이 향하는 방향과 목표를 주목해야 합니다. 하나님을 가장 사랑했던 왕 가운데 하나였던 솔로몬은 해 아래 지혜를 연구하고 자세히 살펴보면서 그 지혜가 향하는 방향이 매우 위험하다는 것을 알았습니다. 칼 자체가 무서운 것이 아니라, 그 칼끝이 나를 향할 때 무서워 보이는 법입니다. 마찬가지로 솔로몬이 탐구한 그 지혜가 가리키는 지향점이 그를 괴롭히고 번뇌하게 만들었습니다.

해 아래 지혜는 어디를 향할까요? 바로 하나님을 대적하는 방향을 향합니다. 이것은 역사가 잘 보여 줍니다. 아담과 하와가 에덴동산에서 선악과를 따 먹은 이유가 무엇입니까? 지혜로워지기 위해서입니다. 선악과를 보았을 때 먹음직도 하고 보암직도 하고 지혜롭게 할 만큼 탐스러웠다고 합니다(창 3:6). 그들이 지혜를 통해 이루고 싶은 일은 하나님처럼 되는 것이었습니다. 인간 지혜의 목적은 하나님을 대적하거나 하

25

나님이 되는 것입니다. 하나님을 이기려는 것입니다. 솔로몬은 이 지혜의 위험성을 깨닫고 괴로워했습니다.

인간 기술과 지혜의 집약체가 바로 바벨탑입니다. 당시 기술로 하늘에 닿을 만큼 높은 건물을 올리려면 모든 지혜를 통합해야 했습니다. 구조학, 기학, 수학, 미학, 석공 기술, 운반 기술 등을 다 동원해야 높은 건물을 올릴 수 있습니다. 그런데도 건물을 얼마나 멋지게 높이 쌓았던지 하늘에 닿을 정도였습니다. 인간 지혜의 결정체였습니다. 그런데 그 지혜의 목적이 고작 무엇입니까? "또 말하되 자, 성읍과 탑을 건설하여 그 탑 꼭대기를 하늘에 닿게 하여 우리 이름을 내고 온 지면에 흩어짐을 면하자 하였더니"(창 11:4).

바벨탑의 목적은 스스로 하나님이 되는 것입니다. 생육하고 번성하여 땅에 충만하라는 명령에 대적하여 흩어짐을 면하자는 것입니다. 바벨탑은 하나님을 대적하는 인간 지혜의 상징물입니다. 솔로몬은 지식이 쌓일수록 인간 지혜의 끝은 하나님처럼 되는 것이고, 그 행하는 모든 일이 하나님을 대적하는 것임을 알게 되었을 것입니다.

지혜가 얼마나 파괴적인지 보여 주는 사건은 성경뿐 아니라 역사 속에도 매우 많습니다. 1866년 알프레드 노벨이 건축과 탄광을 위해 상업용으로 개발한 다이너마이트는 인류 최고의 전쟁용 무기가 되고 맙니다. 아인슈타인의 상대성 이론은 인류 최고의 공식임에도 결국 핵무기를 개발하는 데 기초를 제공합니다. 지혜가 죄인의 손에 붙잡히다 보니 파괴력을 가지게 됩니다. 현대에도 인간의 지식이 가장 집결된 분야는 전쟁 무기입니다. 무기가 인간 지혜의 결정체입니다.

카를 마르크스가 대형 도서관에서 세상의 모든 지식을 동원해 써 내려 간 방대한 《자본론》도 결국은 인류를 파멸시키는 공산주의와 대량

학살을 낳았습니다. '종교는 인민의 아편'이라 천명하고 하나님을 대적하는 사상이 되었습니다. 어떤 지혜가 사람들의 박수를 받으며 등장해도 결국에는 하나님을 대적하는 쪽으로 흘러갑니다. 그것이 무엇이든 바벨탑의 아류에 지나지 않습니다.

인간 학문의 최선봉에 선 프랑스 구조주의 철학자들의 지식은 하나님께서 정해 놓은 인간의 모든 범주와 경계를 허물고 있습니다. 심지어 동성애를 넘어 소아성애 예찬까지 모든 이론을 동원해서 주장합니다. 그 지혜가 하나님의 창조 질서를 파괴합니다.

솔로몬의 괴로움이 여기에 있습니다. 그 지혜의 끝, 칼날이 누구를 향하고 있는지 알았기 때문입니다. 그래서 진짜 지혜로운 사람은 그 괴로움의 끝에서 지혜의 한계와 위험성을 깨닫고 하나님께로 돌아오는 사람입니다. 과학자와 천재로 알려진 사람 중에 하나님을 믿는 사람들이 많은 이유입니다. 하나같이 해 아래 지혜의 한계와 위험성을 깨닫고 괴로워하다가 하늘 위 지혜를 만난 이들입니다.

인간 지혜의 위험성을 본 사람은 반드시 하나님의 지혜를 찾게 되어 있습니다. 그리고 그들은 지혜 중의 지혜는 하늘 위에 존재한다는 것을 비로소 깨닫습니다. 그래서 성경은 솔로몬의 입을 통해 인간이 이룰 수 있는 최고의 지혜가 무엇인지 고백합니다.

"여호와를 경외하는 것이 지혜의 근본이요 거룩하신 자를 아는 것이 명철이니라"(잠 9:10). '내가 해 아래 모든 지혜를 다 가져 봐도 번뇌와 근심뿐, 인간이 가질 수 있는 최고의 지혜는 바로 여호와를 경외하는 것이구나.' 이 고백은 하늘의 지혜를 만난 사람만 할 수 있는 고백입니다.

해 아래 지혜로는 아무리 노력해도 다다를 수 없는 곳이 있고, 할 수 없는 일이 있습니다. "내가 해 아래에서 행하는 모든 일을 보았노라 보라 모두 다 헛되어 바람을 잡으려는 것이로다 구부러진 것도 곧게 할 수 없고 모자란 것도 셀 수 없도다"(전 1:14-15). 솔로몬이 지혜를 탐구하며 알게 된 세 가지 한계는 '바람을 잡는 것과 같음', '구부러진 것도 펴지 못함', '모자란 것도 셀 수 없음'입니다.

"바람을 잡으려는 것이로다"의 뜻은 바람을 손에 움켜쥐려 한다기보다, 영어 성경(NIV)의 표현처럼 "a chasing after the wind", 즉 바람을 잡으려고 달려간다는 뜻에 가깝습니다. 바람을 뒤쫓아 붙잡는 것은 불가능합니다. 사람이 아무리 빨라도 바람보다 빠르진 않기 때문입니다. 그래서 바람을 잡으려는 사람은 어리석은 사람입니다.

전도서 1장 6절은 바람이 영원을 어렴풋이 경험케 한다고 말합니다. 바람은 올람과 관련된 단어입니다. 그 바람을 잡으려는 사람은 헤벨에 속했습니다. 사람이 바람을 따라잡을 수 없듯이 인간의 지혜는 하나님의 지혜를 이길 수 없다는 뜻입니다. 유한한 인간의 노력으로는 영원을 얻을 수 없습니다. 우리는 이 지식을 다 소유할 수도 없고, 이 지식을 통해서 바람인 하늘의 지혜를 잡는 것도 불가능합니다.

또한 인간의 지혜로는 구부러진 것 하나도 제대로 곧게 펼 수 없습니다. 지혜를 다 가져도 친구 마음 하나를 돌이키기 힘듭니다. 사람들은 세상의 정의가 굽어졌다고 한탄하며 펴 보겠다고 하지만, 얼마 지나지 않아 자기가 그보다 더 굽어져 있음을 보게 됩니다. 정치인이 공정치 못한 이 세상을 곧게 펴 보겠다고 출마하고 정권을 잡지만, 몇 년도 채 되지 않아 이전보다 더 굽은 정치를 하는 것을 보게 됩니다. 개혁을 하겠다고 나섰던 사람들이 개혁의 대상이 되어 버립니다. 이것이 인간의 한계입니다. 굽어진 것을 바르게 못 하는 인간 지혜의 한계입니다. 하나님을 떠나 버린 인간의 한계입니다.

그래서 다윗과 솔로몬은 왕이 된 후, 굽어진 세상을 펴는 다른 방법을 선택합니다. 바로 하나님 앞에 무릎을 꿇는 것이었습니다. 그분께 지혜를 구했습니다. 자신의 지혜로는 굽어진 세상을 펼 수 없다는 것을 너무도 잘 알았기 때문입니다. 진짜 지혜로운 사람은 하나님 앞에 무릎을 꿇을 줄 아는 사람입니다.

"구부러진 것을 곧게 할 수 없다"는 말은 이해되는데, "모자란 것도 셀 수 없다"는 말은 이해하기가 어렵습니다. 원어를 그대로 해석하면, '존재하지 않는 것을 셀 수 없다'라는 뜻입니다. 당연합니다. 존재하지 않는 것을 어떻게 셀 수 있겠습니까. 그래서 인간의 지혜는 항상 보이는 것에 대한 지혜일 뿐입니다. 보이지 않는 것을 말하면 받아들이지 못합니다. 믿지 않습니다. 그리고 보여 주면 믿겠다고 말합니다. 이것이 인간 지혜의 한계입니다.

그런데 하늘의 지혜는 보이지 않는 곳에 존재합니다. 인간의 지혜가 닿지 않기에 없는 것 같지만, 엄연히 존재합니다. 인간의 지혜를 초월한 곳에 있습니다. 하나님의 나라는 보이진 않지만, 분명히 존재하고 헤아릴 수 있습니다. 우리가 하나님을 보지 못하는데도 믿는 것처럼 말입니다. 하나님의 지혜로 보기 때문에 가능합니다.

보이지 않는 것을 보는 눈이 바로 '믿음의 눈'입니다. "믿음은 바라는 것들의 실상이요 보이지 않는 것들의 증거니"(히 11:1). 오직 하늘로부터 내려온 지혜, 하늘에서 준 '믿음의 눈'을 가지고 보면 보이지 않는 곳이 보이고 가 보지 않은 천국이 실상으로 나타납니다.

인간의 지혜로는 존재하지 않는 것을 셀 수 없지만, 하나님의 지혜를 가진 자는 볼 수 없는 영역을 보게 되고, 보이는 것과 똑같이 믿게 됩니다. 지식을 많이 쌓는다고 하나님을 만나는 것이 아닙니다. 오직 믿음의 지혜, 하늘의 지혜를 가져야 비로소 하나님의 나라가 보입니다. 철학자이자 작가요 발명가요 미학자요 심리학자였던 블레즈 파스칼은 이렇게 말합니다. "망원경을 들고 하늘을 보면 우주가 보이고, 눈을 감고 하늘을 보면 하나님 나라가 보인다." 역사 속 가장 위대한 천재 중 하나인 파스칼은 솔로몬과 같은 고백을 합니다. '인간의 지혜로는 하늘 위를 볼 수 없다.' 오직 믿음의 눈으로 볼 때 하나님의 나라가 보입니다.

솔로몬이 왕의 권력을 모두 동원해서 책을 모아 읽어 보고, 실험을 해 보고, 모든 지혜자의 지혜를 빌려 보았지만, 하나님을 볼 수 없었습니다. 솔로몬은 세상 지혜를 모두 섭렵한 뒤 이렇게 고백합니다. "너는 청년의 때에 너의 창조주를 기억하라"(전 12:1 상). 하나님 앞에 겸손하게 무릎을 꿇고 하나님을 예배하고, 하나님의 존재를 인정하고, 믿음으로 그분이 계심을 믿고, 나를 구원해 달라고 겸손히 손을 내미는 사람이 지혜자입니다.

〜 만족이 없는 해 아래 지혜

"내가 내 마음속으로 말하여 이르기를 보라 내가 크게 되고 지혜를 더 많이 얻었으므로 나보다 먼저 예루살렘에 있던 모든 사람들보다 낫다 하였나니 내 마음이 지혜와 지식을 많이 만나 보았음이로다 내가 다시 지혜를 알고자 하며 미친 것들과 미련한 것들을 알고자 하여 마음을 썼으나 이것도 바람을 잡으려는 것인 줄을 깨달았도다"(전 1:16-17). 솔로몬은 세상의 지혜를 다 섭렵하려 했습니다. 그런데 어찌 된 일인지 지혜를 얻을수록 목마름이 더했습니다.

제 경험에 의하면, 한 권의 책을 읽고 나면 읽어야 할 열 권의 책이 생깁니다. 열 권을 읽고 나면 백 권의 책이 기다립니다. 물은 마시면 해갈되는데, 지식은 탐구할수록 목마름이 더합니다. 마시면 마실수록 목마른 것이 짜디짠 소금물, 바닷물 같습니다. 이것이 해 아래 지식의 허무입니다.

반면 하늘의 지혜, 하나님의 지혜는 경험하는 족족 해갈됩니다. 예수님은 우리에게 '내게로 와서 생수를 마셔라'라고 하십니다. 가서 마시면 영혼까지 시원해지고, 다시는 목마름이 없습니다.

세상의 지혜는 아무리 쌓아도 만족이 없습니다. 이것을 알고 나면 저것을 알고 싶고, 땅을 연구하고 나면 천체를 알고 싶고, 천체를 알고 나면 곤충을 알고 싶고, 곤충을 알고 나면 식물을 알고 싶고, 식물을 알고 나면 커피를 알고 싶으니, 끝이 없는 일입니다.

남편들 중에는 정치, 경제, 사회 등 세상 돌아가는 원리를 다 섭렵해 놓고도 같이 사는 배우자의 마음 하나 모르는 분들이 많습니다. 세상의 지식을 다 섭렵하고도 사춘기 자녀의 마음 하나 알아주지 못하는 부모들이 있습니다. 세상을 다 이해한다면서도 정작 가족들 마음을 모르는 것이 인간입니다.

만 개의 지식도 필요하지만, 진짜 우리에게 필요한 것은 하나님을 아는 하나의 지식입니다. 하나님을 아는 눈을 제대로 가지면 그 하나의 눈을 통해 만 개의 눈을 가질 수 있습니다. 한재욱 목사가 《인문학을 하나님께》(규장)에서 쓴 글입니다. "〈낭독의 발견〉이라는 TV 프로그램에서 원재훈 시인이 이런 말을 했다. '작년 가을에 잠자리 한 마리가 사무실로 날아왔습니다. 사무실에는 아홉 개의 창문이 있습니다. 그런데 잠자리가 나가지를 못하는 겁니다. 잠자리는 아시다시피 겹눈, 홑눈 합해서 만 개의 눈을 가지고 있습니다. 그런데 그 만 개의 눈이 다 필요 없었습니다. 창밖으로 나갈 수 있는 한 개의 눈만 있으면 되는데, 그 한 개의 눈이 없었던 것입니다. 그것을 보고 생각했습니다. 아, 난 지금 만 개의 눈을 가지고 있는 것이 아닌가? 한 개가 필요한데….'"

만 개의 지식이 있어도 결정적인 한 가지 지식이 없어 무너집니다. 인간의 지식과 기술은 만 개, 백만 개로 놀랍도록 발전했습니다. 하지만 체코의 작가 프란츠 카프카는 이렇게 말합니다. "우리에게는 길이 없습니다. 우리가 길이라고 부르는 것들은 방황일 따름입니다."

천 개의 문제에 대한 하나의 대답이 있습니다. 밖으로 나가는 길을 찾아내는 결정적인 한 개의 눈이 있습니다. 그것은 하나님을 아는 지식입니다. "여호와를 경외하는 것이 지혜의 근본이요 거룩하신 자를 아는 것이 명철이니라"(잠 9:10).

세상의 지혜를 다 가지지 못해도 여호와를 경외하는 것이 지혜의 근본이라는 것을 기억해야 합니다. 오늘 하루 살아가기 힘들어도 믿음의 눈을 들어 보면 하늘 위에 계신 하나님이 금세 보이기 때문에 일어날 수 있습니다. 우리를 향해 하늘로부터 오는 주님의 손을 붙잡고 일어나면 됩니다. 하늘의 지혜로 채우시길 바랍니다. 마셔도 마셔도 목마른 세상의 지혜가 아닌, 한 번 마시면 영원히 목마르지 않을 하늘 위에 생수의 지혜를 받아 누리길 바랍니다.

3

승리가 성공에게 말을 걸다
전 2:1-11

그 후에 내가 생각해 본즉 내 손으로 한 모든 일과
내가 수고한 모든 것이 다 헛되어
바람을 잡는 것이며
해 아래에서 무익한 것이로다 (전 2:11)

●●● 광고를 보다 보면 자주 사용되는 문구가 있습니다. "유사품에 주의하세요." 마찬가지로 신앙생활에도 유사품과 진품이 있는데, 바로 성공(success)과 승리(victory)입니다. 승리가 성공에게 말을 건넵니다. '너 진짜 그게 그렇게 기쁘냐? 그거 성공 맞냐?' 내가 살아가는 방향이 승리를 향한 것인지 성공을 향한 것인지 한 번쯤 돌아보는 시간이 필요합니다.

전도서의 관점으로 표현하면 승리는 올람, 즉 해 위의 단어이고 성공은 헤벨, 해 아래의 단어입니다. 해 아래 성공은 금세 지나가는 것이어서 아무리 많이 누리고 소유해도 만족은 잠시뿐 그 뒤에는 허무가 찾아옵니다. 성공하면 당연히 기쁩니다. 그런데 이 기쁨이 생각보다 너무 빨리 지나가 버려 당황스러운 것입니다. 천국이 영원한 기쁨인 이유는, 그곳에는 시간의 흐름이 없어서 억만년이 지나도 첫 기쁨 그대로 살아가기 때문입니다.

그러나 해 아래는 시간의 지배를 받습니다. 오늘과 똑같은 걸 누려도 내일에는 행복이 없습니다. 익숙해지면 그게 그것 같아 허무하고, 허무함을 극복하기 위해 더 좋은 것을 추구하게 돼 결국 성공의 목마름으로 사는 사람이 되어 버리고 맙니다. 성공하면 할수록 큰 공허를 느낍니다.

성공과 승리가 주는 것은 그 종류와 차원이 다릅니다. 성공은 돈과 쾌락을 줄지 몰라도 승리는 기쁨을 줍니다. 성공은 편안함을 줄지 몰라도 평안을 주지는 못합니다. 성공하면 세계에서 가장 비싼 침대를 살 수 있을지 몰라도 꿀잠을 살 수는 없습니다. 성공하면 방이 일곱 개, 화장실이 여덟 개인 집을 살 수는 있어도 그 집 안에 있어야 할 행복은 살 수 없습니다. 성공하면 제일 비싼 땅을 살 수는 있어도 천국의 손바닥만 한 땅 하나도 살 수 없습니다. 성공으로 살 수 있는 것과 승리로 얻을 수 있는 것이 이처럼 다릅니다.

성공한 사람들이 놀라는 한 가지가 있습니다. 성공으로 할 수 있는 것보다 할 수 없는 것이 더 많다는 사실입니다. 인생에서 진짜 중요한 건 대부분 돈으로 살 수 없습니다. 진짜 중요한 것은 하나님이 주셔야 얻을 수 있습니다.

진정한 기쁨은 승리 안에

해 위의 삶을 이 땅에서 살아 내는 사람이 승리한 사람입니다. 세상 기준으로는 성공하지 못한다 해도, 해 위의 삶을 살아가는 사람, 평안을 추구하고 감사를 잊어버리지 않는 사람, 미소를 빼앗기지 않는 그 사람이 승리하면서 살아가는 사람입니다.

파스칼이 《팡세》에서 이런 유명한 말을 했습니다. "모든 인간 속에는 오직 하나님만이 채우실 수 있는 공간이 있다." 그 공간은 다른 어떤 것으로 채워도 만족이 없습니다. 하나님으로 채워질 때에만 인간은 비로소 만족하게 됩니다. 사람들은 그 빈 공간을 수많은 진귀한 보석으로 채우면 만족과 기쁨이 있을 줄 압니다. 하지만 하나님은 우리를 그렇게 만들지 않으셨습니다. 하나님이 그 공간을 차지하실 때에야 비로소 세상이 줄 수 없는 기쁨과 행복과 만족이 우리 안에 깃드는 것입니다.

솔로몬은 그야말로 부와 권력의 아이콘입니다. 그는 태어날 때부터 왕자로 태어났습니다. 사업가의 자녀로 태어났다가 아버지 사업이 기울면서 갑자기 단칸방으로 가는 경우도 많지만, 솔로몬은 부귀영화를 가진 채 태어나서 그것을 끝까지 유지한 사람입니다. 왕으로 있을 때는 부국강병도 이루었습니다. 무엇 하나 부러울 것 없이 인간이 누릴 수 있는 최상의 것을 다 누려 보았습니다. 그랬던 그의 결론이 '허무하고 허무하더라'입니다. 우리가 아무리 성공해도 솔로몬의 성공에는 미치지 못할 텐데, 성공의 종착역에서 솔로몬이 들려주는 고백은 '허무하더라'입니다.

전도서 2장 1-11절은 인생의 성공을 위해 달렸던 솔로몬의 인생을 잘 요약해서 보여 주는 것 같습니다. "나는 내 마음에 이르기를 자, 내가 시험 삼아 너를 즐겁게 하리니 너는 낙을 누리라 하였으나 보라 이것도 헛되도다 내가 웃음에 관하여 말하여 이르기를 그것은 미친 것이라 하였고 희락에 대하여 이르기를 이것이 무슨 소용이 있는가 하였노라"(전 2:1-2). 이는 '성공하면 내게 웃음을 끝없이 줄 줄 알았는데, 성공이 가져다주는 즐거움과 웃음은 한계가 있더라'라는 고백과 같습니다.

모든 것을 해 보고 난 뒤에 내린 결론이 11절입니다. "그 후에 내가 생각해 본즉 내 손으로 한 모든 일과 내가 수고한 모든 것이 다 헛되어 바람을 잡는 것이며 해 아래에서 무익한 것이로다"(전 2:11). 결국, 결론은 헛되고 헛된 일에 내 인생을 낭비하고 살았다는 말입니다. '마치 바람을 잡는 것과 같더라, 이 바람을 잡으려고 쫓아가는 것과 같았다'라고 고백하는 것입니다.

물론 성공을 하는 사람도 있고, 비교적 덜 성공하는 사람도 있을 것입니다. 굳이 성공에게서 도망갈 필요는 없습니다. 성공을 향해 달린다고 그것을 이룰 수 있는 것도 아니고, 도망간다고 도망갈 수 있는 것도 아닙니다. 하나님께서 당신의 기쁘신 뜻 가운데 적게 맡기고 많이 맡기는 사람이 있을 뿐입니다. 하지만 많이 맡은 사람이나 적게 맡은 사람이나 결국 도착하는 종착역은 같습니다. 솔로몬의 '헛되다'라는 종착역입니다. 승리로만 쟁취할 수 있는 것을 성공으로는 절대 얻을 수 없습니다. 그렇기에 성공의 마지막은 공허하며 헛되고 부질없습니다.

〰 성공을 좇지 않는 승리자

성공을 좇을 때, 우리는 무언가를 잡아도 잡은 것 같지 않습니다. 마치 바람을 잡으려고 쫓아가는 것과 같습니다. 부자의 반열에 들어섰을 때 도리어 더욱 부를 갈구하게 됩니다. 부자들도 열등감이 많습니다. 왜냐하면 자신보다 더 큰 부자가 존재하기 때문입니다. 백만장자 클럽에 들어가면 억만장자들만 가는 곳에 못 가서 괴로운 법입니다. 욕심은 끝이 없습니다.

성공한 사람은 별장의 담장을 높이지만, 승리한 사람은 그 별장의 문을 엽니다. 사람들 쉬어 가라고 열쇠를 내주는 사람이 승리한 사람입니다. 인생의 참된 승리는 가질 때 얻는 게 아니라 내줄 때 얻습니다. 시편 기자는 이렇게 노래합니다. "주의 궁정에서의 한 날이 다른 곳에서의 천 날보다 나은즉 악인의 장막에 사는 것보다 내 하나님의 성전 문지기로 있는 것이 좋사오니"(시 84:10).

최고의 음식점은 성공한 사람들만 들어갈 수 있지만, 예배에는 승리한 사람만 들어올 수 있습니다. 그래서 해 위의 승리를 경험한 사람은 해 아래 성공을 그다지 부러워하지 않습니다. 해 위의 참된 승리와 행복을 맛본 사람은, 물론 성공하면 좋고 누리고 경험하면 좋지만 자기 인생을 거기에 다 걸지 않습니다.

해 위의 삶을 경험한 사람은 해 아래의 삶이 주어지면 누리고, 안 주어지더라도 다른 것으로 감사할 줄 압니다. 한 권사님은 비싼 찻잔과 장식품들을 집안 가득 가지고 있었습니다. 영국 등 유럽 각지에서 구입해 놓은 진귀한 것들이었는데 그분의 말씀은 이러했습니다. "목사님, 이건 마지막 선교할 때 쓰려고 아껴 둔 총알들이에요." 그분의 소유의 목적은 선교였습니다. 이미 선교를 많이 하시는 분임에도 멈추지 않았습니다. 해 위의 기쁨을 맛보아 버렸기 때문에, 해 아래 그 어떤 것도 마음을 빼앗길 만큼 반짝반짝하는 게 없었던 것입니다. 하나님을 모를 때는 너무 반짝거렸던 것들이 찬란한 태양이신 하나님을 보고 나니 속절없이 스러져 가는 것입니다. 그런 분은 주시면 누리지만, 없다고 비관하거나 열등감에 빠지지 않습니다. 산해진미가 차려지면 감사하게 먹고, 다음 날 그 모든 것이 사라져도 기쁘게 나물 먹고 물 마실 줄 아는, 안빈낙도를 잃어버리지 않는 모습이 진정한 그리스도인의 삶입니다.

바울의 고백을 봅시다. "내가 궁핍하므로 말하는 것이 아니니라 어떠한 형편에든지 나는 자족하기를 배웠노니 나는 비천에 처할 줄도 알고 풍부에 처할 줄도 알아 모든 일 곧 배부름과 배고픔과 풍부와 궁핍에도 처할 줄 아는 일체의 비결을 배웠노라 내게 능력 주시는 자 안에서 내가 모든 것을 할 수 있느니라"(빌 4:11-13).

바울은 부유함을 맞이해도 알레르기 반응을 일으키며 도망가지 않고, 감옥에 투옥될 정도로 가난한 상황에 닥쳐도 의연하게 대처할 줄 아는 일체의 비결을 배운 사람입니다. 그것이 바로 하늘의 승리를 맛본 사람의 자세입니다.

그래서 우리는 성공 가도를 달리다가 갑작스럽게 위기를 만나 내리막길을 겪는다 해도 좌절하지 않습니다. 인생이 끝난 것이 아닙니다. 자괴감이나 열등감을 느낄 필요도 없습니다. 하늘 위의 승리를 쟁취한다면, 이 땅의 성공은 그다지 빛나지도 않습니다. 새로운 삶이 언제든지 내 앞에 기회로 열려 있습니다. 아니 어쩌면 이때 드디어 하늘을 볼 수 있는 기회가 열린 것입니다. 승리를 쟁취하고 나면 또 하나님께서 인생을 살 만한 힘을 허락해 주실 것입니다.

⌒ 마지막 종착지, 성공을 향하여

찬송가에 '최후 성공을 얻기까지'라는 가사는 없습니다. '최후 승리를 얻기까지'만 있는 겁니다. 예수님도 스스로 내가 세상에서 성공했다고 말씀하시지 않고 '내가 세상을 이기었다', 곧 승리했다고 말씀하십니다. 예수님은 성공하신 분이 아니라 승리하신 분입니다.

가끔 저녁 산책을 하다 보면 출퇴근 차량이 다 빠져 텅 빈 넓은 도로를 볼 때가 있습니다. 그때 천지를 울리는 소리를 내며 슈퍼 카 몇 대가 다가와 신호등 앞에 서서 으르렁거리면서 파란불로 바뀌기를 기다리곤 합니다. 파란불로 바뀌자마자 부아앙 하고 달려 빠른 속도로 사라지는 그 차의 뒷모습을 보면서 저 차의 종착점은 어딜까 생각하곤 합니다. 슈퍼 카가 성공의 상징은 될 수 있겠지만, 승리의 상징은 되지 못합니다. 승리의 삶은 오히려 여름 내내 땀 흘려 모은 돈으로 단기 선교비를 겨우 내고, 복음을 모르는 제3세계 땅으로 떠나는 삶입니다. 여름휴가 오롯이 다 반납하고, 일주일 내내 익숙하지 않은 나라에서 배앓이와 변비로 고생하며, 모기와 곤충과 싸우고, 콧물과 눈물로 뒤덮인 아이들을 끌어안고 하나님 말씀을 전하는 그 사람은 자가용도 없이 늘 교통

카드 잔액을 확인해야 하는 청년에 불과하다 해도, 승리의 종착역을 향해 나아가는 것입니다. 그곳은 슈퍼 카를 타도 갈 수 없는 곳입니다.

예수님께서 물으십니다. "너는 성공의 종착역에서 인생을 마무리할래, 아니면 승리의 삶을 살래?" 예수님께서 돌아가시면서 하신 말씀은 "내가 다 이루었다"입니다. 그분은 십자가 위에서 성공하신 분이 아니라 승리하신 분입니다. 사망을 이긴 승리, 생명을 거머쥔 승리, 완벽한 승리를 이루셨습니다.

승리하신 그분을 믿음으로 내 마음에 모시면, 그날부터 예수님의 승리가 나의 승리가 됩니다. 승리는 성공처럼 어려운 게 아닙니다. 승리하신 그분을 믿으면 됩니다. 그러면 그분의 승리가 내 승리가 되고, 그날로 전혀 다른 삶을 살아가게 되는 것입니다. 예수님께서 말씀하십니다. "이것을 너희에게 이르는 것은 너희로 내 안에서 평안을 누리게 하려 함이라 세상에서는 너희가 환난을 당하나 담대하라 내가 세상을 이기었노라"(요 16:33).

언제 이룰지 모르는 먼 성공, 이루어도 바람처럼 도망가는 성공을 위해 귀하디귀한 하루를 놓치지 말고, 예수님을 믿으며 살아가는 승리자의 삶을 삽시다. 배우자의 얼굴에 늘어 가는 주름을 헤아리는 여유를 가지고, 아픈 성도에게는 안부를 묻는 넉넉함을 가지며, 기도의 시간을 하나님께 내어 드릴 마음을 가지고, 예배의 시간을 귀하게 여길 수 있는 사람이라면 이미 승리한 사람입니다.

4

죽음이 삶에게
말을 걸다
전 2:12-17

지혜자도 우매자와 함께 영원하도록 기억함을 얻지 못하나니
후일에는 모두 다 잊어버린 지 오랠 것임이라
오호라 지혜자의 죽음이 우매자의 죽음과 일반이로다
이러므로 내가 사는 것을 미워하였노니
이는 해 아래에서 하는 일이 내게 괴로움이요
모두 다 헛되어 바람을 잡으려는 것이기 때문이로다 (전 2:16-17)

● ● ●　신호등 앞에 차가 여러 대 서 있습니다. 최고급 하이퍼 카에서부터 바쁜 배달 오토바이, 몸집 작은 경차까지 다양한 차들이 빨간불 앞에서 기다리고 있습니다. 드디어 파란불로 바뀌고, 하이퍼 카가 빠른 속도로 달려 나가면 그 뒤에 바짝 중형 세단이, 그 뒤에 배달 오토바이가, 한참 뒤처진 경차까지 달려갑니다. 그런데 놀라운 일이 벌어집니다. 다음 신호등에서 모두 다시 만납니다. 이것을 신호등의 법칙이라고 합니다. 빨리 가든 느리게 가든 결국에는 만나게 됩니다.

우리 인생도 마찬가지입니다. 부자로 살든지 가난하게 살든지, 결국에는 만나는 종착역이 같습니다. 그 종착역의 이름은 '죽음'입니다. 이곳에 당도하지 않을 사람은 아무도 없습니다. 누군가의 무덤 앞에서 우는 사람도 언젠가는 자신의 무덤 속으로 들어가야 합니다. 죽음을 피해 계속 달려 줄 자동차는 이 세상에 없습니다. 어떤 멋진 차를 타도, 그 차에서 내려 죽음의 요단강을 건너야 합니다.

히브리서 9장 27절은 "한번 죽는 것은 사람에게 정해진 것이요"라고 시작합니다. 그런데 "그 후에는 심판이 있으리니"라는 구절이 이어 나와 우리를 심히 고민하게 만듭니다. 한 번의 죽음은 모든 사람이 도착하는 종착역입니다. 그런데 그 뒤에 또 한 번의 심판이 있다고 합니다. 도대체 어떤 심판이 기다리는 것일까요?

"이기는 자는 이것들을 상속으로 받으리라 나는 그의 하나님이 되고 그는 내 아들이 되리라 그러나 두려워하는 자들과 믿지 아니하는 자들과 흉악한 자들과 살인자들과 음행하는 자들과 점술가들과 우상 숭배자들과 거짓말하는 모든 자들은 불과 유황으로 타는 못에 던져지리니 이것이 둘째 사망이라"(계 21:7-8). 이기는 자는 하나님의 아들이 되어 하늘나라를 상속받고 그곳에 영원히 살게 된다고 합니다. 반면에 믿지 아니하는 자는 죽고 난 뒤에 둘째 사망을 맞이합니다. 다시 말해, 지옥으로 가게 된다는 말입니다. 승소하느냐 패소하느냐에 따라서 천국으로 가느냐, 지옥으로 가느냐가 정해집니다.

그러고 보면 죽음이 문제가 아니라 죽음 뒤가 훨씬 더 큰 문제입니다. 만약 죽음으로 모든 것이 끝이라면 이 세상에서 마음대로 살아도 될 것입니다. 하지만 우리가 이토록 하나님을 의지하고 이토록 하루를 신실하게 사는 것은 죽음 이후에 있을 심판 때문입니다. 심판이 있다면 세상을 살아가는 방식은 완전히 달라져야 합니다.

지혜자와 우매자의 공통점

전도자는 2장 12-14절에서 살아오면서 해 아래서 지혜로운 사람도 보았고 어리석기 짝이 없는 우매한 사람도 보았지만, 어떻게 살아도 마지막 당하는 죽음에는 공통점이 있음을 보고 깨달았다고 말합니다. "내가 돌이켜 지혜와 망령됨과 어리석음을 보았나니 왕 뒤에 오는 자는 무슨 일을 행할까 이미 행한 지 오래전의 일일 뿐이리라 내가 보니 지혜가 우매보다 뛰어남이 빛이 어둠보다 뛰어남 같도다 지혜자는 그의 눈이 그의 머릿속에 있고 우매자는 어둠 속에 다니지만 그들 모두가 당하는 일이 모두 같으리라는 것을 나도 깨달아 알았도다"(전 2:12-14).

그는 세상의 지혜자나 우매자가 당하는 일이 모두 같다고 합니다. 어떤 일들을 똑같이 당하는지 살펴보겠습니다.

〜 해 아래 새것이 없다

지혜자나 우매자나 이전에 있었던 일을 반복하는 것이 같습니다. 지혜롭게 살든 반대로 지혜가 없다고 멸시를 받든, 했던 것을 반복할 뿐이라는 점은 똑같습니다. 똑똑한 사람이 대단한 지혜를 발견했다고 아무리 자랑해도, 알고 보면 예전에 누군가가 이미 발견했던 것을 반복하는 것에 지나지 않습니다. 즉 해 아래 새것이 없습니다.

더 근원적으로 올라가 보면, 결국 태초에 하나님이 천지를 창조하실 때 이미 다 이루어 놓으신 것을 인간이 그제야 발견한 것뿐입니다. 그래서 '세상의 모든 지혜를 동원해도 발명은 할 수 없고, 발견만 할 뿐'이라는 말이 있습니다. 인간의 지혜가 아무리 뛰어나도 하나님의 지혜를 이길 수 없고, 인간의 작품이 아무리 뛰어나도 이미 하나님이 만드신 것의 모조품에 불과합니다. 인간의 지혜가 아무리 뛰어나도 없던 것을 있게 할 수 없습니다. 결국, 모두 하나님이 행하신 것들의 반복일 뿐입니다.

모든 것을 자기 것처럼 주장하는 것은 마귀의 특징입니다. 마귀는 이 세상의 좋은 것이 다 자기의 소유인 양 이것도 주고 저것도 주겠다며 사람들을 속입니다. 하지만 마귀가 절대 할 수 없는 일은 바로 없는 것을 있게 하는 것입니다. 있는 것을 자기 것처럼 속일 수는 있어도 자기의 것은 아무것도 없습니다.

세상의 모든 것은 하나님의 작품입니다. 하나님의 허락 없이는 손끝 하나도 건드릴 수 없습니다. '코헬렛', 전도자는 세상에서 지혜롭다고 뽐내는 모든 사람들을 살펴보니, 다 하나님이 만드신 것들의 반복이었음을 알게 되고, 결국 진짜 지혜자는 하나님의 창조를 인정하고 받아들이는 사람임을 알게 됩니다. 우매하든 지혜롭든, 그 사람이 진짜 올람의 지혜를 깨달은 사람입니다.

그러면 진짜 올람의 지혜를 깨달은 사람은 어떻게 살아야 할까요? 하나님 앞에서 겸손하게 살아야 합니다. 자기가 행한 것처럼 자랑하거나 교만하지 말고, 모든 것이 하나님의 은혜라고 고백하면서 살아야 합니다. 내가 내 지혜로 사업하고, 공부하고, 직장에서 두각을 드러내고, 운동에서 탁월함을 보이는 것이 아니라, 그 모든 것이 하나님의 은혜 덕분임을 고백하면서 사는 사람이 올람의 지혜를 깨달은 사람입니다.

그래서 진짜 지혜로운 사람은 항상 겸손합니다. 자기가 했다고 말하지 않습니다. 아무도 못하는 것을 내가 했다고 자랑하지 않습니다. 겸손하게, 누구나 하는 것을 내가 한 것뿐이라고 오히려 자기를 낮춥니다. 하나님이 지혜를 주지 않으셨으면 절대로 할 수 없었다고 하나님을 인정하고 높이는 사람입니다.

참된 '올람'의 지혜자는 위대한 일을 하고도 이렇게 고백합니다. "이미 누군가가 행한 지 오래된 일을 제가 다시 한 것뿐입니다." 겸손한 사람은 해 위의 지혜를 깨닫고 해 아래서 살아가는 사람입니다.

잊히는 것과 남는 것

지혜자와 우매자는 똑같이 잊힙니다. "지혜자도 우매자와 함께 영원하도록 기억함을 얻지 못하나니 후일에는 모두 다 잊어버린 지 오랠 것임이라 오호라 지혜자의 죽음이 우매자의 죽음과 일반이로다"(전 2:16). 전도자가 가만 보니, 지혜로운 사람의 지혜도 세월이 가면 잊히고, 우매한 자의 우매함도 세월이 가면 잊히는데, 그 둘이 똑같더라는 말입니다. 이 세상에 아무리 위대한 것을 남기고 떠나도 몇 대가 지나지 않아 잊히는 것이 인간의 일입니다.

그래서 올람의 지혜를 깨닫지 못한 사람, 해 아래 지혜로 살아가는 사람은 남기는 것이 다릅니다. 전도서의 가장 중요한 히브리어 중 하나가 '이트론'(유익, 남기다)입니다. 하나님을 모르는 사람은 재산을 박물관에 기증하고 세상을 떠나지만, 하나님을 아는 사람은 재산을 교회에 남기고 이 세상을 떠납니다. 영혼 구원을 위한 일이 영원히 남는 것을 알기 때문입니다. 이 땅 위에 그림 같은 집을 짓고 살아도, 하늘에 쌓아 둔 것이 없는 사람은 어리석은 사람입니다. 서울 시내가 다 내려다보이는 높은 곳에서 살아도, 하늘에 쌓아 둔 것이 없는 사람은 불쌍한 사람입니다. 우리가 영원히 거할 곳은 고층 건물이 아니라 하늘나라이기 때문입니다. 예수님이 친히 말씀하셨습니다. "너희를 위하여 보물을 땅에 쌓아 두지 말라 거기는 좀과 동록이 해하며 도둑이 구멍을 뚫고 도둑질 하느니라 오직 너희를 위하여 보물을 하늘에 쌓아 두라 거기는 좀이나 동록이 해하지 못하며 도둑이 구멍을 뚫지도 못하고 도둑질도 못하느니라"(마 6:19-20).

이 땅에 남겨 둔 것은 다 세월 속에 잊히고 마는 것입니다. 아무리 많이 남겨 두어도, 결국 모두 안개처럼 증발하고 사라져 버립니다. 그의 이름도 있는 줄 모르고 잊히는 것이 해 아래 남겨 놓은 우리의 유산입니다. 하늘에 쌓아 두는 것만 영원히 남습니다.

우리의 이름을 이 세상 어딘가에, 어느 건물에 써 놓고 떠난다고 해도 얼마 지나지 않아 그 이름은 지워질 것입니다. 하지만 우리 이름이 하늘의 생명책에 기록된다면 그 이름은 절대로 지워지지 않고 영원히 남습니다. 왜냐하면 하늘의 생명책에 기록된 이름은 지울 자가 없기 때문입니다. "이기는 자는 이와 같이 흰옷을 입을 것이요 내가 그 이름을 생명책에서 결코 지우지 아니하고 그 이름을 내 아버지 앞과 그의 천사들 앞에서 시인하리라"(계 3:5).

한 사업가 장로님이 심장이 좋지 않아서 병원에 입원했습니다. 목사님이 심방 와서 기도하는 중에 주치의가 들어와 진료 차트를 보더니 간호사에게 급하게 속삭입니다. "지금 당장 장의사를 불러와요." 그 소리에 장로님은 자기의 병이 죽을병인 것을 알고서 회개하며, 기도를 마친 목사님에게 유언을 남깁니다. "목사님, 장로로 살면서 변변하게 교회도 못 섬기고 이렇게 죽게 되었습니다. 마지막으로 제가 사업을 하면서 번 돈을 하나님께 드리고 싶습니다."

장로님은 종이에 먼저 5자를 쓰고는 동그라미를 아홉 개 그린 후에 목사님에게 전달합니다. 그 순간, 장의사를 데리러 간 간호사가 급하게 한 젊은 의사를 데려오는데, 주치의가 호통을 치면서 말합니다. "이봐 닥터 장, 정신 안 차려? 환자 차트가 바뀌었잖아. 이 환자는 혈압, 맥박 모두 정상이잖아. 당장 퇴원 수속해." 장의사가 장씨 성을 가진 의사라는 것을 알게 된 이 장로님은 나가는 목사님을 다시 부르더니 "목사님, 잠시만요. 그 종이 좀 주세요" 하고 받아서 슬그머니 동그라미 세 개를 지우더랍니다.

이게 우리의 모습입니다. 죽게 되는 순간에는 무엇이든지 다 하겠다고 하지만, 조금이라도 살 기회가 생기면 다시 이 세상이 영원한 것처럼 붙잡고 살아가는 삶. 무엇이 영원하고 무엇이 잊히는 것인지도 모르고 영원히 잊히지 않는 존재로 살려고 몸부림치는 것이 인간입니다. 세상에는 지혜로운 듯하나 사실 어리석기 짝이 없는 사람들이 많습니다.

세상에서 영원히 기억되려고 하늘을 잊어버린 사람들, 영원한 곳에는 무관심하고 영원하지 않은 곳에 인생의 모든 열정을 쏟아붓는 사람들, 영원하지 않은 곳에서 영원을 찾으려고 헤매는 사람들, 잊힐 곳에 영원히 내 이름을 남기려는 사람들이 많습니다. 모두 우매한 자들입니다.

그러면 어떻게 살아야 할까요? 영원한 것을 위해 살아야 합니다. 절대로 지워지지 않을 곳에 내 이름을 새기고 살아야 합니다. 영원하지 않은 것에 미련과 집착을 두지 말아야 합니다. 그것만이 남기는 인생으로 사는 방법입니다. 남는 것은 오직 영원한 것뿐입니다.

모두에게 동일한 죽음

"오호라 지혜자의 죽음이 우매자의 죽음과 일반이로다"(전 2:16 하). 똑똑한 사람도 어리석은 사람도 결국 인생은 죽음이라는 신호등 앞에서 만나게 되어 있습니다. 왕이나 노예나 죽는 것은 마찬가지입니다.

그렇다면 이런 죽음 앞에서 어떻게 살아야 할까요? 아름다운 믿음의 조상들처럼 살아야 합니다. 죽음 뒤에 둘째 사망에 빠지지 않고, 이기는 자가 되어서 영원한 천국으로 들어갔던 이들의 그 경주를 뒤따라가야 합니다.

성경에는 이 땅에서 외국인과 나그네로 살았지만, 영원한 세상을 바라보며 살다가 그 영원한 세상으로 들어간 믿음의 사람들이 나옵니다. 히브리서 11장에는 그들의 이름이 등장합니다. 아벨, 노아, 아브라함, 모세, 라합, 기드온, 바락, 삼손, 입다, 다윗, 사무엘 그리고 이사야, 예레미야, 다니엘, 에스더 등 기라성 같은 믿음의 조상들이 나옵니다. 히브리서 12장 1절은 이들을 가리켜 "구름같이 둘러싼 허다한 증인들"이라고 표현합니다. 이들처럼 살다가 영광스럽게 천국에 간 사람들이 한두 명이 아니고 구름처럼 많다고 합니다. 그렇다면 우리도 이런 삶을 얼마든지 살아 낼 수 있습니다.

"이러므로 우리에게 구름같이 둘러싼 허다한 증인들이 있으니 모든 무거운 것과 얽매이기 쉬운 죄를 벗어 버리고 인내로써 우리 앞에 당한 경주를 하며"(히 12:1). 저는 이런 즐거운 상상을 해 봅니다. 평생 천국을 바라보면서 믿음의 달리기를 하다가, 죽음을 맞이해서 요단강을 건너, 이기는 성도가 되어 천국에 입성하는 장면을 상상해 봅니다. 이것은 마치 마라톤 선수가 42.195km를 달리고 마지막 한 바퀴를 돌기 위해 메인 스타디움에 들어오는 것과 같습니다.

천국의 메인 스타디움을 상상해 볼까요. 먼저 본부석에 우리 예수님이 앉아 계시고, 그 오른쪽으로 노아, 아브라함, 모세, 라합, 기드온, 바락, 삼손, 입다, 다윗, 사무엘 그리고 이사야, 예레미야, 다니엘, 에스더 등 기라성 같은 믿음의 조상들이 우리를 기다리고 있습니다.

왼쪽으로는 또 한 무리의 믿음의 선진들, 예수님의 제자들이 앉았는데, 베드로, 요한, 야고보, 바울, 바나바, 브리스길라 그리고 이름 없는 무명의 제자이지만 가장 영광스러운 반열에 앉게 된 아리스다고까지 있습니다. 그리고 믿음으로 달음박질하여 천국에 입성한 기라성 같은 믿음의 선진들이 구름 떼처럼 모여 천국의 메인 스타디움에서 우리를 기다립니다.

오랜만에 만났는지 서로 반가운 인사를 나누면서 왁자지껄 축제가 벌어집니다. 그때 천국 방송이 나옵니다. "아아, 메인 스타디움에 나와 계신 허다한 믿음의 증인 여러분, 이제 곧 믿음의 경주를 완주한 새로운 성도가 입장합니다. 증인 여러분은 모두 환영해 주시기 바랍니다." 그때 천국의 문이 열리고 우리가 들어섭니다. 구름같이 둘러싼 허다한 증인들의 함성과 박수 소리가 들립니다. 마지막 천국의 메인 스타디움을 한 바퀴 도는데, 결승 지점에 우리 주님이 서서 두 팔을 벌리고 계십니다. 마지막 젖 먹던 힘까지 보태어 주님 앞으로 달려가 주님 품에 안깁니다. 그때 천국의 찬양대가 종려나무 가지를 들고 찬송하기 시작합니다.

"모든 영광과 존귀 능력 받으소서 받으소서 영광과 존귀와 능력 받으소서 받으소서 그리스도 살아 계신 하나님" 모든 사람들이 함께 노래를 부릅니다. 찬양이 울리는 동안 예수님이 나의 손을 잡고 생명수가 흐르는 샘으로 가십니다. "이는 보좌 가운데에 계신 어린 양이 그들의 목자가 되사 생명수 샘으로 인도하시고 하나님께서 그들의 눈에서 모든 눈물을 씻어 주실 것임이라"(계 7:17). 죽음 후의 삶을 준비한 사람만이 갈 수 있는 곳, 이곳이 우리의 종착역입니다.

죽음이 삶에게 말을 걸어옵니다. "너는 오늘 무엇을 남기며 살려 하느냐. 이 땅을 위해 살지 말고 천국을 위해 살아라. 이 땅에 이름을 남기지 말고 천국에 이름을 남겨라. 이 땅에 영원히 살 것처럼 소망을 두지 말고 영원히 살아갈 천국을 준비하면서 살아라."

5

수고가 수고에게
말을 걸다
전 2:18-26

사람이 먹고 마시며 수고하는 것보다
그의 마음을 더 기쁘게 하는 것은 없나니
내가 이것도 본즉
하나님의 손에서 나오는 것이로다 (전 2:24)

●●● 　전도서는 해 위의 수고와 해 아래의 수고에 대해 말합니다. 해 아래 수고는 내 손으로 하는 수고요, 해 위의 수고는 주님의 손을 힘입어 하는 수고를 말합니다. 해 위의 수고가 해 아래의 수고에게 말을 겁니다. "해 아래 수고야, 그 수고의 결과가 무엇이냐? 그 수고에 맞는 열매는 무엇이냐? 너 정말 그 수고에 인생을 걸어도 되겠느냐?" 전도자는 해 아래 수고를 이렇게 표현합니다. "이러므로 내가 해 아래에서 한 모든 수고에 대하여 내가 내 마음에 실망하였도다"(전 2:20). 해 아래 수고가 나를 실망시켰다고 말합니다.

　반면 24절에는 해 위의 수고가 나오는데 이렇게 표현되어 있습니다. "사람이 먹고 마시며 수고하는 것보다 그의 마음을 더 기쁘게 하는 것은 없나니 내가 이것도 본즉 하나님의 손에서 나오는 것이로다"(전 2:24). 하나님의 손에서 나오는 수고가 있으며 그 결과는 기쁨입니다.

〜　해 아래 수고의 특징

우선 해 아래 수고가 왜 실망을 주는지 살펴보겠습니다. 전도서 2장 18-23절은 해 아래 수고의 특징을 몇 가지로 설명해 줍니다.

　첫째, 해 아래 수고는 남는 것이 없습니다. "사람이 해 아래에서 행하는 모든 수고와 마음에 애쓰는 것이 무슨 소득이 있으랴"(전 2:22). 해 아래 수고는 아무리 애써도 남는 것이 없다는 말입니다. 전도서의 핵심 단어 '이트론'은 '남기다'라는 뜻입니다. 해 아래 수고에는 '이트론'이 없습니다.

해 아래 수고를 한 사람은 아무리 많이 가졌어도 죽을 때 빈손으로 가야 합니다. 반면 해 위의 수고를 한 사람은 죽을 때 빈손으로 가는 듯하지만, 천국에 가 보면 수고한 모든 일의 열매가 그곳에 있습니다. 그래서 땅에서 부해도 하늘에서 가난한 이와 땅에서 가난한 듯하나 하늘에서 부유한 자가 있는 것입니다. 없어질 소득을 위해 살 것이냐, 영원한 것을 남기면서 살 것이냐가 중요합니다.

김창옥 아카데미의 김창옥 대표가 담배인삼공사에 강연하러 갔을 때, 강사 대기실에 붙어 있는 "담배로 버린 몸 인삼으로 회복하자"라는 표어를 보고 폭소를 터트렸다고 합니다. 담배인삼공사니까 담배도 많이 팔아야 하고, 인삼도 많이 팔아야 해서 이런 표어를 쓴 것입니다. 이것이 인생입니다. 평생 수고하여 모은 돈이 사고, 사건, 질병으로 블랙홀에 빨려 들어가듯 사라져 버리고 남는 것이 없습니다. 해 아래 수고는 결국에 남는 것 없는 수고였다고 전도자는 통찰합니다.

둘째, 해 아래 수고는 수고하지 않은 다른 사람이 누리게 됩니다. "내가 해 아래에서 내가 한 모든 수고를 미워하였노니 이는 내 뒤를 이을 이에게 남겨 주게 됨이라 그 사람이 지혜자일지, 우매자일지야 누가 알랴마는 내가 해 아래에서 내 지혜를 다하여 수고한 모든 결과를 그가 다 관리하리니 이것도 헛되도다"(전 2:18-19). 수고는 내가 하고 영광은 내 뒤의 사람이 누린다는 말입니다.

"어떤 사람은 그 지혜와 지식과 재주를 다하여 수고하였어도 그가 얻은 것을 수고하지 아니한 자에게 그의 몫으로 넘겨주리니 이것도 헛된 것이며 큰 악이로다"(전 2:21). 수고는 내가 했는데 그 영광은 수고하지 않은 자가 누립니다.

우리 속담에 "재주는 곰이 부리고 돈은 되놈이 번다"라는 말이 있습니다. 되놈은 중국 사람을 뜻합니다. 조선 시대 청나라 곡예단이 곰을 데려와 시키는 곡예를 보니, 재주는 곰이 부리는데 돈은 부리는 사람이 다 쓸어 가는 것을 보고 한 말이라고 합니다.

전도자가 바라본 해 아래 죽도록 수고하는 사람의 모습이 이처럼 허망합니다. 내가 평생 죽도록 고생하고 애쓰고 수고하여 남긴 것을 나도 모르는 사람이 주인이 되어서 관리하고 쓰면서 사는 것을 본 것입니다.

부모가 평생 안 먹고, 안 입고, 안 쓰면서 모은 돈을 자식들이 흥청망청 써서 몇 년 만에 바닥이 드러나기도 합니다. 매일 새벽 5시면 출근하여 근면 성실로 이루어 낸 재산을 한번 써 보지도 못하고 중병으로 세상을 떠나는 사람도 있고, 고픈 배 부여잡고 두 주먹으로 일으킨 사업을 생면부지 타인에게 넘겨주는 사람도 있습니다. 인생의 수고가 이토록 허망하다는 것입니다.

전도자는 이 해 아래 수고를 이렇게 적나라하게 밝히면서 그 허무함을 드러냅니다. "나의 수고가 내 뒤를 이을 사람에게로 가고, 내가 경영하던 기업이 다른 사람에게 넘어가고, 내 수고의 열매를 수고하지 않은 사람이 누리게 되네. 아, 해 아래 수고가 덧없기 한이 없구나."

셋째, 사람의 수고에는 끝이 없습니다. 23절입니다. "일평생에 근심하며 수고하는 것이 슬픔뿐이라 그의 마음이 밤에도 쉬지 못하나니 이것도 헛되도다"(전 2:23). 낮에 수고했으면 밤에는 잠을 자야 하는데, 낮에는 몸이 수고하고, 밤에는 마음이 수고하더라는 것입니다. 밤에도 도무지 쉬지 못합니다. 이유는 근심, 두려움, 불안함, 슬픔 때문입니다. 전도자는 해 아래 수고를 일평생에 근심하며 수고한 것이라고 표현합니다.

일평생 수고하면서도 노후가 걱정되고, 땅값이 걱정되고, 투자해 놓은 것이 걱정되고, 자녀들 앞날이 걱정되고, 남들보다 뒤처질까 걱정되고, 고생하고 병 얻을까 두렵고, 이것도 걱정, 저것도 걱정, 밤새도록 근심으로 뒤척이다가 피곤한 아침을 맞이하는 사람들이 얼마나 많은지 모릅니다.

해 아래 수고의 한계입니다. 아무리 노력해도 월급으로 따라갈 수 없이 도망가 버리는 허무한 집값도 문제이고, 처음부터 살던 집에서 내쫓기듯 나가야 하는 것도 복장 터질 일입니다. 해 아래 수고가 우리를 얼마나 많이 배신하는지 모릅니다. 전도자는 이런 모습들을 해 아래에서 숱하게 보았습니다. 그래서 내린 결론이 "일평생에 근심하며 수고하는 것이 슬픔뿐이라 그의 마음이 밤에도 쉬지 못하나니 이것도 헛되도다"(전 2:23)입니다.

수백억짜리 맨션에 살면서도 근심 속에서 불면의 밤을 보내는 사람이 있는가 하면, 빗물 새는 작은 방에서 새우잠을 청하면서도 꿀잠 자는 사람도 있으니, 해 아래에서 아무리 수고한다고 해도 그 수고가 우리에게 참된 행복을 가져다주지 못하더라는 것입니다.

이렇게 전도자는 해 아래 수고의 헛됨을 세 가지로 요약해서 우리에게 알려 줍니다. '첫째, 남는 것이 없더라. 둘째, 수고를 다른 사람이 누리더라. 셋째, 수고는 낮에도 밤에도 끝이 없고 그 결과는 슬픔이요, 근심뿐이더라'입니다.

〜 해 위 수고의 삶

우리 인생이 이렇게만 끝난다면 한없이 절망적일 텐데, 전도자는 우리에게 해 위의 수고가 있음을 말해 줍니다. 이 땅에서 살면서 해 아래의 수고로 평생을 보내는 사람이 있는가 하면, 해 위의 수고로 남기는 삶을 사는 사람도 있더라는 것입니다. "사람이 먹고 마시며 수고하는 것보다 그의 마음을 더 기쁘게 하는 것은 없나니 내가 이것도 본즉 하나님의 손에서 나오는 것이로다"(전 2:24).

그렇다면 이 땅에서 해 위의 수고를 하는 삶은 어떤 것일까요? 첫째, 모든 수고의 열매가 하나님께로부터 왔음을 인정하고 그분께 영광을 돌려 드려야 합니다. 전도자는 사람이 먹고 마시며 수고하는 모든 것이 하나님의 손에서 나온 것이라고 분명히 이야기합니다. 해 아래 수고하는 사람은 그 수고의 칭찬과 영광을 자기의 것으로 돌리지만, 하나님의 자녀는 영광을 하나님께 돌리고, 열매는 하나님의 나라를 위해 돌려 드립니다. 해 위의 수고를 하는 사람이 분명히 아는 한 가지가 있는데, 내가 가진 모든 것이 하나님의 손에서 나온 것이고, 하나님께서 도와주신 것이라는 사실입니다. 그래서 절대로 자신이 주인인 것처럼 행세하지 않고 소유권을 주장하지도 않습니다. 하나님께 드릴 때도 "하나님의 것을 마땅히 드립니다"라고 고백하지, 아까운 내 것을 어쩔 수 없이 드리는 것처럼 행세하지 않습니다.

우리 손에 당연히 있어야 할 것은 아무것도 없습니다. 인생에서는 수고한 대로 열매 맺는다는 공식이 이루어지지 않습니다. 수고해서 열매를 맺었다면, 그것은 내 노력이 아니라 하나님의 간섭이요, 은혜입니다. 내가 수고한 것에 하나님의 손이 나타나 도우신 것입니다. 야베스의 기도가 매우 정확합니다. "주의 손으로 나를 도우사 나로 환난을 벗어나 내게 근심이 없게"(대상 4:10) 하신 것이지, 내 지혜, 판단력, 노력이 환난을 벗어나게 하고 근심 없는 삶을 만들어 낸 것이 아닙니다.

그래서 성경에 나오는 가장 큰 복은, '너희 손으로 하는 모든 일에 주께서 복을 주실 것'이라는 약속입니다. "여호와께서 너를 위하여 하늘의 아름다운 보고를 여시사 네 땅에 때를 따라 비를 내리시고 네 손으로 하는 모든 일에 복을 주시리니 네가 많은 민족에게 꾸어 줄지라도 너는 꾸지 아니할 것이요"(신 28:12). "네가 네 손이 수고한 대로 먹을 것이라 네가 복되고 형통하리로다"(시 128:2).

세상의 모든 손으로 하는 일이 다 좋은 결과를 만들어 내는 것이 아닌데, 만약 누군가가 하는 일마다 아름다운 열매를 맺는다면 그 사람의 수고의 결과가 아니라 하나님의 보이지 않는 손이 도우신 것입니다.

하나님은 해 아래에서도 하나님을 바라보고 사는 사람을 당신의 손으로 도와주십니다. "하나님은 그가 기뻐하시는 자에게는 지혜와 지식과 희락을 주시나 죄인에게는 노고를 주시고 그가 모아 쌓게 하사 하나님을 기뻐하는 자에게 그가 주게 하시지만"(전 2:26 상). 하나님은 하나님의 손에서 나오는 것을 먹고 마시기로 작정한 자에게 우둔한 자의 것까지 빼앗아서 몰아주기로 하셨다는 말입니다. 하나님의 손을 의지하고, 내 손에 있는 모든 것이 하나님의 손에서 온 것이라 고백하며, 하나님이 필요하다 하실 때 드릴 줄 아는 사람에게 계속해서 우둔한 자의 것을 빼앗아 주겠다고 약속하십니다.

본문이 여기서 끝나면 더없이 좋은데, 26절의 "이것도 헛되어 바람을 잡는 것이로다"라는 구절이 우리를 당황시킵니다. 여기서 "이것도"를 잘 해석해야 합니다. '하나님이 기뻐하시는 사람에게 주시는 복도 헛되다'라고 해석하면 안 됩니다. "이것도"에 대한 신학자들의 의견이 분분하지만, 정통적인 해석은 앞에서 말한 '우둔한 자의 노고'를 말한다고 생각합니다.

이제 우리는 압니다. 하나님이 우둔한 자의 것을 뺏어 하늘을 위해 사는 사람의 손으로 옮기셨습니다. '이트론', 이 땅에 남는 수고가 아니라, 이 땅에서 주님을 위한 수고만이 남습니다. 주님을 위한 수고는 절대로 우리를 배신하지 않습니다. 주님 안에서 하는 수고는 절대로 헛되지 않습니다. 하나님께서 기억하고 갚아 주실 것입니다. 주님을 위해 흘린 땀과 물질, 수고와 헌신은 하나님 나라에 갔을 때 반드시 열매로 거두게 될 것입니다. "그러므로 내 사랑하는 형제들아 견실하며 흔들리지 말고 항상 주의 일에 더욱 힘쓰는 자들이 되라 이는 너희 수고가 주 안에서 헛되지 않은 줄 앎이라"(고전 15:58).

수고하여 지친 분들이 있습니까? 해 아래서 너무 고생하며 살아왔는데 돌아보니 무엇 하나 손에 남은 게 없어 실망스럽습니까? 이제는 더 이상 한 발자국도 앞으로 나아갈 수 없습니까? 실망과 절망 가운데 불면의 밤을 보냅니까? 예수님이 해 아래 수고에 실망하고 지친 사람들에게 이렇게 말씀하십니다. "수고하고 무거운 짐 진 자들아 다 내게로 오라 내가 너희를 쉬게 하리라"(마 11:28).

하면 할수록 실망이 커지는 수고를 내려놓고, 이제 내게로 나올 때가 되지 않았느냐고 부르고 계십니다. 무거운 짐 진 자들은 다 나오라고 하십니다. 짐 중에 가장 무거운 짐은 죄의 짐인데, 그것을 지고 세상에서 수고하다 지친 사람들을 부르고 계십니다. "수고하고 무거운 짐 진 자들아 다 내게로 오라, 내가 십자가 위에서 다 지고 가겠다. 내가 너희를 쉬게 하리라."

6

시간이 시간에게
말을 걸다 전 3:1-11

하나님이 모든 것을 지으시되
때를 따라 아름답게 하셨고
또 사람들에게는
영원을 사모하는 마음을 주셨느니라
그러나 하나님이 하시는 일의 시종을
사람으로 측량할 수 없게 하셨도다 (전 3:11)

전도서 3장은 이렇게 시작합니다. "범사에 기한이 있고 천하만사가 다 때가 있나니"(전 3:1). 여기에 시간의 개념이 두 가지 나오는데, '기한'과 '때'입니다. '기한'은 정해진 시간이고, 정해진 기한 안에 무슨 일이 일어나는 것을 '때'라고 합니다. 구약 성경은 히브리어로 쓰였는데, 히브리어가 어렵다 보니 헬라 시대에는 헬라어로 번역된 구약 성경(70인역)을 읽었습니다. 여기서는 기한을 '크로노스'라고 번역하며, 찾아온 때를 '카이로스'라고 번역합니다. 24시간 흐르는 시간을 크로노스라고 하고, 흐르는 시간 속에 임하는 기회를 카이로스라고 합니다.

따라서 1절을 좀 풀어서 설명하면 이렇습니다. "모든 일에는 정해진 기한이 있고, 그것을 이룰 수 있는 기회가 주어진다." 이 크로노스와 카이로스를 가장 잘 이해할 수 있는 운동이 축구입니다. 축구는 전후반 45분, 총 90분이지만, 뛸 수 있는 사람은 한 팀에 11명뿐입니다. 90분이라는 크로노스에 11명에게만 카이로스가 찾아오는 것입니다. 후보 선수가 대략 5명인데, 90분 내내 몸을 풀고 자기에게 카이로스가 찾아오기를 기다리다가 드디어 후반 30분에 이름이 불려 운동장으로 들어갑니다. 그 사람에게 카이로스가 찾아온 것입니다. 카이로스가 찾아올 때 선수는 얼마나 빠르게 뛰어 들어가겠습니까. 그것이 기회입니다.

모든 사람에게는 수명이 정해져 있고, 그 기한 안에 하나님이 주시는 기회들이 있습니다. 그것이 크로노스 속에서 임한 카이로스의 은혜입니다.

⌒ 크로노스와 28개 카이로스

전도자는 범사에 정해진 기한이 있고, 그 기한 안에 목적이 이루어지는 때, 즉 기회가 있다고 말합니다. 본문에서 전도자는 7개 구절에서 총 28개의 '때'를 설명합니다. 각 구절 당 4개의 때를 담아 두었습니다. 7은 천지 창조 날의 숫자로 완전 숫자입니다. 따라서 7개 구절 안에 7의 배수인 28개의 때를 넣어 둔 것은 세상의 모든 때를 대표하는 몇 가지를 담아 두었다는 뜻입니다. 따라서 본문에 나오는 내용만 기한과 때가 있는 것이 아니라, 범사와 만사의 모든 일에 정해진 기한과 그것을 이룰 기회가 있다고 생각하면 됩니다.

날 때와 죽을 때, 심을 때와 뽑을 때

"날 때가 있고 죽을 때가 있으며 심을 때가 있고 심은 것을 뽑을 때가 있으며"(전 3:2). 여기에 나오는 '날 때, 죽을 때, 심을 때, 뽑을 때'의 4가지 때는 모두 카이로스입니다.

카이로스와 카이로스 사이에 있는 것이 크로노스입니다. 날 때의 카이로스와 죽을 때의 카이로스 사이에 인생이라는 크노로스가 있습니다. 사람은 날 때와 죽을 때 사이를 살아갑니다. 90년을 살았다면 그것을 인생이라고 합니다. 그렇기에 크로노스를 사는 인생은 두 가지 카이로스를 기억해야 합니다. 내가 어디로부터 왔는지 날 때를 기억하고, 내가 어디로 가는지 죽을 때를 기억해야 합니다. 죽지 않을 것처럼 사는 사람은 어리석은 사람입니다.

또한 심을 때가 있고 심은 것을 뽑을 때가 있다고 합니다. 봄이 오고 5월이 되면 밭에 고추 모종을 심습니다. 물을 주고 키워 내면 7월 중순 쯤 거두게 되고, 그 후 잠자리 날아오는 가을이 되면 심었던 고춧대를 뽑아 버립니다. 심을 때가 있고, 거둘 때가 있고, 심은 것을 뽑을 때가 있는 것입니다. 심을 때의 카이로스와 뽑을 때의 카이로스 사이, 3개월 은 고추의 크로노스, 즉 인생, 아니 고생(?)입니다. 날 때와 죽을 때는 사람과 짐승의 생과 사를, 심을 때와 뽑을 때는 식물의 생과 사를 말합니다. 살아 있는 사람도 죽음을 준비해야 하고, 죽어 가는 사람도 하루의 삶을 하찮게 여기지 말며 생명의 아름다움을 누려야 한다는 뜻입니다. 내일 생명으로 거듭날는지 누가 알겠습니까? 우리의 소망은 하늘에 있습니다.

죽일 때와 치료할 때, 헐 때와 세울 때

"죽일 때가 있고 치료할 때가 있으며 헐 때가 있고 세울 때가 있으며"(전 3:3). 죽일 때가 있다는 말이 무섭습니다. 그러나 이 뜻은 하나님이 사람을 죽인다는 뜻이 아니라 죽어 가는 것을 허락하여 놔두실 때가 있다는 말입니다. 그런가 하면 그를 고쳐 주실 때도 있습니다. 불치병 선고를 받을 때가 있습니다. 교통사고를 당하여 죽는 것처럼 병이 나를 죽이는 때를 만나는 것입니다. 그렇게 죽음을 선고하는 날이 있는가 하면, 그 병을 고쳐 주어 다시 살게 하는 때도 있습니다. 병을 담담히 받아들여 그대로 살다가 죽음을 맞이하는 사람도 있고, 병을 얻고도 치료해 달라고 간절히 구하여 치료를 받는 사람도 있다는 것입니다.

헐 때가 있고 세울 때가 있습니다. 공들였던 것이 허물어져 좌절될 때도 아주 좌절하지 말 것은, 허물어진 것이 다시 세워지는 때도 오기 때문입니다. 모든 사람이 세우기만 하는 것은 아니고, 모든 인생이 허물어지기만 하는 것도 아닙니다. 허물어졌으면 그 뒤에 세우시는 일도 있습니다. 세워졌다고 기고만장할 수 없는 것은 허물어질 때도 있기 때문입니다.

울 때와 웃을 때, 슬퍼할 때와 춤출 때

"울 때가 있고 웃을 때가 있으며 슬퍼할 때가 있고 춤출 때가 있으며"(전 3:4). 울어야 할 일을 만난 분이 있다면 우십시오. 그러나 그 울음이 영원하지 않을 것입니다. 하나님께서 눈물을 바꾸어 웃음으로 바꾸어 주실 것입니다. 소망을 조금 남겨 두고 우십시오. 슬픈 때를 만난 분들은 잘 이겨 내십시오. 그 슬픔이 변하여 춤이 되는 날이 올 것입니다. 하나님의 역설입니다. 하나님은 울음 속에 웃음을 감추어 두셨고, 슬픔 속에 춤을 숨겨 두셨습니다. "주께서 나의 슬픔이 변하여 내게 춤이 되게 하시며 나의 베옷을 벗기고 기쁨으로 띠 띠우셨나이다"(시 30:11).

돌을 던질 때와 거둘 때, 안을 때와 멀리할 때

"돌을 던져 버릴 때가 있고 돌을 거둘 때가 있으며 안을 때가 있고 안는 일을 멀리할 때가 있으며"(전 3:5). 밭을 매다가 돌이 나오면 필요 없어 버릴 때도 있지만, 건물을 올릴 때는 다시 그 돌을 모아 모퉁잇돌로 사용하기도 합니다. 영원히 버려지는 돌도 없고 영원히 쓰임 받는 돌도 없습니다.

사람들은 예수님을 건축자들이 필요 없어서 버린 돌처럼 버렸지만, 하나님은 그 돌을 다시 찾아 세상과 자신을 잇는 머릿돌이 되게 하시고 모퉁잇돌이 되게 하셨습니다. 세상에 영원히 쓸모없는 것도 없고 영원히 요긴한 것도 없습니다. 오늘 쓸모없다고 버린 것이 내일 가장 요긴한 것이 되기도 하고, 오늘 가장 요긴하다고 붙잡은 것이 내일은 던져 버려야 할 돌이 되기도 합니다. 내 인생이 돌과 같습니다. 하나님과 사람들이 날 버렸다고 해서 실망하지 않을 것은, 하나님이 나를 찾으실 때는 내가 모퉁잇돌이 될 것이기 때문입니다. 버려진 자는 다시 찾을 날을 기대하고, 하나님이 찾아 쓰실 때는 기회 주신 것에 감사하며 겸손하게 낮추며 살아야 하는 것입니다.

내 품에 안고 귀중히 여겨야 할 때도 있지만, 그것을 멀리해야 할 때도 있습니다. 품 안의 자식이라도 낳아서 기를 때는 안아 키우지만, 장성하여 어른이 되면 놓아주어야 합니다. 안을 때가 있으면 멀리 놓아주어야 할 때도 있는 겁니다. 대신, 안아 줄 수 있을 때 많이 안아 주어야 합니다. 안아 주어야 할 나이에는 먹고 살기 바쁘다고 멀리하다가, 멀리 보내야 할 때 여유가 생겼다고 품으려고 하면 자식의 길을 막는 것입니다. 품어 주어야 할 때 원 없이 품어 주고, 보내야 할 때 기쁨으로 날아가게 해야 합니다.

찾을 때와 잃을 때, 지킬 때와 버릴 때

"찾을 때가 있고 잃을 때가 있으며 지킬 때가 있고 버릴 때가 있으며"(전 3:6). 물질의 소유를 말합니다. 노력한 이상으로 돈이 마구 벌릴 때가 있는가 하면, 손에서 물이 빠져나가듯 돈이 새어 나가는 때도 있습니다. 물질을 찾았다고 너무 교만하지도 말고, 잃었다고 너무 절망하지도 말 것은, 잃었다면 다시 찾을 때가 올 것이고, 찾았다면 잃어버리기 전에 스스로 가장 값진 곳에 버릴 줄 알아야 하기 때문입니다. 지혜로운 사람은 뺏기지 않고 미리 알아서 놓습니다. 내가 자원하여 놓는 것입니다.

"사랑은 참으로 버리는 것 버리는 것 버리는 것 사랑은 참으로 버리는 것 더 가지지 않는 것 / 이상하다 동전 한 닢 움켜잡으면 없어지고 쓰고 빌려주면 풍성해져 땅 위에 가득하네"라는 찬양은 바로 6절을 노래한 것입니다. 지켜야 할 때가 있다면, 아낌없이 버릴 때, 쓸 때, 나누어 줄 때, 주께 드릴 때가 있다는 겁니다. 드리는 것도 카이로스입니다. 기회를 놓치면 안 됩니다.

찢을 때와 꿰맬 때, 잠잠할 때와 말할 때

"찢을 때가 있고 꿰맬 때가 있으며 잠잠할 때가 있고 말할 때가 있으며"(전 3:7). 스스로 찢어진 사람이라고 생각한다면 주님이 꿰매어 주시기를 기대해야 합니다. 7절은 육신의 병, 경제적 어려움 등으로 다양하게 해석할 수 있습니다. 저는 선지서와 연결하고 싶습니다. "너희는 옷을 찢지 말고 마음을 찢고 너희 하나님 여호와께로 돌아올지어다"(욜 2:13 상).

이스라엘 사람들은 회개할 때 옷을 찢었습니다. 옷이 가장 귀한 것이었기 때문입니다. 가장 귀한 것을 찢으며 회개하는 것은 대가를 지불하는 행위입니다. 옷은 신분을 상징합니다. 죄를 회개할 때는 신분으로 나아가지 않고 죄인으로 나아간다는 뜻입니다. 그런데 시간이 갈수록 바리새인들은 옷을 찢는 선수가 되었습니다. 사람들이 가장 많이 모이는 장소를 찾아가 가장 멀리까지 들리는 소리로 옷을 찢었습니다. 그러면 사람들은 '회개할 것 없는 저 경건한 사람도 회개를 하는구나. 저 사람 영성 참 대단하다' 하며 칭찬과 존경을 보내는 것입니다. 이처럼 너나 할 것 없이 옷 찢는 소리가 기드론 골짜기에 메아리처럼 퍼졌습니다. 그 모습을 본 하나님이 말씀하십니다. "너희는 옷 말고 마음을 찢으며 너희 하나님 여호와께 돌아와라."

오늘 전도자는 옷이 아니라 마음을 찢어야 할 때가 있다고 합니다. 그런데 맹숭맹숭한 사람이 있습니다. 찢지 않으니 하나님이 꿰매어 주실 수 없습니다. 애통하는 자는 하나님이 위로해 주십니다. 마음을 찢으며 회개하고, 간구하며 눈물로 나가는 사람은 아름다운 사람입니다. 하나님이 반드시 꿰매어 주실 것입니다. 하나님 앞에 마음을 쏟아 놓고 말을 해야 하는데, 냄새가 나도록 입을 다물고 하나님께 아뢰지 않는 사람이 있습니다. 잠잠해야 할 때 잠잠한 것은 아름다우나, 하나님께 입을 열어야 할 때 잠잠한 것은 어리석은 일입니다. 잠잠할 때와 말할 때를 아는 것이 지혜입니다. 애통하고 울어야 위로를 받고, 고침을 받으며, 하나님께서 한 땀 한 땀 꿰매어 주실 수 있습니다. 웃을 때인지 애통해야 할 때인지를 아는 지혜를 얻으시길 바랍니다.

"사랑할 때가 있고 미워할 때가 있으며 전쟁할 때가 있고 평화할 때가 있느니라"(전 3:8). 누군가를 사랑할 때도 있지만 미워져 헤어질 때도 있습니다. 한때 내가 사랑했던 사람이 지금은 나를 싫어한다고 마음 아파하지 마십시오. 사랑을 몰라서 그렇습니다. 사랑은 아픔과 거절을 전제로 하는 것입니다. 누군가를 사랑하려면 많이 거절당할 준비를 해야 합니다. 주님이 십자가에 달릴 줄 아시면서도 우리를 사랑해 주신 것처럼 사랑하시기 바랍니다.

세상에서 가장 많이 거절당하는 사랑은 아마 자식을 향한 부모의 사랑일 것입니다. 번번이 거절당합니다. "밥 먹어", "안 먹어", "추운데 두꺼운 옷 입고 가", "됐어", "일찍 들어와", "오늘 늦어", "공부해", "게임 할래", "골고루 먹어", "고기반찬 줘"…. 그래도 부모는 포기하지 않고 계속 사랑합니다. 수만 번 거절당해도 아침이 오면 "밥 먹어" 하며 아이를 깨웁니다. 이게 부모의 사랑입니다.

그래서 본문의 결론이 무엇입니까? "하나님이 모든 것을 지으시되 때를 따라 아름답게 하셨고"(전 3:11 상). 하나님이 모든 때를 아름답게 하셨다는 것입니다. 하나님이 정해 놓으신 기간과 허락하신 때는 감사함으로 받으면 버릴 것이 없습니다. "하나님께서 지으신 모든 것이 선하매 감사함으로 받으면 버릴 것이 없나니"(딤전 4:4).

⌒ 모든 때가 아름답다

본문은 28가지 때를 통해 이 세상 '모든 때'에 대해서 이야기합니다. 그리고 이렇게 결론을 내립니다. "이 모든 때가 아름답다." 우리는 좋아 보이는 때만 누리고 싶어 합니다. 나고, 심고, 치료하고, 세우고, 웃고, 춤추고, 거두고, 안고, 찾고, 지키고, 꿰매고, 사랑하고, 평화로운 때. 그러나 성경은 그때만 아름답다고 하지 않습니다. 죽고 뽑는 것도 아름답다고 이야기합니다.

아라비아 속담에 이런 말이 있습니다. "사시사철 햇빛만 비치면 그곳은 사막이 된다." 우리는 인생에 햇빛만 있기를 원하지만, 그러면 물도 없는 사막이 되고 맙니다. 계곡과 흐르는 물도 없고, 봄, 여름, 가을, 겨울도 없으며, 바위나 꽃과 새들도 없습니다.

하나님은 우리 인생이 사막같이 되지 않도록 하기 위해 햇빛 뒤에 구름을 만드셨고, 생명 뒤에 죽음을 만들어 하루하루 소중히 살도록 하셨습니다. 그리스 신화에서 신들이 인간에게 가장 부러워하는 한 가지가 죽음이라고 합니다. 죽어 가기 때문에 하루하루 소중히 사는 치열함을 부러워한다고 합니다. 하나님은 찾음 뒤에 잃음을 두셔서, 내게 주어진 것에 감사하게 하셨고, 잃음 뒤에 참 주인이 누구인지 묵상하게 하셨습니다.

생명도 죽음이 있어서 더욱 아름답고, 죽음도 스데반처럼 생명 있는 죽음이라면 얼마든지 아름다울 수 있습니다. 예수님의 죽음이 얼마나 아름다운지 윤동주 시인은 그의 "십자가"라는 시에서 "괴로웠던 사나이,/ 행복한 예수 그리스도에게/ 처럼/ 십자가가 허락된다면// 모가지를 드리우고/ 꽃처럼 피어나는 피를/ 어두워 가는 하늘 밑에/ 조용히 흘리겠습니다"라고 노래했습니다. 많이 가져도 가난한 사람이 있고, 가진 것 없어도 부유한 사람이 있습니다. 가지고도 더 가지려는 사람이 있고, 없는데도 나누어 주는 사람이 있습니다. 살아도 죽은 듯 사는 사람이 있고, 죽어 가면서도 눈부시게 빛나는 생명을 가진 사람이 있습니다.

하나님이 모든 때를 아름답게 하셨다는 것을 깨달은 사람은 모든 순간을 아름답게 보냅니다. 슬플 때는 춤출 때를 기다리고, 아플 때는 치료의 날을 바라며 이기는 것입니다. 하나님은 형통할 때에도, 곤고할 때에도 아름다움을 심어 두셨습니다. "형통한 날에는 기뻐하고 곤고한 날에는 되돌아보아라 이 두 가지를 하나님이 병행하게 하사 사람이 그의 장래의 일을 능히 헤아려 알지 못하게 하셨느니라"(전 7:14). 형통한 날에는 기뻐하면서 위로 자라고, 곤고한 날이 오면 자기의 삶을 깊이 되돌아보면서 속으로 자라는 것입니다. 그래서 형통한 날과 곤고한 날을 번갈아 가며 주십니다.

하나님이 만드신 기한을 인간이 알 수는 없습니다. 내가 몇 살까지 사는지도 모르고, 때도 알 수 없어서 언제 성공하고 고침 받고 해결될지 모르고 살아갑니다. 생각보다 삶이 짧을 때도 있고, 슬픔이 생각보다 길어질 때도 있으며, 내 손에 쥔 것이 오래갈 때도 있습니다. 춤이 길어질 때도 있고 눈물이 길어질 때도 있지만, 공식이 없어서 그 기간이 얼마나 길어질지 아무도 모릅니다. 전도서 7장 14절의 표현에 의하면 하나님께서 이 두 가지를 병행하여 사람이 그의 장래의 일을 능히 헤아려 알지 못하게 하셨습니다. 이유는 한 가지입니다. 매일매일 하나님을 의지하고 신뢰하며 살도록 하기 위함입니다.

"그러나 하나님이 하시는 일의 시종을 사람으로 측량할 수 없게 하셨도다"(전 3:11 하). 사람의 시종을 인간이 모르니 평생 시종을 아시는 하나님을 의지하면서 살게 하기 위함입니다. 병이 치료될지 나을지 모르기에 그것을 아는 하나님께 맡기고 의지하는 것입니다. 장래 일을 알지 못하니 그것을 아시는 하나님께 인생을 맡기는 것입니다.

그래서 하나님은 인생의 시작과 끝, 그 과정조차도 우리가 알 수 없게 만드셨습니다. 그냥 맡기면 그 길을 하나님이 인도해 주시기로 약속하셨습니다. "네 길을 여호와께 맡기라 그를 의지하면 그가 이루시고"(시편 37:5). 내가 모르는 것을 하나님은 아신다는 것을 믿고 내 모든 것을 그분께 맡기는 것입니다.

하나님은 우리에게 가장 아름다운 것을 주셨습니다. 그것을 보는 눈이 열리기만 하면 됩니다. 인생에서 가장 좋은 날은 오늘입니다. 금 가운데 가장 비싼 금은 '지금'이라고 합니다. 가장 좋은 사람은 지금 나와 함께 있는 그 사람입니다. 가장 감사한 것은 '언젠가 주어질 그것'이 아니라 '지금 내 손이 있는 그것'입니다. 그것을 보는 눈이 열려야 합니다. 모든 것을 다 아시는 하나님께 맡기시기를 바랍니다.

7

가까이 있는
기쁨

전 3:12-15

사람들이 사는 동안에
기뻐하며 선을 행하는 것보다
더 나은 것이 없는 줄을 내가 알았고 (전 3:12)

●●● 헨리 나우웬의 《예수의 길》(두란노)에 있는 이야
기입니다. 언젠가 나우웬이 네덜란드에서 교수로 일하는 지인을 만났
습니다. 그는 3년 동안 쇠렌 키르케고르, 장 폴 사르트르, 알베르 카뮈
등이 논한 불안을 연구하며 글을 쓰고 있었는데, 나우웬이 그에게 요청
했습니다. "오셔서 저희에게 기쁨에 대해서 강연을 좀 해 주실 수 있을
까요?" 지인은 이렇게 대답했습니다. "노력해 봤는데 기쁨에 대해서는
할 말이 없습니다."

불안에 대해서는 3년 동안이나 할 말이 있건만 기쁨에 대해서는 전
혀 할 말이 없는 이유는, 사람이 원래 체험하지 않은 것에 관해서는 할
말이 없기 때문입니다.

한번은 아내와 산책 중에 카페에 들어갔습니다. 사람들을 유심히 보
던 아내가 문제를 냅니다. "여기 있는 사람들의 특징을 말해 보세요."
조금 훑어본 다음에 어렵지 않게 정답을 맞혔습니다. "웃는 사람이 한
명도 없네. 얼굴이 모두 심각해." 제일 먼저 느낀 것이 사람들의 얼굴이
무서울 정도로 무표정하고 화난 것처럼 심각하다는 것이었습니다. 그
것이 현대인들의 자화상이 아닐까 생각합니다.

그곳에 가득 앉은 사람 중에 기쁨을 싫어하는 사람은 한 명도 없을
것입니다. 아니, 틀림없이 모든 사람이 기쁨을 얻기 위해 하루를 열심

히 살 것입니다. 그런데 기쁨을 좇아가는 그들에게서 기쁨이 보이지 않습니다. 기쁨은 멀리 있지 않습니다. 그날 커피를 받으며 기뻐서 어쩔 줄 몰라 하는 한 사람을 보았습니다. 방금 받아 든 커피 한 잔을 조심스럽게 마십니다. 그러고는 세상을 다 얻은 사람처럼 눈을 지그시 감고 말합니다. "와~ 진짜 커피 향기 너무 좋다." 커피 한 모금에 세상을 다 얻은 표정으로 기뻐합니다. 그 건물 전체를 통틀어 가장 행복한 사람이었습니다.

어쩌면 행복과 기쁨은 가까이 있는데, 우리가 모르고 사는 것은 아닐까요? 똑같이 커피를 시켜 놓고도 세상을 다 얻은 것처럼 행복해하는 사람이 있는가 하면, 커피 값이 비싸다며 다 식어 갈 때까지 그 맛을 음미하지 못하는 사람도 있습니다.

전도자는 우리 가까이에 있는 기쁨을 가르쳐 줍니다. 살면서 누구나 경험할 수 있는 기쁨을 우리에게 친절하게 설명해 줍니다. 하나하나 따져 보면, 기쁨과 행복이 절대로 멀리 있지 않다는 것을 알게 될 것입니다. 지금부터 전도자가 알려 주는 가까이 있는 기쁨을 살펴보겠습니다.

〜 선을 행하며 사는 기쁨

"사람들이 사는 동안에 기뻐하며 선을 행하는 것보다 더 나은 것이 없는 줄을 내가 알았고"(전 3:12). 여기서 "사는 동안에"(while they live)라는 말에 주목하고 싶습니다. '그 언젠가'가 아니고, 사는 동안에 누리는 기쁨입니다. 일상에서 선을 행하며 사는 것이 기쁨이라고 합니다.

우리는 위대한 일을 인생의 목표 지점으로 삼을 때가 많습니다. '언젠가는 내가 제대로 멋진 일을 할 거야'라고 생각하며 오늘을 그냥 넘기는 경우가 많습니다. 그러나 전도자는 "사는 동안에" 선을 행하라고 합니다. 사는 동안 사소한 것에도 기뻐할 줄 알아야 하고, 크든 작든 선을 실천할 기회를 포기하지 말며, 사소한 선이라도 가능하면 자주 행하는 것이 기쁘게 사는 비결이라고 합니다.

큰 기쁨만 기대하고 기다리는 사람은 오늘 주어진 작은 기쁨을 놓칩니다. 한 번의 큰 기쁨을 위해 소중한 작은 기쁨들을 다 포기하고 사는 사람이 많습니다. 그래서 이런 유명한 말이 있습니다. "마지막에 웃는 자가 되지 말고, 자주 웃는 자가 되라." 매일매일 기뻐하는 사람이 되시기 바랍니다.

전도자도 이렇게 말합니다. "사는 날 동안에 선을 행하면서 살아라." '선을 행하다'라는 이 단어를 조금 더 집중해서 살펴봅시다. 성경이 말하는 '선'은 우리 한국 사람들이 말하는 '선'과는 다른 개념을 가지고 있습니다. 선(good)으로 번역된 히브리어 '토브'는 '착한 일'이라는 뜻이 아니라, '관계가 좋은 상태'라는 뜻입니다.

하나님께서 아담과 하와를 만드시고, 인간과 하나님의 사이에 죄가 들어오지 않은 가장 완벽한 상태에 있을 때, 그 상태를 "보시기에 심히 좋았더라"(창 1:31)라고 말씀하셨습니다. 이때 사용된 단어가 '토브'입니다. 그리고 시편의 "보라 형제가 연합하여 동거함이 어찌 그리 선하고 아름다운고"(시 133:1)라는 구절에서 '형제끼리 잘 지내는 관계'를 표현하기 위해 사용된 단어 또한 '토브'입니다.

이스라엘에서 '선'은 관계가 좋은 상태를 말합니다. 그래서 이스라엘의 개념에서 일반적인 선은 사람과의 좋은 관계이고, 가장 큰 선, 가장 위대한 선은 하나님과의 좋은 관계입니다. 다시 말해, 타인과 하나님의 관계를 회복시켜 주는 일, 이것이 내가 할 수 있는 가장 위대한 선입니다.

그래서 전도는 우리가 실천할 수 있는 가장 위대한 선입니다. 살아가는 동안 매일매일 행해야 할 선한 일은 다름 아닌 전도입니다. 하나님을 모르는 사람이 하나님을 만나게 하여 죄로 깨어진 관계를 회복시켜 주는 것, 이것보다 더 큰 선한 일은 없는 것입니다.

사업이 잘되는 것보다 더 큰 선한 일은 만나는 사람과 하나님과의 관계를 회복시키는 것입니다. 공부해서 1등 하는 것도 선한 일이지만 자신이 속한 교실에 복음을 전하는 일이 가장 선한 일이 될 수 있습니다. 병원에 누워서 병을 치료받는 것도 선한 일이지만, 다른 환자에게 예수님을 소개해서 믿게 하는 것이 더 큰 선한 일이 됩니다.

이것을 위해 매일매일 우리가 실천할 수 있는 선한 일은 어떤 것인가요? 누군가 예수님을 믿게 하기 위한 조그마한 실천들이 모두 선한 일입니다. 문자 보내는 일, 전화해서 안부를 묻는 일, 맛있는 빵이 있으면 하나 더 사서 건네주는 일, 그 사람 형편에 맞는 성경 구절을 전해 주는 일, 이번 주에 교회 한번 가자고 권면하는 일 등 하나님과 연결시켜 주는 모든 일들이 선한 일입니다. 이것이 우리가 "사는 동안에" 실천해야 할 선한 일이고, 그것이 가장 우리를 기쁘게 하는 일이 될 것입니다.

주신 선물을 알아보는 기쁨

"사람마다 먹고 마시는 것과 수고함으로 낙을 누리는 그것이 하나님의 선물인 줄도 또한 알았도다"(전 3:13). 전도자는 하루하루 사는 동안 필요한 모든 것을 하나님이 선물로 주셨다는 사실을 깨닫습니다. 그런데 하나님이 주신 선물 중 가장 큰 것은 무엇일까요? 그 선물을 볼 줄 아는 눈입니다. 예수님이 우리를 구원하시기 위해 하나님께서 보내신 선물이라는 것을 볼 줄 아는 눈, 예수님 당시 사람들은 그 눈이 없어서 예수님을 건축자들이 깨어서 버리는 돌처럼 버리고 말았습니다.

하나님께서 구원받은 자녀들에게 이 세상을 살아갈 수 있도록 재능이라는 선물을 주셨는데, 그 선물을 볼 줄 아는 눈을 가져야 합니다. 그 눈이 없으면 스스로 아무것도 못하는 사람이라 여기며 무능력하게 살게 됩니다. 그래서 가장 큰 선물은 하나님이 우리에게 주신 선물을 볼 줄 아는 눈입니다.

전도자가 발견한 하나님의 선물은 대단한 것이 아닙니다. 그런데 열린 눈으로 보면 너무 소중한 것들입니다. 먹는 것이 하나님의 선물이라고 합니다. 마시는 것이 하나님의 선물이라고 합니다. 손으로 수고한 것을 먹는 그것이 하나님의 선물이라고 합니다. 물론 요즈음은 먹고, 마시고, 일할 수 있는 것만 해도 대단한 일입니다. 본문에서는 인간의 가장 기본이 되는 내용을 대표해서 표현한 것입니다. 기쁨은 멀리 있는 것이 아니라, 먹는 것, 마시는 것, 일하는 것, 즉 일상에서 경험하는 모든 것에 있습니다. 그만큼 기쁨은 가까이 있습니다.

디트리히 본회퍼는 《성도의 공동생활》에서 이런 말을 남깁니다. "우리가 일상의 선물에 감사하지 않기 때문에 하나님께서 우리를 위해 이미 준비해 놓으신 더 큰 영적인 선물을 받지 못합니다." 작은 것에 감사해야 큰 것도 받습니다. 성경은 먹는 것, 마시는 것, 일하는 것에 대해 이렇게 가르칩니다. "그런즉 너희가 먹든지 마시든지 무엇을 하든지 다 하나님의 영광을 위하여 하라"(고전 10:31). 먹고 마시는 것까지도 하나님의 영광을 위해서 해야 합니다.

매일매일 주님을 생각하는 사람이 죽음 앞에서도 주님 곁으로 간다는 기쁨을 빼앗기지 않고, 담대히 순교의 강도 건널 수 있습니다. 이것이 일상에서 그리스도와 동행하며 무엇을 하든 하나님의 영광을 위해 살고, 모든 것을 하나님의 선물로 여기며 사는 사람입니다.

다시 말씀드립니다. "최후에 웃는 자가 되지 말고 자주 웃는 자가 되자." 일상이 가장 큰 기쁨으로 가득 차 있음을 볼 수 있는 눈이 열리기를 바랍니다. 마지막에 예수님 만나지 말고 매일매일 주님을 만납시다. 매일 임재 속에서 살아가시길 바랍니다.

〰 하나님의 계획을 인정하는 기쁨

"하나님께서 행하시는 모든 것은 영원히 있을 것이라 그 위에 더할 수도 없고 그것에서 덜할 수도 없나니 하나님이 이같이 행하심은 사람들이 그의 앞에서 경외하게 하려 하심인 줄을 내가 알았도다"(전 3:14).

전도자는 하나님께서 우리에게 행하시는 일의 특징을 두 가지로 표현합니다. 첫째, 하나님이 우리에게 행하시는 일은 영원하다. 둘째, 하나님이 우리에게 행하시는 일에는 더할 것이나 뺄 것이 없다. 그 행하시는 일을 보면 하나님이 하시는 일에 감탄을 금할 수 없어 경외하게 된다고 이야기합니다.

나를 향한 계획이 영원하다는 뜻이 무엇입니까? 하나님이 나를 한순간도 떠나지 않으시고 영원히 함께하시면서 나를 위해 세우신 계획을 이루어 가신다는 것입니다. 나를 향한 멋진 계획을 취소하지도 않으시고, 변경하지도 않으시고, 영원 전에 그려 놓으신 그대로 완벽하게 진행해 가신다는 뜻입니다. 완벽하게 이루신다는 것입니다.

나에게 하나님이 뜻을 두고 행하신다는 것을 느끼면서 살 때, 우리에게 기쁨이 찾아옵니다. '아, 내가 계획 없이 만들어진 존재가 아니구나. 아, 하나님이 나를 버리신 것이 아니구나. 하나님의 계획이 차근차근 이루어지고 있구나.' 그분이 계획하셨기 때문에 그분이 이루어 가십니다. 이것을 깨달을 때, 우리 마음에 기쁨과 소망이 찾아옵니다.

또한 하나님께서 우리에게 필요하신 것을 공급하시는데, 그 공급에는 더해야 할 것이나 빼야 할 것도 없습니다.

하나님의 계획은 완벽하기 때문에 무슨 일을 행하시더라도 부족하지 않습니다. 우리 인간은 아무리 계산해서 집을 지어도 자재가 부족하고, 예산이 부족하고, 사람이 부족하고, 지혜가 부족할 때가 있는데, 하나님이 우리 인생에 세우신 계획을 이루어 가실 때는 부족한 것 없이 완벽하게 준비해 놓으셨다는 뜻입니다.

하나님이 우리 각자에게 뜻을 두고 행하시는 모든 일은 완벽합니다. 그것을 인정하면서 사는 것이 필요합니다. 내 눈에 보기에는 부족한 듯 보여도, 그때 고백해야 합니다. "부족한 것이 아니라 완벽한 것입니다."

인생을 다 지내고 노인이 된 전도자의 고백을 계속 들어 봅시다. 본인도 처음에는 하나님이 자기에게 주신 것이 부족해 보여 감사하지 못했는데, 지나고 보니 명하시고 허락하시고 주신 것들 중에 부족한 것이 없었다고 고백합니다. 그때 전도자의 입에서 감탄사가 흘러나옵니다. "와, 하나님 완벽하시구나!" 그래서 말합니다. "하나님이 이같이 행하심은 사람들이 그의 앞에서 경외하게 하려 하심인 줄을 내가 알았도다"(전 3:14 하). 우리 입에서 감탄과 경탄이 나오지 않을 수 없도록 만드실 것이며, 주님을 경외하게 하실 것입니다.

"이는 내 생각이 너희의 생각과 다르며 내 길은 너희의 길과 다름이니라 여호와의 말씀이니라 이는 하늘이 땅보다 높음같이 내 길은 너희의 길보다 높으며 내 생각은 너희의 생각보다 높음이니라"(사 55:8-9). 하나님의 계획이 우리 안에서 한 치의 오차도 없이 완벽하게 진행되고 있습니다. 우리도 인생 마지막에 돌아보면 이 전도자와 똑같이 고백할 것입니다. "하나님, 내 인생에 부족한 것이 하나도 없었습니다."

여러분 가까이에 있는 기쁨이 무엇입니까? 사는 날 동안 선을 행하면서 사는 기쁨을 남에게 빼앗기지 마시기 바랍니다. 대단한 것이 아니더라도 하나님이 선물로 주신 것을 볼 줄 아는 눈을 회복하는 기쁨이 있길 원합니다. 나를 향한 하나님의 계획을 신뢰하며 감사하고 기쁘게 살아가시길 바랍니다.

8

재판과 심판 사이를
사는 인생

전 3:16-22

내가 내 마음속으로 이르기를
의인과 악인을 하나님이 심판하시리니
이는 모든 소망하는 일과 모든 행사에
때가 있음이라 하였으며 (전 3:17)

●●● 뉴스를 보다 보면 종종 안타까운 사연들을 접합니다. 수십 년간 억울하게 복역하다가 마침내 진범이 잡혀서 무죄 방면되는 경우 말입니다. 최근에도 수십 년간 나라를 떠들썩하게 했던 화성 연쇄 살인 사건의 진범이 잡히자 누명을 쓰고 수감돼 있던 사람이 32년 만에 무혐의 판정을 받고 나오는 것을 보았습니다. 그분이 BBC와의 인터뷰에서 말한 내용입니다. "화성은 저에게 악몽입니다. 생각을 하면 살 수가 없어서 기억 속에서 계속 밀어내고 있습니다." 죄를 짓지 않았는데도 32년간 억울한 옥살이를 했다고 생각해 보십시오. 그 마음을 누가 이해할 수 있겠습니까?

아무리 판사가 공정하게 재판해도 받는 사람은 그것을 공정하다고 받아들이기 힘듭니다. 아무리 자료에 근거해서 법이 명시한 대로 판결을 내려도 승소한 사람은 공정하다고 할 것이고 패소한 사람은 부당하다고 할 것입니다. 사실 판사가 아무리 정의롭고 공정한 사람이라고 할지라도, 항상 공정한 판결을 내린다는 것은 불가능한 일입니다. 그 또한 연약한 사람이기 때문입니다.

하버드대 교수인 마이클 샌델의 저서 《정의란 무엇인가》(와이즈베리)에 나온 내용입니다. 파선한 배에서 생존한 몇 사람이 회의를 합니다. 망망대해에서 모두 함께 굶어 죽을 것인지, 아니면 생존을 위해 한 사람씩 죽여 인육을 먹을 것인지에 관한 회의입니다. 인육을 먹고 생존을 이어 가는 것으로 결론이 납니다. 샌델은 이 지점에서 묻습니다. 과연 다수의 생명을 위해서 소수의 목숨이 희생되는 것이 정의로운가? 다수결로 결정되었다고 그 판단이 옳고 정의롭다고 말할 수 있는가? 샌델은 배 위의 사건을 한 나라로 확장시킵니다. 한 나라가 다수의 행복을 위해 소수의 행복을 희생시키는 것은 정의로운 것인가, 국가 전체의 행복을 위해서 개인의 자유를 침해해도 되는 것인가 말입니다.

최근에는 인공 지능이 발달하면서 자율 주행차가 나옵니다. 그런데 자율 주행차는 기술의 문제가 아니라 정의와 윤리 문제 때문에 상용화되지 못하고 있습니다. 자율 주행차는 자동차가 알아서 인공 지능으로 교통 상황을 판단합니다. 사고의 위험에 처했을 때, 운전자를 살리기 위해 차량 앞에 있는 세 명을 희생시켜도 되는지를 인공 지능이 판단하게 됩니다. 자연스레 질문이 따라옵니다. '앞에 세 명을 죽이고 운전자를 살려도 되는 것인가?', '세 명의 목숨이 한 명의 목숨보다 귀하기 때문에 운전자를 죽여야 하는가?', '운전자에게 해가 되는 판단을 하는 차를 값비싼 돈을 주고 살 필요가 있을까?', '사고 발생 시 책임을 인공 지능에게 물어야 하는가, 운전자에게 물어야 하는가?' 이 같은 윤리적인 이슈로 인해서 자율 주행차가 완전 상용화되기는 쉽지 않습니다.

이렇게 보면 공정하고 정의로운 판단을 내리는 것은 정말 어려운 일입니다. 그래서 전도자(코헬렛)는 16절에 이렇게 밝힙니다. "또 내가 해 아래에서 보건대 재판하는 곳 거기에도 악이 있고 정의를 행하는 곳 거기에도 악이 있도다"(전 3:16). 전도자의 말에 의하면, 재판 속에도 숨겨진 악이 있고, 정의 속에도 악이 있습니다. 아무리 공정해도, 아무리 정의로워도 그 속에 숨어 있는 악을 제거할 수는 없더라는 것입니다.

이 전도자가 누구입니까? 솔로몬입니다. 솔로몬은 공의로운 재판으로 유명한 사람입니다. 세상 모든 사람이 그의 판결을 받기 위해 몰려들 만큼 그의 재판은 공의롭고 지혜로움으로 정평 나 있었습니다. 직접 수많은 판결을 내렸지만, 그 결론이 이와 같습니다. '공의롭게 판단하는 곳에도 악이 있고, 정의를 행하는 곳에도 악이 있는 것을 나도 어쩔 수 없다.' 솔로몬은 인간의 한계를 말합니다. 잘한다고 했지만, 자기의 판결 중에도 굽은 판결이 있었고 부족한 판결이 있었습니다. 선한 줄 알고 내린 판결이 더 큰 악을 만들어 내는 것을 보았을 것입니다. 판결에 대해 실망과 절망 그리고 분노가 있었을 것입니다.

세상에서 가장 위험한 일 중 하나가 무엇인 줄 아십니까? 사람이 사람을 판단하는 것입니다. 자신도 부족한 사람에 불과하면서, 다른 사람의 일을 '옳다, 그르다' 재판해 감옥에 보내는 것만큼 위험한 건 없습니다. 지금도 어쩌면 아무런 잘못 없이 감옥에 갇혀 있는 사람이 많을 것입니다.

그런데 우리에게도 정말 중요한 재판이 있습니다. 이 재판은 문제가 있을 수밖에 없는 인간의 재판과 다릅니다. 진짜 우리가 유념해야 할 재판은 하나님 앞에서 받는 재판입니다. 실수가 없으신 하나님 앞에서 받는 재판이기에 성경은 재판보다 무서운 '심판'이라는 단어를 씁니다. 하나님의 판결은 오차가 없고 하나님의 정의에는 숨겨진 악이 없습니다. 모든 사람에게 내리는 판결은 정확하며 단 한 사람도 그 판결에 앞에서 억울할 수 없습니다. 정확하시고 정의로우시며 공의로운 재판장 되시는 하나님께서 우리 인간에게 내리신 판결의 내용은 무엇일까요?

원죄 (The Original Sin)

"모든 사람이 죄를 범하였으매 하나님의 영광이 이르지 못하더니"(롬

3:23). 바로 '이 세상에 있는 모든 사람이 죄인이다'라는 판결입니다. 그에 대한 형량은 로마서 6장에 나옵니다. "죄의 삯은 사망이요"(롬 6:23 상). 결과적으로 모든 사람에게 죄의 결과인 '사망'이 찾아옵니다. 모든 사람은 죄를 범했고, 그 결과 '하나님의 영광', 즉 하나님의 나라, 두 글자로 '천국'에 이르지 못한다는 판결이 내려집니다. 판결의 대상은 '모든 사람'입니다. 한 사람도 예외 없이 죄인입니다.

모든 사람에게 있는 죄를 우리는 '원죄'라고 부릅니다. 모든 사람이 원죄를 가지고 태어납니다. 죄로 인해 하나님과 분리된 상태에서 아담과 하와가 자녀를 낳고 자녀를 낳고 또 낳다 보니, 그의 후손인 우리는 자동적으로 하나님과 끊어진 상태에서 태어납니다. 그렇게 살다 보면 하나님 없는 곳으로 가게 되는데, 이것이 원죄입니다.

성경에서 말하는 원죄는 '가장 무서운 죄'이지만, 우리가 생각하는 '사람을 죽이는 살인'이나 '다른 사람의 것을 훔치는 도둑질'이나 '사이코 패스들이 하는 끔찍한 행동들'을 일컫는 말은 아닙니다. 원죄는 성경에서 말하는 죄 중에서 가장 원흉이 되고, 가장 크고, 가장 오래되고, 가장 무거운 죄를 말합니다. 그 죄는 '하나님을 믿지 않는 죄', '하나님이 보내셨으며, 또 하나님이신 예수님을 믿지 않는 죄', '하나님께 불순종하여 하나님을 떠나 버린 죄' 그리고 '하나님 없이 살아가는 죄'를 말합니다. 이것이 원죄이며 그 결과는 사망입니다.

이 세상에 이토록 다양한 죄들을 만들어 내는 근본적인 죄, 원래의 죄, 뿌리가 되는 죄는 무엇일까요? 예수님은 이렇게 말씀하십니다. "죄에 대하여라 함은 그들이 나를 믿지 아니함이요"(요 16:9). 예수님을 믿지 않는 불신의 죄가 가장 큰 죄라는 겁니다. 하나님의 이름이 생명인데, 하나님에게서 분리되어 나왔으니 생명 없음, 즉 사망이 된 것입니다. 하나님과 우리 사이를 잇는 길이요 진리요 생명 되신 예수님을 믿지 않으면 계속 사망 상태로 남습니다. 그러나 이 십자가 다리만 건너가면 생명이신 하나님께 덧붙여져서 사망의 문제를 해결하고 영원한 생명을 누리는 천국으로 들어갈 수 있습니다.

하나님을 떠난 상태에서 태어난 우리를 원죄를 가진 인간이라고 말합니다. 나름대로 열심히 살아 보고자 하나 연약한 인간이 하나님의 도움 없이 어떻게 잘 살 수 있겠습니까? 자연스레 죄라도 지어서 생존하려고 하게 됩니다. 큰 죄를 짓는 사람이나 작은 죄를 짓는 사람이나 동일한 것은 하나님을 떠난 상태에 있는 모든 인간은 죄를 짓고 살아간다는 것입니다.

사람은 왜 죄를 지을 수밖에 없나요? 바로 죄를 만들어 내는 공장인 원죄가 작동하기 때문입니다. 그래서 한두 가지 죄 문제를 해결하거나 사람을 감옥에 가둔다고 해결되는 것이 아니라, 죄를 만들고 유통하는 원죄를 해결해야 합니다.

인간이 가장 먼저 해결해야 할 죄는 도둑질이나 미움이 아니라 하나님과 분리되어 생긴 원죄입니다. 요한복음 16장 9절에도 불신의 죄가 가장 큰 죄라고 했으니 하나님을 만나고 인정하여 모시고 그의 자녀가 되어야 합니다. 예수 그리스도를 믿어 원죄를 해결해야 그 공장에서 죄가 안 만들어집니다.

"하나님이 없다고 여기며 살았습니다. 하나님을 믿느니 내 주먹을 믿겠다며 내가 주인 되어 살았습니다. 그 모든 불신의 죄를 회개하오니, 용서하여 주옵소서. 나를 살리기 위해서 하늘에서 기다리지 않고 이 땅까지 오셔서 날 위해 십자가에 달리시어 하늘의 생명을 내 안에 집어넣으시고 사망을 몰아내신 하나님, 감사합니다"라고 고백하며 믿음으로 불신의 죄를 해결하고 회복되는 것, 그것이 우리가 해야 할 가장 중요한 일입니다.

～ 심판을 내리시는 하나님

우리가 이 세상에 태어나서 눈치를 봐야 할 사람은 판사가 아닙니다. 영원한 형벌을 주시기도 하고 거두어 가시기도 하는 하나님을 두려워해야 합니다. 영원한 지옥으로 보내시기도 하고 영원한 자유의 천국으로 이끄시기도 하는 진짜 재판장 되시는 하나님의 판결이 더 무서운 줄 알아야 합니다. 결국, 예수님을 믿는 일만이 불신의 죄에서 벗어날 유일한 길입니다.

예수님은 '나로 말미암지 않고는 아버지께로 갈 자가 없다'고 하셨습니다. 착하게 산다고 되는 것도 아니고 의롭게 산다고 되는 것도 아니며 육법전서를 다 깨달아도 불가능합니다. 예수님을 믿어야 인간과 하나님 사이에 깨어진 관계가 회복됩니다. 예수님만이 하나님께로 가는 길이요 진짜 진리이며 그분을 통해서만 사망이 없어지고 생명을 얻습니다.

하나님이 하실 수 없는 두 가지가 있는데, 첫째는 회개하지 않는 죄인을 천국에 보내는 것이며, 둘째는 예수 믿는 사람을 지옥에 보내는 것입니다. 하나님께서는 우리 믿음을 정확히 판단하십니다. 이 판결은 바뀌는 법이 없고, 이 규약은 수정될 일도 없습니다.

솔로몬 자신도 재판을 많이 했지만, 재판 중 가장 무서운 재판은 하나님이 내리시는 재판이라고 이야기합니다. "내가 내 마음속으로 이루기를 의인과 악인을 하나님이 심판하시리니"(전 3:17 상). 의인과 악인을 사람의 법봉으로 심판하는 것은 너무나도 부족한 것이고, "의인과 악인을 재판하는 것은 하나님이 심판하시리니 이는 모든 소망하는 일과 모든 행사에 때가 있음이라 하였으며"(전 3:17 하) 심판 받을 때가 있다는 것입니다. 그때에 악인과 선인을 나누는 하나님의 심판이 우리 모두를 기다리는 것입니다. 이 세상에 살면서 재판장에게 판결을 받아 본 사람이나 평생을 재판관, 법정과 상관없이 살았던 사람이나, 모든 사람은 결국 반드시 하나님의 재판장 앞에 서야 합니다.

죄도 짓지 않고 청렴결백하게 살지만 원죄의 문제를 해결하지 못하고 지옥 가는 사람이 있습니다. 반면 죄 가운데 흉악한 인생을 살다가도 예수 믿고 천국 가는 사람이 있습니다. 한 번도 감옥에 들어간 적이 없어도 영원한 감옥인 지옥으로 가는 사람이 있는가 하면, 오히려 감옥 안에서 영원한 감옥이 얼마나 무서운지 깨닫고 지옥의 문제를 해결하는 사람도 있더라는 겁니다.

그래서 로마서는 이렇게 이야기합니다. "그러므로 이제 그리스도 예수 안에 있는 자에게는 결코 정죄함이 없나니 이는 그리스도 예수 안에 있는 생명의 성령의 법이 죄와 사망의 법에서 너를 해방하였음이라"(롬 8:1-2). 예수 그리스도 안에서는 모든 것이 무혐의로 판결 내려집니다. 우리 인생은 판사 앞에서 살아가는 게 아니라 하나님 앞에서 살아가는 것입니다. 판사의 법봉이 아닌 하나님의 법봉을 두려워하며 그분을 경외하고 모시고 믿고 살아가야 합니다. 전능하신 하나님의 얼굴을 대면하며 살아가야 합니다.

판사의 눈에서 벗어난다고 안전한 것이 아닙니다. 판사는 겨우 우리 육신을 구속할 수 있을 뿐입니다. 하나님은 우리의 몸뿐 아니라 영혼까지 영원한 지옥으로 혹은 영원한 천국으로 보내실 수 있습니다. 우리를 죽이기도, 살리기도 하는 권세가 하나님의 손에 있음을 믿으시기 바랍니다. "몸은 죽여도 영혼은 능히 죽이지 못하는 자들을 두려워하지 말고 오직 몸과 영혼을 능히 지옥에 멸하실 수 있는 이를 두려워하라"(마 10:28).

〜 사람이 짐승과 같아지는 때

전도서 3장에는 하나님을 믿지 않고 산다면 짐승과 다를 바 없다는 충격적인 이야기까지 기록되어 있습니다. "내가 내 마음속으로 이르기를 인생들의 일에 대하여 하나님이 그들을 시험하시리니 그들이 자기가 짐승과 다름이 없는 줄을 깨닫게 하려 하심이라 하였노라 인생이 당하는 일을 짐승도 당하나니 그들이 당하는 일이 일반이라 다 동일한 호흡이 있어서 짐승이 죽음같이 사람도 죽으니 사람이 짐승보다 뛰어남이 없음은 모든 것이 헛됨이로다"(전 3:18-29). 사람이든 짐승이든 흙으로 만들어지고 흙으로 돌아가는 게 하나도 차이가 없습니다. "다 흙으로 말미암았으므로 다 흙으로 돌아가나니 다 한 곳으로 가거니와"(전 3:20).

하나님의 심판을 이야기하다가 갑자기 왜 인간과 짐승을 말할까요? 그 이유는 한 가지입니다. 인간이 아무리 짐승보다 낫다 해도, 하나님 없이 사는 인간의 죽음은 짐승과 똑같을 뿐임을 말하며, 인간이 어떠한 존재인지를 처절하게 보여 주는 것입니다.

반대로 흙으로 만들어진 짐승 같은 존재라고 할지라도, 전능하신 하나님을 만나면 완전히 다른 차원의 인간이 된다는 것입니다. 전도자는 '하나님 없이 짐승처럼 살래, 짐승 같아도 하나님 만나서 사람처럼 살래?'라고 묻고 도전합니다.

아무리 고관대작이라 해도 그 인생에 하나님이 없다면 짐승보다 나을 것이 없습니다. 하지만 아무리 비루한 인생이라 해도 하나님을 의지하고 산다면 그는 하나님 나라로 갈 하나님의 자녀입니다. 그렇기에 얼마나 잘 배웠느냐, 얼마나 높은 자리에 올랐느냐, 얼마나 많이 아느냐를 가지고 사람 앞에 우쭐거리지 말라는 것입니다. 또한 아무리 삶이 어려워도 하나님을 붙잡고 죽어서 천국 갈 것을 분명히 믿고 하나님의 자녀답게 살아가라는 요청이 담겨 있습니다.

하나님은 지금도 하늘에서 인간을 굽어보십니다. "내가 내 마음속으로 이르기를 인생들의 일에 대하여 하나님이 그들을 시험하시리니 그들이 자기가 짐승과 다름이 없는 줄을 깨닫게 하려 하심이라 하였노라"(전 3:18). 세상에는 짐승과 진배없이 사는 사람이 있고, 스스로 짐승과 다름이 없음을 알기에 오히려 하나님을 더 붙잡고 사는 사람이 있더라는 겁니다. 하나님은 그 마음을 시험하여 보시고 짐승과 같은 삶을 사는 사람은 짐승의 운명처럼 놔두실 것이고, 짐승과 다른 삶을 사는 사람은 당신의 손으로 건져 주실 것입니다.

"인생들의 혼은 위로 올라가고 짐승의 혼은 아래 곧 땅으로 내려가는 줄을 누가 알랴"(전 3:21). 짐승은 땅으로 내려가고 인생은 위로 올라간다고 이야기하는데, 일차적으로는 말 그대로 사람과 짐승을 이야기하는 겁니다. 짐승은 영적인 존재가 아니기 때문에 죽고 나면 땅으로 들어가 흙으로 사라집니다. 그러나 우리 인간은 믿든 믿지 않든, 땅으로 가 소멸하는 것이 아니라 하늘로 올라갑니다. 즉 인생들의 혼은 위로 올라갑니다.

그렇다면 어디로 올라가는 것일까요? 하나님의 심판대 앞으로 올라갑니다. "한 번 죽는 것은 사람에게 정해진 것이요 그 후에는 심판이 있으리니"(히 9:27). 하나님의 형상으로 지어진 인간은 죽어도 소멸하지 않고 하늘로 올라가 하나님의 재판장 앞에 서게 됩니다. 그곳에서 하나님은 누가 의인이고 누가 악인인지 시험하여 보십니다. 하나님 나라 재판장에 앉으셔서 한 사람 한 사람을 다 재판하실 것입니다. 이 재판은 너무나 확실하고 공의로우며 정의로워서 항소도 없습니다. 2심, 3심도 없습니다. 한 번의 판결이 영원한 선고가 되어 바뀔 수 없는 재판, 그래서 '심판'이라고 이야기하는 겁니다.

〜 하늘나라의 법정

하늘나라 법정을 한번 상상해 봅시다. 판사석에는 하나님이 판결봉을 들고 앉아 계십니다. 검사석에는 우리의 죄를 낱낱이 참소하는 마귀가 서 있습니다. 태어나서부터 지금까지 지은 죄를 하나도 빠지지 않고 기록해 둔 두꺼운 책을 가지고 있습니다. 남에게 한 번도 들키지 않았던 일도 예외 없이 적혀 있습니다. 그 책의 첫 페이지에는 '이 사람이 평생 하나님 없이 살아왔다'라는 가장 강력한 죄가 쓰여 있습니다. 변호인석에는 예수님이 서 계십니다. "나의 자녀들아 내가 이것을 너희에게 씀은 너희로 죄를 범하지 않게 하려 함이라 만일 누가 죄를 범하여도 아버지 앞에서 우리에게 대언자가 있으니 곧 의로우신 예수 그리스도시라"(요일 2:1). 우리를 변호하려 하나님 아버지께 대신 말해 주실 분이 예수 그리스도이십니다.

먼저 마귀가 시작합니다. 마귀는 그곳에서 사형 판결을 받아 내 우리를 지옥으로 데려가려 모든 죄를 들추어 구형할 것입니다. 우리를 지옥에 데려가는 것이 마귀의 목적입니다. 마귀의 운명은 이미 지옥으로 결정 나 있기 때문에 한 사람이라도 더 데리고 가 지옥에서 왕 노릇하려 합니다. 지옥행 언도를 끌어내기 위해 최선을 다할 것입니다.

"또 왼편에 있는 자들에게 이르시되 저주를 받은 자들아 나를 떠나 마귀와 그 사자들을 위하여 예비된 영원한 불에 들어가라"(마 25:41). 지옥은 사람을 위해 만든 것이 아니라 마귀와 그를 따르는 자들을 가두기 위해서 만들어졌습니다. 그리고 다시는 하나님의 백성을 괴롭히지 못하게 하려고 가두어 두는 곳인데, 왜 사람이 그곳에 가는 것일까요? 평생 마귀를 주인 삼고 살았기 때문입니다. 주인 가는 데 종이 가야 하니 인간이 지옥에 가게 되는 것입니다. 이것을 아는 마귀는 모든 죄를 참소하면서 그 영혼을 지옥으로 데려가려고 힘씁니다. "내가 또 들으니 하늘에 큰 음성이 있어 이르되 이제 우리 하나님의 구원과 능력과 나라와 또 그의 그리스도의 권세가 나타났으니 우리 형제들을 참소하던 자 곧 우리 하나님 앞에서 밤낮 참소하던 자가 쫓겨났고"(계 12:10). "우리 형제들을 밤낮 참소하던 자"가 마귀입니다.

이 마귀가 하나님의 법정에서 검사가 되어 우리의 치부까지 다 들추어내기 시작합니다. 마침내 마귀가 그 두꺼운 고소문을 다 읽었을 때 하나님께서는 변호사이신 예수님께 변호할 것이 있는지 묻습니다. 예수님이 일어나십니다. "존경하는 재판장님이자 나의 영원한 아버지여. 이 사람에 대한 마귀의 고소는 하나도 틀린 것이 없습니다. 하지만 그 모든 죗값은 이미 치러졌고 이 사람의 죄는 더 이상 존재하지 않습니다." 판사이신 하나님이 묻습니다. "변호인이자 나의 사랑하는 아들이여. 그 말이 도대체 무슨 말인가?" "예, 사랑하는 나의 아버지여, 다시 말해 누군가 이 사람의 죄를 짊어지고 대신해서 죽었다는 뜻입니다." "사랑하는 아들이여, 이 재판장에 있는 나와 이곳에 있는 구름같이 허다한 증인들 앞에서 내어놓을 증거물이 있는가?" 그때 예수님은 자기의 옷을 걷어 올려 허리춤에 난 창 자국을 보여 주시고 두 손에 난 못 자국을 재판장과 배심원들을 향해서 보여 주십니다. "고로 제가 이 사람을 위해 대신 죽었고, 그 형량을 사망으로 대신 짊어졌으며, 이 사람이 사는 동안 그것을 마음으로 믿고 입으로 시인하여 구원받은 자녀가 되었으므로 무죄입니다."《팀 켈러의 인생 질문》(두란노)에서는 예수님을 이렇게 묘사합니다. "예수님의 손에 들린 것은 칼이 아니었다. 오히려 그분의 손에는 못이 들려 있었다. 그분은 심판하러 오신 것이 아니라 도리어 심판을 당하셨다."

그 모든 고소와 변호를 듣고 난 뒤 침묵의 시간이 흐르고 하나님께서 판결문을 읽으십니다. "그러므로 이제 그리스도 예수 안에 있는 자에 게는 결코 정죄함이 없나니 이는 그리스도 예수 안에 있는 생명의 성령 의 법이 죄와 사망의 법에서 너를 해방하였음이라"(롬 8:1-2).

재판장이신 하나님은 아들 예수 그리스도의 피 값을 주고 산 자녀를 참소했던 그 검사, 즉 마귀를 향해 한 번 더 판결하십니다. "내가 또 들 으니 하늘에 큰 음성이 있어 이르되 이제 우리 하나님의 구원과 능력과 나라와 또 그의 그리스도의 권세가 나타났으니 우리 형제들을 참소하 던 자 곧 우리 하나님 앞에서 밤낮 참소하던 자가 쫓겨났고"(계 12:10). 자 녀는 영원한 천국으로 들이시고 그를 참소하던 마귀는 영원한 지옥의 불 못으로 쫓아내시는 재판장 되신 하나님 앞에 우리는 두렵고 떨림으 로 오늘을 살아가고 있는 것입니다.

이것은 할리우드 영화 이야기가 아닙니다. 판타지 무협 소설 이야기 도 아닙니다. 정확하게 우리 앞에 일어날 일을 이야기하고 있는 겁니 다. 사람이 세운 재판장의 눈을 피한다고 의롭게 살아가는 것이 아닙니 다. 우리 앞에는 영원하신 재판장이 서 계십니다.

"아, 그의 뒤에 일어날 일이 무엇인지를 보게 하려고 그를 도로 데리 고 올 자가 누구이랴"(전 3:22 하). 실제로 심판대 앞에 서서 천국과 지옥 을 보게 되었을 때는 이미 늦었다는 소리입니다. 지금 믿어야 합니다. 죽고 나서 예수님 앞에 나아가 손이 발이 되도록 빌며, 한 번만 기회를 달라고, 천국과 지옥, 심판이 있음을 이제 확신한다고, 다시 돌아가 잘 살아 보겠다고 말해도 소용없습니다. 내가 죽어 보고서야 겨우 후회하면서 '아이고! 지옥이 있었구나' 하지 말라는 것입니다. 누군들 가서 보고 후회하여 다시 한 번 기회 달라고 안 하겠습니까?

거지 나사로 이야기에 나오는 부자를 기억합시다. 자기 집 앞의 거지 나사로가 아브라함 품에서 천국에 들어간 것을 보자 부자는 '나에게 한 번만 기회를 달라'고 간구하지만 기회를 얻을 수 없었습니다. 우리에게도 절대로 두 번의 기회가 없음을 알아야 합니다.

지옥 가는 운명을 바꾸어 살리시기도 하고, 영원한 지옥의 불 못에 던지시기도 하는 전능하신 하나님의 눈앞에서 우리가 살아가고 있음을 기억하십시오. 그분이 한 번 내리신 심판으로 우리의 영원한 운명이 갈라진다는 것을 알아야 합니다. 기회 있을 때, 오늘 이 세상에서 살아가는 이때에 하나님의 자녀가 됩시다. 나를 살리기 위해 오신 예수 그리스도를 입으로 고백함으로 하나님의 자녀가 되어야 합니다. 우리가 하나님의 자녀가 된다면 하나님의 거룩하신 재판장 앞에 설 때 우리의 변호사 되신 예수님을 만날 수 있을 것입니다. 그분은 우리를 기쁘게 변호하시어 죄와 사망의 법에서 자유를 얻게 하시고 영원한 천국으로 인도하실 것입니다.

9

세 가지를
찾습니다

전 4:1-6

두 손에 가득하고 수고하며 바람을 잡는 것보다
한 손에만 가득하고 평온함이 더 나으니라 (전 4:6)

●●●　　어릴 적 숨바꼭질해 본 기억이 다들 있을 겁니다. 술래를 제외한 나머지 친구들이 어디론가 숨습니다. 아무리 찾아도 찾을 수 없는 녀석들이 꼭 있습니다. 결국, 포기한 술래가 "못 찾겠다, 꾀꼬리!" 하고 외칩니다. 그때 슬금슬금 나와서 "여기 있었지롱!" 하면 술래는 다시 또 술래를 해야 합니다. 우리 인생 중에도 아무리 찾아도 찾을 수 없는 몇 가지가 있습니다. 전도서의 표현대로라면, 올람에만 있고 헤벨의 세상에는 없는, 그래서 아무리 찾으려 해도 절대로 찾을 수 없어 "못 찾겠다, 꾀꼬리!" 소리가 나오게 하는 세 가지를 소개하려고 합니다.

～　위로가 없는 헤벨의 세상

전도자가 이 세상을 아무리 둘러보아도 찾을 수 없었던 첫 번째는 위로입니다. 다른 말로 위로자가 없습니다. "내가 다시 해 아래에서 행하는 모든 학대를 살펴보았도다 보라 학대 받는 자들의 눈물이로다 그들에게 위로자가 없도다 그들을 학대하는 자들의 손에는 권세가 있으나 그들에게는 위로자가 없도다"(전 4:1).

　'그들에게 위로자가 없도다'라고 두 번이나 연거푸 이야기합니다. 세상을 다 둘러보아도 위로해 주는 사람을 찾을 수 없더라는 겁니다. 세상은 각박해져 날이 갈수록 눈물 흘릴 일은 점점 많아지는데 눈물을 닦아 주는 사람이 없습니다.

　권세, 돈, 명예, 성공을 주어서 그것들로 눈물을 닦아 주라고 했더니 웬걸, 그렇게 권세 가진 사람들이 오히려 더 피눈물 흘리게 만드는 것이 헤벨의 세상입니다. "그들을 학대하는 자들의 손에는 권세가 있으나 그들에게는 위로자가 없도다." 세상 어디를 가야 위로자를 찾겠습니까?

　오히려 고만고만할 때 서로 위로가 됩니다. 함께 힘들 때는 빵 한 조각 가지고도 나누어 먹는 법입니다. 그러다가 어느 한 쪽이라도 성공하고 나면 그때부터는 그 친구의 성공이 나를 더 비참하게 하고 왠지 모를 눈물이 나게 합니다. 잘된 친구가 내 눈물 좀 닦아 주면 좋겠는데, 성공하고 나면 과거 지우기에 바쁩니다. 위로를 찾으려야 찾을 수가 없습니다. 비참한 사람은 점점 더 비참해지고, 그들을 학대하여 권세를 잡은 사람은 점점 더 잘살게 됩니다. 그 권세로 사람을 더 학대하는 모습을 보고 있노라니 바로 헤벨, 허무한 세상이더라는 겁니다. 세상이 이렇다 보니 눈물 흘리는 사람에게 무슨 소망이 있겠습니까?

　친구도 날 돌보지 않는데, 세상 힘 있는 누군들 나를 돌아보겠습니까? 절망하는 사람은 살아왔던 길을 돌아보니 10년 후에도 여전히 소망이 없다는 것을 알게 됩니다. 그러니 이런 고백이 나올 수밖에 없습니다. "그러므로 나는 아직 살아 있는 산 자들보다 죽은 지 오랜 죽은 자들을 더 복되다 하였으며 이 둘보다도 아직 출생하지 아니하여 해 아래에서 행하는 악한 일을 보지 못한 자가 더 복되다 하였노라"(전 4:2-3). 사는 게 얼마나 힘들면 죽는 것보다 못할까요? 사는 게 얼마나 힘들면 태어나지 않는 게 오히려 나았다고 이야기할까요? 얼마나 눈물이 많았으면, 얼마나 슬픔이 많았으면, 얼마나 그 고통의 하루가 길었으면 그런 고백이 나오겠습니까? 고통도 문제고, 눈물도 문제고, 슬픔도 문제인데, 가장 큰 문제는 그 문제를 위로해 줄 사람이 없다는 것입니다.

내가 아무리 힘들어도 위로 좀 해 주면, 내가 아무리 슬퍼도 누가 옆에서 도와주면 괜찮겠는데 사방을 둘러보아도 위로자가 없는 게 가장 큰 문제입니다. 전도자가 까치발을 들고 봅니다. 누가 이 고통을 좀 가져갈까? 누가 이 슬픔을 좀 나눠 가질까? 누가 이 눈물을 닦아 줄까? 아무리 동서남북을 살펴보아도 찾을 수 없었습니다. 그런데 이렇게 눈물, 고통, 슬픔, 절망을 이야기할 때 우리 속에 점점 떠오르는 이름 하나가 있습니다. 예수님입니다. 이런 말이 있습니다. "밤이 어두울수록 별이 빛난다." 밤이 칠흑같이 어두울수록 별은 더 반짝반짝 빛나는 것처럼 절망스러운 세상을 살수록 역설적으로 분명히 떠오르는 이름이 있는데, 바로 예수 그리스도입니다. 성경에서 절망, 눈물, 고통이라는 단어를 만날 때마다 우리 눈에는 '예수님'의 이름이 보여야 합니다.

물론 세상에도 위로가 있긴 합니다. 그런데 그 위로는 너무 짧아서 암에 걸렸는데 반창고 붙여 주는 것밖에 되지 않습니다. 위로의 유통 기한도 짧고, 근원적이지 않아 임시방편에 불과합니다. 위로해 주는 건 고맙지만 영혼 깊은 데까지 이르지 못합니다.

세상에는 그래서 하루 사는 게 지옥 같은 사람이 있습니다. 왜 태어났는지도 모르겠고 죽는 게 나을 것 같지만, 주님이 주신 생명 내 마음대로 할 수 없어 하루하루를 연명하듯 살아가는 불쌍한 사람들이 있습니다. 욥이 바로 그랬습니다. 욥은 고통 가운데 이렇게 외쳤습니다. "어찌하여 내가 태에서 죽어 나오지 아니하였던가 어찌하여 내 어머니가 해산할 때에 내가 숨지지 아니하였던가"(욥 3:11). "어찌하여 고난당하는 자에게 빛을 주셨으며 마음이 아픈 자에게 생명을 주셨는고"(욥 3:20).

이런 고통 속에서 사는 사람을 어느 누가 가서 위로합니까? 무슨 위로가 그 사람에게 생의 의미를 찾아 줄까요? 위로해 줄 수 있는 이는 상천하지에 오직 한 분 예수님밖에 없습니다. 예수님만이 살 이유를 주실수 있고, 그 눈물, 고통, 슬픔을 가져가실 수 있습니다. 절대로 사람 을기다리지 마십시오. 아무리 기다려도 위로해 줄 사람이 없습니다. 부모도 못 합니다. 예수님만이 가능합니다.

이렇게 말씀하시는 분이 있습니다. "목사님, 예수님 앞에 나와 앉아 있어요. 그런데도 마음이 힘들어요." 그분께 다시 말합니다. "더 가까이 나오십시오. 더 가까이 나오시면 되는 겁니다." 아직 멀리 있는 사람은 예수님께 더 가까이 나오고, 예수님의 손이 닿을 만한 거리로 나와야합니다. 나왔는데도 마음이 슬프면 더 가까이 나오는 겁니다. 예수님이 못 닦아 주실 눈물이 어디 있고, 치료 못 해 주실 병이 어디 있으며, 짊어져 주시지 못할 고통이 어디 있습니까? 주님이 그 눈물을 닦아 주시고, 그 고통을 다 짊어져 주십니다. 예수님 앞에 쏟아 놓으십시오. 그 고통의 종류가 뭐든지 말입니다. 그분은 하늘에서 이 땅까지 내려와 안 받아도 되는 고통을 다 경험하신 분입니다. 주님께서 이해 못 할 고통은 없습니다.

"우리에게 있는 대제사장은 우리의 연약함을 동정하지 못하실 이가 아니요 모든 일에 우리와 똑같이 시험을 받으신 이로되 죄는 없으시니라 그러므로 우리는 긍휼하심을 받고 때를 따라 돕는 은혜를 얻기 위하여 은혜의 보좌 앞에 담대히 나아갈 것이니라"(히 4:15-16).

사람을 붙들고 울 시간에 주님 앞에 나와 더 우십시오. 십자가 앞에서 울어야 합니다. 사람 앞에서 울면 위로도 못 받을 뿐 아니라 비참해지기만 합니다. 주 앞에서 애통하면 내 애통을 가져가 버리십니다. "애통하는 자는 복이 있나니 그들이 위로를 받을 것임이요"(마 5:4).

사람 앞에서 울고 나면 가슴이 여전히 답답한데, 십자가 앞에서 울고 나면 마음이 시원해지는 이유가 뭔 줄 아십니까? 애통하는 그때에 주님이 그 짐을 가져가시기 때문입니다. 우는 동안 울 이유를 십자가에 얹어 짊어지시니 감정만 해소되는 게 아니라 온전히 맡기게 됩니다. 맡기니 아무 염려가 없습니다.

"그는 실로 우리의 질고를 지고 우리의 슬픔을 당하였거늘 우리는 생각하기를 그는 징벌을 받아 하나님께 맞으며 고난을 당한다 하였노라 그가 찔림은 우리의 허물 때문이요 그가 상함은 우리의 죄악 때문이라 그가 징계를 받으므로 우리는 평화를 누리고 그가 채찍에 맞으므로 우리는 나음을 받았도다 우리는 다 양 같아서 그릇 행하여 각기 제 길로 갔거늘 여호와께서는 우리 모두의 죄악을 그에게 담당시키셨도다"(사 53:4-6). 나는 울면서 기도한 것뿐인데, 주님이 그 슬픔과 고통을 자기에게 담당시키시고 우리 때문에 십자가를 지셨기 때문에 우리의 마음이 시원해지는 것입니다.

〜 평온함이 없는 헤벨의 세상

"두 손에 가득하고 수고하며 바람을 잡는 것보다 한 손에만 가득하고 평온함이 더 나으니라"(전 4:6). 두 손이 가득하고도 평온함이 없는 사람이 있고, 한 손만 가득해도 평온한 사람이 있습니다. 상식적으로는 두 손에 돈과 권력, 명예가 가득하면 더 좋을 것 같습니다. 그런데 본문은 한 손에만 가득하고 평온함이 있는 사람이 더 낫다고 이야기합니다. 왜 한 손을 비워 둔 사람이 더 멋지고 평안할까요?

하나님께서는 가득 움켜쥐라고 두 손을 주신 게 아닙니다. 한 손에 네 먹을 것을 담고 남은 한 손은 남을 위해 사용하라고 주신 겁니다. 성공에 미쳐 두 손 가득 움켜잡은 가장이 있습니다. 그는 가족들이 울고 있는데도 두 손이 가득 차서 눈물을 닦아 줄 수 없습니다. 한 손에만 쥐고 나머지 손은 가족의 눈물을 닦아 주기 위해 비워 두어야 합니다. 불쌍한 사람이 와서 "당신은 유복하잖아요. 나 좀 도와주세요" 하면 "미안하지만 두 손이 다 차 있어서 당신 도와줄 손이 없어요" 하고 그냥 돌려보내는 바보 같은 사람이 얼마나 많나요? 한 손은 비워 두고 불쌍한 사람의 눈물 닦아 주는 데 사용하라고 두 손을 주신 겁니다.

사람은 영혼육이 있는 존재입니다. 두 손이 가득하면 육도 즐겁고 생각도 즐겁겠지만, 주의 일을 감당하지 않는 혼이 괴로워 견딜 수가 없습니다. 혼이 육신을 향해 외칩니다. "너 그렇게 살려고 태어났냐? 두 손 가득 쥐면 천국까지 가져갈 수는 있냐? 한 손은 비워 주의 일을 하자. 네 가족이 울고 있는데 눈물 하나 못 닦아 주는 손, 네 옆에 어려운 사람 밥 한 끼 못 사 주는 손, 주의 일 좀 하자는데 섬길 수 없는 손, 나는 기쁘지 않다" 하고 혼이 괴로워합니다. 이것이 불안함이라는 현상으로 나타나는 겁니다. 언제든지 "주님, 저 준비됐어요. 이 손은 비어 있어요" 라고 할 때 영혼이 기쁘니까 마음에 평온함이 깃드는 것입니다.

박수 쳐 주는 이 없는 헤벨의 세상

내가 잘될 때 네가 박수 쳐 주고, 네가 잘될 때 내가 박수 쳐 주면 너무 멋질 것 같은데 전도자가 아무리 살펴보아도 서로서로 박수 쳐 주는 일이 없더라는 겁니다. 박수는커녕 시기하고 팔짱 끼고 언제까지 잘되나 보자면서 오히려 질투하는 세상입니다. 전도자 솔로몬이 충만한 지혜와 부를 가져 봤더니 자기 옆에 아무도 없더라는 것입니다. "내가 또 본즉 사람이 모든 수고와 모든 재주로 말미암아 이웃에게 시기를 받으니 이것도 헛되어 바람을 잡는 것이로다"(전 4:4).

수고해서 성공하고 많은 재주로 출세해 보아도 돌아오는 건 시기밖에 없습니다. 사람들이 왜 성공하려 합니까? 박수받으려고 성공하는 겁니다. 그 분야에서 일등이 되고 성공하고 높은 자리로 올라가면 박수 쳐 주는 사람들에 둘러싸여 나머지 인생을 살 것 같습니다. 그런데 막상 성공하고 보니까 나를 시기하고 질투하는 사람들 한가운데 서 있는 자신을 발견하고 당황합니다. 높은 자리로 올라갈수록 친구가 아니라 적이 많아지고, 잘되면 잘될수록 시기가 많아지니 성공을 했는데도 진실로 축하해 주는 사람이 한 명도 없습니다. 그래서 저는 '성공의 종착역은 외로움'이라고 말합니다. 우리는 축하가 없는 세상에서 삽니다. 앞에서는 박수 쳐 주지만, 입은 삐쭉거리고 속으로 시기심을 이글이글 불태우는 세상에서 살아갑니다.

성공한 사람의 외로움을 보다가 이런 바보도 등장합니다. "그래서 내가 성공을 안 하는 거야! 그래서 내가 안 유명해지는 거라고! 나는 그냥 아무것도 안 하고 팔짱만 끼고 살 거야!"

"우매자는 팔짱을 끼고 있으면서 자기의 몸만 축내는도다"(전 4:5). 여기서 팔짱을 낀다는 히브리어 관용어는 '일손을 놓았다'라는 뜻입니다. 아무것도 하지 않고 성공 허무주의에 빠져 있습니다. 아무것도 하지 않으면 시기나 질투는 안 받겠지만, 생존이 어렵습니다. 그래서 '자기 몸만 축낸다'고 표현하는 것입니다. 이런 사람은 바보입니다. 팔짱을 끼고 성공한 사람을 시기하고 질투하면서 살 이유가 뭐 있습니까?

팔짱 끼는 데도 팔이 필요하다면, 이왕 손을 펴서 박수 좀 쳐 주면 오죽 좋겠습니까? "얼마나 노력했으면 그 자리까지 갈 수 있었습니까?"라며 진심으로 기뻐해 준다면, 아무도 박수 쳐 주지 않는 외로움 가운데 사는 사람에게 큰 격려가 될 것입니다.

박수 쳐 주는 사람이 없다는 말이 들릴수록 우리 귀에 들리는 박수 소리가 있습니다. 예수님의 박수 소리입니다. 잘나갈 때나 못 나갈 때나 언제나 우리에게 박수 쳐 주시는, 우리의 영원한 치어리더 되시는 예수님. 스데반을 시기하여 모두가 돌을 던질 때 혼자 서서 박수 쳐 주셨던 우리 예수님. 바울이 잘나가자 모두가 발을 걸어 넘어뜨리려 할 때 그와 함께 달려 주신 예수님. 나보다 내가 더 잘되기를 원하시는 유일하신 그분, 예수 그리스도. 시기와 질투는커녕 우리보다 더 큰 소리로 응원해 주시는 예수님. 우리는 전도서를 보며 나의 응원자 되신 예수님을 발견합니다.

사람에게 실망할 일 뭐가 있습니까? 끝까지 응원해 주시는 예수님 한 분이면 충분합니다. 사람들의 북소리가 점점 희미해질수록 우릴 응원하시는 주님의 목소리는 점점 더 커지는 것입니다. 인생의 달음박질을 다 마치고 주님 앞에 섰을 때, 주님이 눈물을 흘리시며 "최고다! 너는 나의 영원한 MVP! 너는 내게 항상 일등이야!"라고 말씀해 주실 것입니다. 그 예수님 한 분이면 우리 충분하지 않습니까?

10

외로움의 감옥에
갇힌 사람들 전 4:7-12

또 두 사람이 함께 누우면 따뜻하거니와
한 사람이면 어찌 따뜻하랴
한 사람이면 패하겠거니와
두 사람이면 맞설 수 있나니
세 겹줄은 쉽게 끊어지지 아니하느니라 (전 4:11-12)

●●● 한때 넷플릭스에서 연상호 감독의 〈지옥〉이라는 작품이 전 세계 1위를 차지할 정도로 높은 인기를 끌었습니다. 〈지옥〉에는 이런 내용이 나옵니다. 어느 날 천사가 나타나서 지옥 갈 사람에게 날짜를 고지합니다. "OOO, 너는 몇 월 며칠에 지옥에 간다." 고지를 받는 그 순간, 그는 전 국민에게 죄인으로 낙인찍힙니다. 새진리회라는 사이비 종교단체에서는 그 사람이 중죄를 지어서 지옥에 간다고 사람들에게 주입시킵니다.

그 사람의 죄가 무엇인지 밝혀 국민에게 알려 주는 단체가 '화살촉'입니다. 화살촉은 인터넷 방송을 하는 추장과 그를 추종하는 사람들로 구성되어 있습니다. 그들은 낙인찍힌 이를 찾아가서 죄를 추궁하며 위협합니다. 심지어 폭력을 쓰며 심판하기도 합니다. 가장 악행을 일삼는 이들이 가장 정의로운 사람처럼 행세합니다. 정의라는 이름으로 사람을 때려죽이려 하는 것입니다. 고지를 받고 지옥으로 가는 것이 아니라, 고지받는 그날부터 화살촉의 위협과 국민의 정죄로 이미 지옥을 살아가게 됩니다. 지옥으로 간 한 여인이 마지막에 다시 이 땅에서 눈을 뜨는 것으로 드라마가 끝나는데, 그녀가 간 지옥이 바로 이 세상임을 의미하는 것은 아닌지 모르겠습니다.

이 드라마와 너무도 비슷한 일이 현실에서도 일어납니다. 사람이든 단체든 연예인이든 유명인이든, 그가 누구든 상관없이 '너는 죄인'이라는 고지를 받으면 그때부터 마녀사냥이 시작됩니다. 언론과 여론이 들끓기 시작하며 악플은 '화살촉'이 되어서 결국 그 사람을 죽이고 맙니다. 악플러들은 모든 수단을 동원해서 신상을 털고, 결국에는 인생을 포기하도록 만들어 버립니다. 여론으로부터 한 번 고지를 받으면 이 세상이 바로 지옥이 됩니다. 관용도 용서도 용납도 없는 지옥 말입니다.

우리나라에서는 노래를 잘하는 가수보다 예의 바른 가수가 인기를 얻는다는 말이 있습니다. 연기를 잘하는 배우보다 착한 배우를 좋아한다는 것이죠. 살인죄보다 더 무서운 것이 괘씸죄인 나라가 대한민국입니다. 연예인, 운동선수, 예술가에게 실력보다 인성을 요구합니다. 만약 단 한 건이라도 추문이 생기면, 그때는 고지를 받고 지옥으로 가게 됩니다. 이것이 지금 한국 사회입니다.

〈지옥〉에서 아이러니한 것은 정의롭지 못한 사람을 심판하러 다니는 화살촉이 가장 정의롭지 못하다는 사실입니다. 그 모습이 우리 현실 그대로인 것 같아 마음이 아픕니다. 아픈 이들과 함께 아파해 주지 않습니다. "너는 더 아파야 해. 넌 그래도 싸, 네가 잘못했으니까. 너는 더 조심했어야 했어. 너는 살인자보다 더 나쁜 사람이야." 한 사람이 고지하면 정부, 언론, 국민 모두가 그 한 사람에게 분노를 쏟아 냅니다.

⌒ 희생양을 찾는 세상

아무도 그 잘못을 품어 주지 않고, 모두 정죄하고 손가락질하며 너와 나를 분리시키기 바쁩니다. 문화 철학자 르네 지라르의 "희생양 메커니즘" 이론이 떠오릅니다. 대중은 자기들의 분노를 쏟아 낼 희생양을 찾아 그에게 모든 분노를 쏟아 내는 것으로 집단적 분노를 정화한다는 것입니다. 그 희생양은 보복할 수 없는 대상이어야 하며, 공동체에 속했으나 동시에 공동체와 상이성을 지녀 경계선에 선 존재가 가장 적합하다고 합니다.

한때 코로나에 지친 국민들의 분노를 받는 희생양이 교회가 된 듯한 적이 있습니다. 아무리 분노와 욕을 쏟아 내어도 보복하지 않는 공동체가 교회이기 때문입니다. 마음 편하게 분노를 쏟아 내어 집단적 분노를 정화한 것처럼 보였습니다. 그리스도인들은 이 세상과 영원의 경계선에 선 사람이기 때문에 희생양으로 삼기에 가장 적합한 대상입니다. 그런데 희생양을 찾지 못할 때, 그 집단의 분노는 정화되지 못하고 파멸이라는 비극을 맞이하게 됩니다.

교회는 그렇다 칩시다. 교회는 예수님의 몸입니다. 예수님이 인류의 죄를 대신 짊어지고 가셨던 것처럼, 교회도 희생양이 되어 국민의 분노와 원망과 짜증과 스트레스를 짊어질 수 있습니다. 그러함으로 사회를 정화시킬 수 있다면 감내해야 한다고 생각합니다. 일부러 그런 존재가 될 필요는 없지만, 그런 억울한 일을 당한다면 예수님을 생각하면서 이겨 낼 수 있습니다.

하지만 교회가 아니라 개인이 그런 상황 가운데 있다면 참아 내기 힘들 것입니다. 교회는 공동체이기 때문에 힘들어도 함께 참으면 됩니다. 그러나 혼자 모든 분노를 짊어지고 외로움의 감옥에 갇힌 사람들은 교회가 반드시 돌봐 주어야 합니다. 꺼내 주어야 합니다. 지금도 세상에는 어느 날 갑자기 죄인이라는 고지를 받고 하루하루 지옥을 살아가는 억울한 사람들이 있습니다. 교회는 그런 사람을 구원하는 곳이 되어야 합니다.

지옥이 죽어서 가는 곳이 아니라 하루하루 지옥을 경험하며 살아가는 사람들이 있습니다. 지금도 언론이나 대중에게 고지를 받고 벌벌 떠는 사람들이 있습니다. 한 번의 실수 때문에 모든 이들의 적이 된 사람들이 있습니다. 전화도 컴퓨터도 모두 *끄고* 외부와의 연결을 차단한 채 지옥같이 사는 사람도 있을 겁니다.

그들에게는 지옥이 달리 있지 않습니다. 지금 있는 곳이 지옥입니다. 그들은 아무도 없는 곳에 숨어서 살아갑니다. 지금도 외로움이라는 감옥 속에서 살아가고 있습니다. 한번 들어간 감옥은 스스로 나오지 못하는 곳입니다. 모두에게 잊힌 방, 아무도 꺼내 주지 않는 방입니다. 그들은 외로운 방에서 죽어 가고, 학교 옥상의 난간에서 죽어 가고, 호텔 방에서 혼자 죽어 갑니다.

실수를 용납하지 않고 화살을 쏘아 대는 세상입니다. 우리 자녀들도 안전하지 않습니다. 학교에서 사소한 실수만 해도 "너는 나쁜 놈이야" 라고 누군가 고지합니다. 화살촉 같은 이들이 나타나 심판하려 들고, 우리 아이들은 그 화살에 맞아 꼼짝없이 왕따가 되고 맙니다. 결국 외로움의 감옥에 감금됩니다. 자기도 화살촉에 맞을까 봐 아무도 그 아이와 놀지 않습니다. 그 아이를 맞아 주는 곳은 옥상의 난간뿐입니다. 지금도 교실 안에는 수많은 폭력에 피멍이 들어 외로움의 감옥에 갇힌 아이들이 너무 많습니다.

직장에서도 누군가가 씌워 놓은 편견으로 인해 하루아침에 사고뭉치로 찍혀 동료들의 외면을 받고, 외로움의 감옥에 갇힌 직장인도 많습니다. 군대에서 고문관이 된 병사, 사고뭉치가 된 직장인, 연예인이 되려다 악플에 좌절한 연습생 등, 방에 들어가 나오지 못하고 외로움의 감옥에 갇혀 하루 종일 우는 사람이 많습니다. 그들을 찾아가는 사람, 손 내미는 사람, 꺼내 주는 사람이 없습니다. 그냥 세상은 그들을 향해 외칠 뿐입니다. "그러니 더 정의로웠어야지. 그러니 더 착하게 살았어야지."

그리스도인은 이들의 울음, 탄식 소리를 들을 수 있어야 합니다. 외로움의 감옥에서 날 좀 살려 달라고 홀로 외치는 침묵의 절규를 들을 수 있어야 합니다. 다가가 손 내밀어 감옥에서 나오게 하는 것이 믿는 자들의 역할입니다.

결국, 그들을 지옥에서 꺼낼 수 있는 유일한 분은 예수님입니다. 예수님이 그들을 찾아가 이렇게 말씀하십니다. "볼지어다 내가 문밖에 서서 두드리노니 누구든지 내 음성을 듣고 문을 열면 내가 그에게로 들어가 그와 더불어 먹고 그는 나와 더불어 먹으리라"(계 3:20).

그들에게는 예수님이 필요합니다. 모든 인간에게는 구원자 예수님이 필요합니다. 세상에서는 모두가 심판자가 되어 서로 고발하며 들추어냅니다. 죄가 티끌만큼이라도 발견되면 온 세상에 알려 그를 죽이기 바쁩니다. 그런데 예수님은 죄를 용서해 주러 오신 분입니다. 우리의 죄를 대신 짊어지시고 우리의 슬픔, 외로움, 죄를 감내하십니다. 우리의 죄를 지적하시는 것이 아니라, "너의 죄를 나에게 다오. 내가 대신 짊어지겠다"고 하십니다. 예수님은 오늘도 우리를 이렇게 부르고 계십니다. "수고하고 무거운 짐 진 자들아 다 내게로 오라 내가 너희를 쉬게 하리라"(마 11:28).

예수님은 어두운 방 안에 갇힌 학생들과 직장인, 하루하루를 지옥같이 벌벌 떨면서 사는 군인들에게 말씀하십니다. "수고하고 무거운 짐을 진 자들아 내가 있지 아니하냐. 내게로 와라. 내가 너를 쉬게 하겠다.

봐라, 문밖에 서서 두드리니 문만 열어라." 예수님은 감옥에 갇힌 사람, 지옥에서 사는 사람을 구원하기 위해 오신 구세주입니다. 죄를 심판하기 위해 오신 것이 아니라, 죄를 용서해 주기 위해서 오셨습니다. 죄를 들추어내기 위해서 오신 것이 아니라, 죄를 덮어 주기 위해서 오셨습니다. 죄를 가르쳐 주기 위해서 오신 것이 아니라, 죄를 가져가기 위해서 오셨습니다.

세례 요한은 요단강으로 오시는 예수님을 보고 이렇게 외쳤습니다. "보라 세상 죄를 지고 가는 하나님의 어린 양이로다"(요 1:29 하). 예수님은 자신의 죄가 아니라 우리의 죄를 지고 가는 하나님의 어린양입니다. 그렇다면 예수님의 몸인 교회의 사명이 무엇이겠습니까? 예수님이 하시는 일을 하는 것입니다. 지옥 같은 삶을 사는 사람들을 찾아가 손 내밀어 구해 주는 것입니다. 모든 사람의 손가락질 아래 하루하루를 지옥에서 사는 사람들을 구해 천국의 삶을 살게 해 주는 것이 우리의 사명입니다. 교회는 혼자 있는 사람을 찾아가 손잡아 주는 곳이 되어야 합니다.

⌒ 외로움의 감옥에서 구하라

오늘 전도자는 '사람을 절대로 혼자 버려두지 말'고 합니다. 예수 믿는 사람들이 반드시 해야 할 일을 이렇게 설명합니다. "두 사람이 한 사람보다 나음은 그들이 수고함으로 좋은 상을 얻을 것임이라 혹시 그들이 넘어지면 하나가 그 동무를 붙들어 일으키려니와 홀로 있어 넘어지고 붙들어 일으킬 자가 없는 자에게는 화가 있으리라 또 두 사람이 함께 누우면 따뜻하거니와 한 사람이면 어찌 따뜻하랴 한 사람이면 패하겠거니와 두 사람이면 맞설 수 있나니 세 겹줄은 쉽게 끊어지지 아니하느니라"(전 4:9-12).

이 말씀은 교회의 사명이 무엇인지 생각하게 합니다. 12절에 두 사람이 한 사람보다 나으면 그들이 수고함으로 좋은 상을 얻을 것이라고 합니다. 혹시 그들이 넘어져도 하나가 그 동무를 붙들어 일으킬 것이고, 홀로 있어서 넘어져도 붙들어 일으킬 자가 없는 자는 큰 낭패를 당한다는 뜻입니다. 두 사람이 함께 누우면 따뜻하지만 한 사람이면 어찌 따뜻할 것이며, 한 사람이면 패하겠지만 두 사람이면 맞설 수 있으니 세 겹줄은 쉽게 끊어지지 않는다는 것입니다.

주변에 혼자 된 사람이 있습니까? 그들에게 찾아가십시오. 문을 닫고 하루 종일 나오지 않는 자녀의 방문을 두드리십시오. 오랫동안 만나자고 해도 만나 주지 않는 친구에게 전화합시다. 오해 받아 힘들어하는 친구가 있다면 그 아픈 마음을 만져 줍시다. 꿈이 좌절되어 날개가 꺾인 사람이 있다면 손을 잡아 그 감옥에서 나오게 합시다.

혼자 가지 말고 예수님과 함께 가십시오. 나 좀 살려 달라고 부르짖는 탄식 소리에 듣는 귀를 열고, 그들을 유일하게 그 감옥에서 꺼내 주실 수 있는 예수님을 전하시기 바랍니다. 지속적으로 예수님의 이름으로 찾아갑시다. 문이 열릴 때까지, 주님 앞에 나올 때까지, 탄식 소리, 살려 달라는 소리, 울음이 멈출 때까지 믿음의 성도들이 나가서 감옥의 문을 계속 두드려야 합니다.

11

돌고 도는
세상 앞에서 전 4:13-16

가난하여도 지혜로운 젊은이가
늙고 둔하여 경고를 더 받을 줄 모르는 왕보다 나으니
그는 자기의 나라에서 가난하게 태어났을지라도
감옥에서 나와 왕이 되었음이니라 (전 4:13-14)

농경 시대에는 아버지와 아들의 직업이 같아서 세대 차이가 크게 없었습니다. 대화 주제가 비슷했고 생각하는 것도 비슷했을 것입니다. 현대에 오면서 직업이 다양해지고 부모와 자녀의 직업이 같은 경우도 희귀해졌습니다. 언어가 나뉘고 관심사가 나뉘면서 점점 세대 간의 차이가 벌어지고 갈등이 일어나게 되었습니다. 젊은이들은 기성세대처럼 되지 않으려고 열심히 자기만의 세상을 구축하고 아무도 침범하지 못하도록 높은 울타리를 세웁니다. 자기들만의 언어를 사용하면서 기성세대로부터 무섭게 도주하여 자기들 세상으로 이민을 갑니다.

한때 젊은이들 중심으로 페이스북이 유행하여 전 세계적으로 사용자가 늘었습니다. 그러다 보니 부모 세대, 심지어 조부모들도 페이스북을 하게 되었습니다. 그러자 젊은이들이 흥미를 잃고 다른 곳으로 탈주합니다. 젊은이들이 페이스북에서 사라지고 인스타그램에 모입니다. 페이스북에는 어른들만 남아서 등산하는 사진, 손주 사진, 선호하는 정치가나 정치사상 등을 올리며 서로 '좋아요'를 눌러 줍니다.

어느 날 내 페이스북 친구 중에 젊은이가 없다는 것을 알게 되고, 아이들이 옮겨 갔다던 인스타그램이 궁금해져서 계정을 만들어 들어가 봅니다. 들어가 보아도 아이들끼리 나누는 내용이나 글을 이해할 수 없습니다. 그리고 아이들은 또 새로운 SNS를 찾아 그곳으로 탈주를 시도합니다. 어른들이 열심히 유튜브를 배워서 사용하는 사이에 젊은이들은 훨씬 짧고 자극적인 틱톡으로 이사합니다. 이처럼 젊은이들은 자기들만의 세계를 구축하고, 아무에게도 간섭을 받고 싶지 않아 합니다. 누군가에게 그 세계가 잠식당하면 신속하게 다른 세계를 만들어 도주를 시도합니다.

이런 현상은 언어에서도 나타납니다. 어른들이 못 알아듣는 외계어에 가까운 언어들을 개발해 자기들의 전유물처럼 사용합니다. 예전에 젊은이들이 '~삼'이라는 글자를 말끝에 붙이곤 했습니다. 아빠들이 배워서 "아들딸, 안녕하삼?" 하고 메시지를 보내면 자녀들은 기겁을 합니다. 아저씨들에게 빼앗겼다는 것을 인식하는 순간 그 언어를 버리고, 새로운 말을 개발해 자기들끼리 사용합니다. 기성세대가 아무리 따라가려고 해도 역부족입니다. 신조어는 SNS를 타고 금세 퍼지기 때문에 쉽게 공유됩니다. 본인들은 영원히 기성세대가 안 될 것처럼 자기들만의 세계를 견고히 지키려고 합니다.

'나는 절대로 그렇게 안 될 거다'라고 했던 그 지점에 생각보다 일찍 도착하는 게 인생입니다. '난 저 나이 돼도 절대로 그렇게 안 할 거야'라고 했던 사람일수록 제일 빨리 똑같이 하고 있습니다. 예전에는 거울을 볼 때 문득문득 저보다 다섯 살 많은 형님이 보이더니, 이제는 아버지가 보입니다. 조금 있으면 아버지가 돌아가셨을 때보다 나이가 많아집니다. 인생은 그렇게 세월 따라 자기도 모르게 모든 사람이 가는 길로 흘러가는 것입니다.

전도자는 인생에서 깨달은 몇 가지 현상을 기록합니다. 이것들을 보노라면, 인생이라는 거대한 명제 앞에 겸손해질 수밖에 없습니다.

전도자가 발견한 인생의 특징에 대해서 살펴보면서 자신의 모습을 돌아봅시다.

〜 지혜는 나이에 구애받지 않는다

전도자는 젊다고 무식하지 않고, 늙었다고 지혜롭지 않다는 사실을 발견했습니다. "가난하여도 지혜로운 젊은이가 늙고 둔하여 경고를 더 받을 줄 모르는 왕보다 나으니"(전 4:13). 전도자가 가만 보니 젊어도 노인보다 지혜로운 사람이 있고, 늙어도 청년보다 어리석은 사람이 있더라는 것입니다. 그런데 그 노인이 왕이라는 것을 보니, 나이 먹은 솔로몬이 스스로에게 말하는 것 같습니다. 그렇다면 본문에서 전도자가 지혜와 우둔함을 나누는 기준이 무엇일까요? 왜 청년은 지혜롭고 노인은 우둔하다고 말하는 것일까요?

13절을 보니, 그 기준은 수용성입니다. 청년은 남의 말을 귀담아들어 지혜를 얻지만, 늙고 둔한 노인은 남이 주는 경고를 받을 줄 모릅니다. 젊은이는 경험도 적고 인생 연륜도 짧아 모르는 것이 많습니다. 돈도 많지 않아 지식인을 사서 옆에 둘 수도 없습니다. 그렇다면 이 젊은이가 성숙할 수 있는 방법은 하나입니다. 귀를 열고 많이 듣는 것입니다. 들을 줄 아는 마음, 이것이 지혜입니다.

많이 듣고 배우고 경험하는 사람이 지혜로운 사람입니다. 자기 주관을 일찍 세워 남의 말을 듣지 않는 젊은이는 어리석은 사람입니다. 항상 귀를 열고, 인생 선배들의 말을 들을 줄 아는 청년은 세상에서 가장 지혜로운 사람입니다.

"내 아들아 들으라 내 말을 받으라 그리하면 네 생명의 해가 길리라 내가 지혜로운 길을 네게 가르쳤으며 정직한 길로 너를 인도하였은즉

다닐 때에 네 걸음이 곤고하지 아니하겠고 달려갈 때에 실족하지 아니하리라 훈계를 굳게 잡아 놓치지 말고 지키라 이것이 네 생명이니라"(잠 4:10-13).

젊은이가 어떻게 지혜로워질 수 있나요? 노인의 지혜를 빌릴 줄 알면 됩니다. 그렇다면 노인은 어떻게 평생 지혜로운 청년처럼 살 수 있나요? 노인도 남의 말을 들을 줄 아는 사람이 되면 됩니다. 전도자는 물리적 나이로 청년과 노인을 나누지 않고, 귀를 열고 듣는 사람이 젊은 청년이라고 합니다.

이런 말이 있습니다. "지식은 청년에게 배우고 지혜는 노인에게 배우라." 노인은 청년에게 새로운 기계 사용법, 컴퓨터 사용법, 도서관에서 책 찾는 법 등을 배웁니다. 그리고 청년은 노인에게 인생의 지혜를 배웁니다. 세상에서 가장 아름다운 장면입니다.

전도자는 젊은이와 노인 둘 다에게 경고합니다. "젊은이들아 귀를 닫지 마라. 노인들아 귀를 닫지 마라. 나이가 젊어도 남의 말을 듣지 않는 노인이 있고, 나이가 많아도 남의 말을 듣고 인정할 줄 아는 젊은이가 있다." 언제든지 귀를 열어 배우는 지혜자가 되라고 합니다.

우리 주변에도 나이가 아무리 많아도 경청하고 수용할 줄 아는 어르신들이 많습니다. 배우고 존경해야 할 분들입니다. 나이는 젊은데 벌써 남의 말을 듣지 않는 고집스러운 젊은이들이 있습니다. 위험한 길을 걷는 사람들입니다. 청년들은 기성세대와 노인들로부터 도망가 자기들의 세계 속에 갇혀 살지 말고, 선배들의 지혜를 부지런히 공유하고 배우는 사람이 되어야 합니다.

전도자는 또 권력과 인기도 돌고 도는 것이라는 사실을 발견합니다. "내가 본즉 해 아래에서 다니는 인생들이 왕의 다음 자리에 있다가 왕을 대신하여 일어난 젊은이와 함께 있고 그의 치리를 받는 모든 백성들이 무수하였을지라도 후에 오는 자들은 그를 기뻐하지 아니하리니 이것도 헛되어 바람을 잡는 것이로다"(전 4:15-16).

영원한 인기도 없고, 영원한 권력도 없으며, 영원한 영광도 없습니다. 군대 장군, 고위 공직자, 국회 의원, 대학 교수, 기업의 사장이나 임원 모두 현직에 있을 때는 인정과 존경을 받습니다. 그런데 내가 은퇴하면 그 자리가 사라지거나 공석으로 남아 있지 않습니다. 누군가가 그 자리에 앉아서 똑같은 계급장과 명패를 책상 위에 놓고 내가 했던 일을 하며 인정과 존경을 받습니다.

내가 가르치던 강단에서 누군가가 똑같은 과목을 가르치고, 내가 쓰던 책상에 누군가 앉아 회사를 경영합니다. 내가 쓰던 지휘봉과 똑같은 것을 들고 군을 지도하며 경례를 받습니다. 내 가슴에 붙어 있던 의원 배지는 누군가의 가슴에 붙어 있고, 내가 나온 사무실에서 누군가 나 대신 상무님, 부장님 소리를 듣습니다.

세상의 권력이라는 것이 참 허무하다는 것을, 저는 20대 초반에 읽은 J. G. 프레이저의 《황금가지》라는 책에서 느꼈습니다. 그 책의 서두에 '네미'라는 숲의 왕 이야기가 나옵니다. 그 왕은 밤에도 낮에도 잠을 자지 못하고 빨개진 눈을 비비며 칼을 휘두릅니다. 누군가 자기를 죽이러 올 것이 두려워 두리번거리며 초조한 얼굴로 칼을 휘두릅니다. 그 숲속에는 왕이 되는 법칙이 있습니다. 누구든지 칼을 들고 가서 왕을 죽이면 다음 왕이 되는 것입니다. 지금 왕도 선왕을 칼로 죽이고 숲의 왕이 되었지만, 바로 그날부터 누군가가 자기를 죽이러 올 수 있다는 것을 알기 때문에 잠도 자지 못하고 숲속에서 칼을 휘두르며 불안에 떠는 것입니다. 이것이 인생입니다.

오늘 전도자가 정확히 이 네미 숲 왕 이야기를 하는 것입니다. 오늘의 왕도 다음 왕에게 밀려나고, 오늘 나의 영광은 다음 사람에게로 넘어가고, 언젠가는 또 다른 누군가에게 넘어가는 것이 인생이라는 것입니다. 우리에게 무엇을 말하려는 것일까요? 무엇을 잃었다고 절망하지 말라는 것입니다. 내가 서 있는 그곳이 영원한 나의 터가 될 것이라고 오만하지 말라는 것입니다.

내가 서 있는 그 자리는 다른 누군가의 자리였고, 훗날 또 다른 누군가의 자리가 될 것을 안다면 겸손할 수 있습니다. 주어진 것에 감사하고 때가 되면 누군가에게 미련 없이 넘겨주고 흘러가는 것이 인생입니다. 내가 입던 옷을 누가 입었다고 실패한 것도 아니고, 내 자리에 누가 앉았다고 초라해지는 것도 아닙니다. 그것이 바로 인생이며 인간의 역사라는 것을 받아들이며 사는 것, 전도자는 바로 그것을 우리에게 가르쳐 주려는 것입니다. 돌고 도는 것은 모든 사람에게 일어나는 자연스러운 일입니다. 그저 시간의 차이만 있을 뿐입니다. 조금 더 일찍 회사를 퇴직할 수도 있고, 조금 더 억울하게 자리에서 밀려날 순 있어도, 모양만 다르지 세상 모든 사람이 그 길을 걸어가고 있습니다. 그것이 바로 인생입니다.

왕의 옷을 입은 자는 벗을 때를 생각하여 항상 겸손하고 권력을 마구 휘두르지 말아야 합니다. 오늘 박수받는 사람은 그 박수가 내일은 다른 사람에게 향하리라는 것을 늘 기억하며 인기의 노예가 되지 말아야 합니다. 나를 향한 박수가 누군가를 향할 때 함께 박수 칠 수 있는 사람이 진짜 멋진 사람입니다. 박수받을 때가 있으면 박수 칠 때가 있다는 것을 아는 사람은 인생 앞에 비굴하지 않습니다. 과거의 노예가 되어 추억만 하면서 오늘을 억울하게 살지 않습니다.

〜 정해진 운명은 없다

마지막으로 전도자는 운명의 노예가 되어 살면 안 된다는 것을 깨닫습니다. 언제부턴가 우리 사회에 금수저, 흙수저라는 용어가 많이 쓰입니다. 대대로 내려오는 명문가는 다이아몬드 수저, 부모가 자수성가한 집안은 금수저, 대대로 가난한 집안은 흙수저라고 합니다. 청년들이 아무리 노력해도 오를 수 없는 유리 천장을 빗댄 말입니다. 영어로도 비슷하게 'silver spoon', 은수저라는 말을 사용합니다. 어느 나라나 금수저 집안이 있고, 흙수저 집안이 있습니다. 여간해서는 뚫기 힘든 유리 천장이 어느 곳에서나 마찬가지로 나타납니다.

그런 와중에도 오늘 전도자는 운명에 얽매어 살지 말라고 합니다. "그는 자기의 나라에서 가난하게 태어났을지라도 감옥에서 나와 왕이 되었음이니라"(전 4:14). 요셉의 이야기가 연상되는 부분입니다. 요셉은 흙수저처럼 버려져 노예로 팔려 갔다가 죄수가 되었던 인물입니다. 그런데 감옥에 있었던 그가 왕의 버금 수레를 타는 총리가 되었습니다. 이런 인생도 있더라는 것을 전도자는 가르쳐 줍니다.

요셉은 젊을 때부터 사람들의 말을 잘 듣는, 13절에 나오는 지혜로운 청년이었습니다. 그는 비록 종이었지만 신세 한탄만 하고 있지는 않았습니다. 그 주인인 보디발 장군, 당시 이집트(애굽)의 국방부 장관의 집에서 주인의 총애를 받으며 귀를 열고 군사 병법을 배웠습니다. 그는 감옥으로 들어가 술 맡은 관원장에게 귀를 열고 외교를 배웠습니다. 떡

맡은 관원장에게 귀를 열고 국내 정치를 배웠습니다. 그가 갇힌 곳은 정치범 수용소인데 그곳의 총무가 되어 이집트 고위 관리들에게 행정, 국방, 외교를 다 배웠습니다. 때가 이르매, 하나님께서 그를 감옥에서 나오게 하셔서 그 나라를 다스리는 총리가 되게 하셨습니다. 태어날 때부터 주어진 운명의 숟가락이란 없는 것입니다.

요셉이 이런 삶을 살 수 있었던 한 가지 이유는 요셉의 삶에 깊게 드리워진 하나님의 손이었습니다. 그가 나중에 형들 앞에서 하나님의 손이 나를 이곳으로 인도하시고 이곳에 이르게 하셨다고 고백한 것처럼, 어디에 던져져도 하나님이 그와 함께하셔서 그의 인생을 이끌어 주셨습니다. 여기에 인생의 답이 있습니다. 가장 지혜로운 인생은 삶에 역사하시는 하나님의 손을 놓지 않는 사람입니다.

자신의 운명을 너무 쉽게 일찍 비관하여 "나는 흙수저라 뭘 해도 안 돼" 하고 포기하는 젊은이들이 많습니다. 훌쩍 먹은 나이 때문에 의지와 의욕도 잃고 "이 나이에 내가 뭘" 하며 너무 일찍 포기하는 어른들도 많습니다. 그러나 젊어도 꿈을 포기하면 늙은이가 되고 나이가 들어도 꿈을 가지면 젊은이입니다.

나이가 젊거나 많거나 상관없이 누가 만년 청년인가요? 하나님을 모시고 사는 사람, 하나님의 꿈을 품고 사는 사람입니다. 하나님의 꿈은 늙지 않습니다. 그리고 우리 안에 역사하시는 하나님은 늙지 않으십니다. 내 나이 90이라도 내 안에 하나님의 꿈은 젊습니다. 80 노인을 불러 출애굽 시키시는 하나님, 120년 동안 방주를 짓게 하신 하나님입니다. 하나님은 어떤 사람이라도 사용하실 수 있으니 운명론에 빠지지 마십시오. 우리 집 형편이 나쁘다고, 나이가 많아 뭘 할 수 없다고 꿈을 포기하지 마시길 바랍니다.

신재웅 목사가 《페이지 처치》(규장)에서 "담겨 있는 이야기가 최고라면 구겨진 종이여도 그 책은 가치 있는 책이다"라고 말했듯 내 몸이 구겨지고 주름살이 생긴다고 내 안에 하나님도 구겨지시는 게 아닙니다. 내가 늙어 간다고 우리 안에 하나님까지 늙어 가시는 게 아닙니다. 젊을 때서부터 늙을 때까지 우리 안에 일하시는 하나님은 청춘입니다. 하나님은 나이에 상관없이 우리 안에서 일하시는 분이기에 '내가 그 하나님을 붙잡겠다. 내가 내 안에 역사하시는 하나님을 신뢰하겠다. 하나님의 꿈을 내가 다시 꾸겠다'라는 마음만 있으면 됩니다.

"너는 알지 못하였느냐 듣지 못하였느냐 영원하신 하나님 여호와, 땅 끝까지 창조하신 이는 피곤하지 않으시며 곤비하지 않으시며 명철이 한이 없으시며 피곤한 자에게는 능력을 주시며 무능한 자에게는 힘을 더하시나니 소년이라도 피곤하며 곤비하며 장정이라도 넘어지며 쓰러지되 오직 여호와를 앙망하는 자는 새 힘을 얻으리니 독수리가 날개 치며 올라감 같을 것이요 달음박질하여도 곤비하지 아니하겠고 걸어가도 피곤하지 아니하리로다"(사 40:28-31).

힘은 우리에게 있는 것이 아니라 하나님께 있습니다. 큰 능력은 질그릇에 달린 게 아니라 우리 주님께 달린 것입니다. 그래서 소년도 피곤하고 장정도 넘어지고 쓰러질 때 여호와를 앙망하는 자는 새 힘을 얻는다고 말하는 것입니다. 하나님을 바라보는 독수리만이 하늘을 향해 태양을 바라보는 눈을 가지고 있습니다. 우리의 눈이 하나님을 향하고 태양을 향해 날아오르는 독수리의 날개를 가지고 있다면 하나님은 우리를 사용하십니다. 절대로 운명론에 빠지지 말길 바랍니다. 가난한 자로 태어나 왕이 되는 사람이 있는 것처럼, 우리의 인생에 찾아오셔서 왕

같은 주의 자녀로 삼아 주신 하나님이 계십니다. 온몸으로 주님이 주시는 하루하루를 살아 내시기 바랍니다. 귀를 활짝 열고 가슴을 넓게 펴고, 주님이 주시는 모든 기회를 받으시기를 바랍니다. 주님의 손이 평생에 우리와 함께하실 것입니다.

12

하나님이
무조건 받으시는
예배 전 5:1-3

너는 하나님의 집에 들어갈 때에
네 발을 삼갈지어다
가까이하여 말씀을 듣는 것이
우매한 자들이 제물 드리는 것보다 나으니
그들은 악을 행하면서도
깨닫지 못함이니라 (전 5:1)

●●●　전도서를 기록한 코헬렛, 전도자는 솔로몬입니다. 솔로몬은 이스라엘의 왕으로서 하나님 앞에 그리고 백성 앞에 최고의 선물 하나를 준비했습니다. 성전을 지은 것입니다. 성전을 지어 하나님 앞에 예배하니 하나님께 큰 선물입니다. 백성들이 예배드리면서 하나님을 만나니 백성에게도 큰 선물입니다. 아버지 다윗이 준비해 놓은 많은 것을 가지고, 또 자신에게 주어진 신적인 지혜를 가지고 인간이 만들 수 있는 최고로 아름다운 성전을 만들었습니다. 근동 지역 모든 열국들이 구경 올 정도로 최고의 성전을 지어 하나님 앞에 봉헌하고 백성들에게 선물로 주었습니다.

　코헬렛 솔로몬은 성전을 누구보다 소중히 여겼습니다. 그는 성전에서 백성들이 예배하는 것이 얼마나 중요한지를 알았던 사람입니다. 그래서 성전 건축을 일생의 과업으로 알고 힘을 다해 지었습니다. 그런데 그가 성전을 짓고 난 뒤에 가만히 보니 성전은 멋있는데 예배하러 나오는 백성들의 준비되지 않은 모습을 보게 되었습니다. 힘을 다해 성전을 지은 사람의 입장에서는 너무 안타까운 일입니다. 그래서 백성들에게 성전에 예배하러 나올 때의 태도를 가르쳐 줍니다. 전도서 5장은 이렇게 시작합니다. "너는 하나님의 집에 들어갈 때에"(전 5:1 상). 매주 예배드리는 성도들이 반드시 귀 기울여 들어야 할 말씀입니다. 전도자가 우리에게 가르쳐 주는 예배자의 자세를 함께 배워 보겠습니다.

〜 온전히 거룩하게 예배하라

"너는 하나님의 집에 들어갈 때에 네 발을 삼갈지어다"(전 5:1 상). 여기서 발을 삼가라는 것은 당시 표현으로 거룩한 모습으로 나오라는 것입니다. 거룩하신 하나님 앞에 나올 때 거룩한 모습을 준비해서 나오는 게 중요합니다. 발은 거룩의 상징, 하나님 앞에 나오는 자세와 밀접했습니다. 그렇다고 강대상에 올라갈 때 신발을 벗고 올라가라는 뜻은 아닙니다. 그렇게 따지면 하나님은 어디에나 계시니 신자들은 신발을 벗고 살아야 합니다.

본문은 '네 발에서 신을 벗어라'라고 하지 않고 '네 발을 삼가라'라고 합니다. 이것은 신발 착용 여부가 아니라, 발걸음의 방향 여부를 말하는 것입니다. 즉, 성전에 나오기 전 일주일 동안 다니는 곳을 삼가 잘 지키라는 것입니다. 가고 싶은 곳을 마음대로 밟고 다니다가 그 발걸음 그대로 교회에 나오면 안 된다는 것입니다. 가지 말아야 할 곳은 가지 않는 발이 되어야 합니다. 예배에 나오는 데 방해가 되지 않는 곳으로 삼가 다녀야 합니다. 그렇게 조심하여 지킨 발로 주일이 되었을 때 성전으로 나오라는 말입니다.

시편 1편도 우리가 가지 말아야 할 발걸음에 대해 말씀합니다. "복 있는 사람은 악인들의 꾀를 따르지 아니하며 죄인들의 길에 서지 아니하며 오만한 자들의 자리에 앉지 아니하고"(시 1:1). 시편 150편 전체가 하나님께 올리는 예배의 찬송인데, 발걸음을 조심하라는 말로 시작됩니다. 악인들과 어울리다가 시간 되었다고 허둥지둥 교회로 달려오지 말고, 항상 시냇가에 심긴 나무처럼 주님과 동행하며 살다가 그 발걸음 그대로 성전으로 나아오라는 말입니다.

자기 마음대로 가고 싶은 곳을 다니고, 서지 말아야 할 곳에 서고, 앉지 말아야 하는 곳에 가서 앉았다가 주일이 되어서 그 몸과 발 그대로 여호와의 집을 향한다고 해서 하나님이 그 사람의 예배를 받으시는 것은 아닙니다. "그러므로 악인들은 심판을 견디지 못하며 죄인들이 의인들의 모임에 들지 못하리로다"(시 1:5).

물론 죄짓고 살았다 해도 눈물로 회개하며 주님 앞에 나오는 이의 예배는 받으십니다. 하지만 바리새인처럼 겉으로는 예수 잘 믿는 척하지만, 일주일 삶은 예수님을 모르는 사람보다 더 악한 길을 걷는 사람의 예배는 하나님이 받지 않으신다는 말입니다.

예배 나오는 자는 항상 발을 삼가야 합니다. 예배에 나와서도 항상 우리 발을 삼가, 두 발을 모두 예배당 안에 넣어야 합니다. 세상에 한 발 걸치고 예배당에도 한 발 걸치면서 예배와 세상 걱정을 동시에 하는 그런 예배자가 되지 말아야 합니다. 예배를 드리면서도 빨리 마치고 세상으로 달려갈 생각만 하며 안절부절못할 것이 아니라, 두 발을 온전히 주님의 집에 들여놓는 것이 예배의 첫 번째 자세입니다. 예배드리면서도 휴대폰으로 문자 확인하고, 주식 체크하고, 심지어 SNS에 '좋아요'까지 누르는 사람이 되지 말고, 두 발을 다 예배당 안에 넣고 온전히 주님만 예배하는 사람이 되라는 가르침입니다.

예배하는 한 시간도 아까워서 스마트폰으로 성경 보는 척하며 세상과 소통하는 시간으로 사용하는 사람, 세상의 신을 벗지 못하는 그 사람의 예배를 하나님은 절대로 받지 않으십니다. 그런 사람은 몸은 예배의 자리에 있어도 영혼은 오직 바람에 나는 겨와 같아서 바람에 떠다니다가 결국 파멸하고 맙니다. 하나님의 집에 올 때는 항상 거룩한 발걸음으로 나오시기 바랍니다. 하나님께서 그 예배를 기뻐 받으실 것입니다.

〜 하나님의 말씀을 경청하라

"가까이하여 말씀을 듣는 것이 우매한 자들이 제물 드리는 것보다 나으니 그들은 악을 행하면서도 깨닫지 못함이니라"(전 5:1 하).

말씀에 집중하지 않는 예배자들이 있습니다. 부족한 수면을 보충하는 시간으로 사용합니다. 말씀이 시작함과 동시에 끝날 시간을 기다리는 사람도 있습니다. 내용에는 관심도 없으면서도 지난주보다 몇 분 더 길게 설교했는지 정확히 아는 신비한 능력을 발휘합니다. 말씀 앞에 앉아 있지만, 가까이 나아오지 않는 사람들이 많습니다. 말씀을 경청하여 듣는 것이 얼마나 중요한지 생각하지 못합니다.

예배 중 하나님으로부터 받는 시간은 몇 안 되는데 바로 말씀 시간, 축도 시간입니다. 나머지는 찬양, 예물, 기도, 특송 등 하나님께 드리는 시간입니다. 헌금 준비도 잘해 오고, 찬양도 따라 부르고, 대표 기도할 때 눈을 감고 잘 참여합니다. 그런데 말씀은 듣지 않는 예배자가 있습니다. 전도자는 하나님의 집에 왔으면 가까이하여 말씀을 잘 들으라고 합니다.

솔로몬 성전을 찾는 수많은 예배자들이 양과 소를 몰고, 힘닿는 대로 최선의 제물을 가지고 와서 예배를 드렸습니다. 그러면서도 하나님의 말씀을 경청하지 않아 기뻐하시는 삶을 살아 내지 못하는 수많은 예배자를 솔로몬이 직접 보았던 것입니다. 그래서 "가까이하여 말씀을 듣는 것이 우매한 자들이 제물 드리는 것보다 더 낫다"고 하는 것입니다.

아말렉 전쟁에서 모든 소와 양을 다 죽이고 손대지 말라고 하신 하나님의 명령을 거역하고 살진 소와 양을 챙겨 와서 하나님 앞에 드리려고 했던 사울을 향해 사무엘이 했던 말을 기억하실 겁니다. "사무엘이 이르되 여호와께서 번제와 다른 제사를 그의 목소리를 청종하는 것을 좋아하심같이 좋아하시겠나이까 순종이 제사보다 낫고 듣는 것이 숫양의 기름보다 나으니"(삼상 15:22). 하나님은 말씀을 잘 듣고 순종하는 것을 소와 양의 기름보다 좋아하십니다. 예배 때마다 말씀 앞으로 가까이 나아가야 합니다. 말씀을 들으면 삽니다.

왜 말씀을 가까이하는 것이 제물보다 나을까요? 말씀을 경청하여 잘 듣는 사람이 어떻게 헌금 생활에 소홀하고, 일주일 삶을 마음대로 살 수 있겠습니까? 말씀을 잘 들으면 나머지는 자연스럽게 됩니다. 우리는 가끔 제물 뒤에 숨으려는 경향이 있습니다. 봉사의 직분 뒤에 말씀 듣는 것을 소홀히 하고 숨으려는 경향이 있습니다.

마리아와 마르다의 이야기를 기억해 봅시다. 부엌에서 수고하는 마르다보다 예수님의 발 앞에 앉아 말씀을 들었던 마리아를 더 잘한 것으로 말씀하셔서, 이 땅의 수많은 수고하는 마르다들을 억울하게 만드는 구절이 있습니다. 예수님의 뜻은 한 가지입니다. '말씀을 들어야 온전한 순종도 나온다.' 마르다는 좋은 뜻에서 했지만, 말씀을 듣지 않고 봉사만 하면 결과가 어떻게 되나요? 봉사하면서도 예수님을 원망하고, 동생도 미워 죽겠고, 지켜보는 제자들에게도 밥 대접하기 싫어지면서, 급기야 예수님께 불평을 하게 되는 것입니다. 말씀을 떠난 섬김은 불평이 되고, 말씀을 떠난 헌금은 자랑이 되며, 말씀을 떠난 교육은 이단이 됩니다.

교사들이나 교회에서 봉사하는 분들 중에도 이런 잘못을 부지불식 범하는 분들이 있습니다. 아무리 교사라도 한 교회의 성도입니다. 담임 목회자를 통해서 전해지는 설교를 듣고 그 통일된 말씀 아래 아이들도 가르쳐야 하는데, 주일 학교 예배만을 본인 예배로 여기는 교사들이 있습니다. 예배 때 받은 은혜를 가지고 아이들을 가르쳐야 합니다. 교사를 그만두더라도 한 사람의 성도로 세워져야 합니다.

봉사하는 분들도 마찬가지입니다. 봉사 때문에 온전한 예배를 못 드리면 안 됩니다. 1부 예배 때 봉사했다면, 2부 예배 때는 가장 은혜 받는 자리에 앉아서 예배를 드려야 합니다. 그래야 봉사가 힘들지 않고 불평 없이 오래 감당할 수 있습니다. 봉사 뒤에 숨지 말고, 헌금 뒤에 숨지 말고, 직분 뒤에 숨지 말고, 가장 먼저 말씀 앞에 서야 합니다.

"너는 하나님 앞에서 함부로 입을 열지 말며 급한 마음으로 말을 내지 말라 하나님은 하늘에 계시고 너는 땅에 있음이니라 그런즉 마땅히 말을 적게 할 것이라"(전 5:2). 전도자는 예배를 드릴 때 듣는 귀를 활짝 열고 하나님 앞에서 말을 많이 하지 말라고 합니다. 기도도 하지 말고 찬양도 하지 말라는 것이 아닙니다. 하나님의 말씀을 듣는 것을 가장 소중히 여기라는 말입니다. 왜냐하면 예배는 하늘의 지혜를 듣는 시간이고, 나를 향한 하나님의 생각을 듣는 시간이며, 지금 처한 상황에서의 하나님 뜻을 듣는 시간이기 때문입니다.

하나님 앞에서 함부로 입을 열지 말고 급한 마음으로 말을 내지 말라고 합니다. 이 일은 실천하기 쉽습니다. 왜냐하면 설교 듣는 중에 말하는 분은 거의 없기 때문입니다. 문제는 육신의 입으로는 말을 하지 않지만, 설교 듣는 내내 마음으로 말하는 분들이 있다는 것입니다. 결국, 본문이 뜻하는 것은 말씀 들을 때의 태도입니다.

설교를 듣다 보면 나의 상황을 전혀 모르는 것 같아 야속하게 들릴 때가 있습니다. 그러면 하나님 또는 설교하는 목사를 향해 속으로 이런 말이 나오죠. "목사님, 삶이 그런 게 아니에요. 내 입장 돼 보세요, 기록된 말씀처럼 살 수 있나. 내 입장 되면 하나님도 어쩔 수 없을 겁니다." 이렇듯 방어적인 마음으로 설교를 듣지 말고, 몸과 마음의 입을 닫고 끝까지 들으라는 것입니다. 왜 그럴까요? 하나님은 하늘에 계시고 우리는 땅에 있기 때문입니다. 하나님의 생각이 더 좋고, 더 높고, 더 맞고, 더 멋지기 때문입니다. 처음 들을 때 동의되지 않아도, 나를 향한 더 나은 하나님의 말씀이라고 인정하고 끝까지 듣는 자에게 하나님의 약속이 성취되는 것입니다. 이사야서도 똑같이 말씀합니다. "이는 내 생각이 너희의 생각과 다르며 내 길은 너희의 길과 다름이니라 여호와의 말씀이니라 이는 하늘이 땅보다 높음같이 내 길은 너희의 길보다 높으며 내 생각은 너희의 생각보다 높음이니라"(사 55:8-9).

그러므로 우리는 들어야 합니다. "너희는 귀를 기울이고 내게로 나아와 들으라 그리하면 너희 영혼이 살리라 내가 너희를 위하여 영원한 언약을 맺으리니 곧 다윗에게 허락한 확실한 은혜이니라"(사 55:3). 살려면 들어야 합니다. 확실한 은혜를 받으려면 들어야 합니다.

⌒ 걱정과 염려를 모두 맡기라

"걱정이 많으면 꿈이 생기고 말이 많으면 우매한 자의 소리가 나타나느니라"(전 5:3). 여기에 등장하는 꿈은 좋은 의미의 꿈이 아니라 망상을 말합니다. 마스노 순묘의 《9할》(담앤북스)이라는 책에 보면 우리 걱정의 90%는 일어나지 않을 일에 대한 것이라고 합니다.

사람이 걱정을 하지 않을 수는 없습니다. 그러나 오늘 말씀은 걱정을 가지고 예배에 나오지 말라는 말입니다. 그러면 걱정만 하다가 예배가 끝나기 때문입니다. 번민에 사로잡혀 예배 시간 내내 한숨만 쉬다 그 아까운 예배가 끝나 버리는 겁니다.

살면서 걱정을 안 할 수는 없지만, 대신 걱정을 줄일 수는 있습니다. 여러 방법들이 있지만, 성경에서 가르쳐 주신 몇 가지 방법이 있습니다.

첫째, 걱정을 나누어서 하기입니다. "그러므로 내일 일을 위하여 염려하지 말라 내일 일은 내일이 염려할 것이요 한 날의 괴로움은 그날로 족하니라"(마 6:34). 예수님은 걱정을 하되, 내일 걱정은 내일이 하게 하라고 하셨습니다. 걱정을 나누어서 가볍게 하라고 합니다. 태산 같은 걱정을 다 짊어지려고 하지 말고, 하루 감당할 만큼만 하면서 살아야 합니다. 그래야 짊어질 만한 가벼운 짐이 됩니다. 예수님은 내일의 걱정은 내일 하라고도 하시지 않았습니다. 내일 염려는 내일에 맡기라고 하셨습니다. 이것은 '네가 걱정할 것은 하나도 없다'는 뜻입니다.

둘째, 걱정을 맡기면 됩니다. "너희 염려를 다 주께 맡기라 이는 그가 너희를 돌보심이라"(벧전 5:7). 걱정거리가 생기면 스스로 품지 말고 주님께 맡기시기 바랍니다. "하나님, 나는 할 수 없으니, 지금부터 이 걱정 하나님께 올려 드립니다." 맡기는 훈련이 우리를 얼마나 가볍게 하는지 모릅니다. 옛날 어느 할머니가 버스를 타고 보따리를 머리에 이고 있기에 주변에서 내려놓으라고 하니, "버스 태워 준 것도 미안한데 어떻게 짐까지 내려놓냐"라고 했답니다. 예배에 와서도 염려를 지고 있는 것은 그렇게 어리석습니다.

셋째, 걱정하던 일이 일어나도 걱정하지 않는 것입니다. "네가 물 가운데로 지날 때에 내가 너와 함께할 것이라 강을 건널 때에 물이 너를 침몰하지 못할 것이며 네가 불 가운데로 지날 때에 타지도 아니할 것이요 불꽃이 너를 사르지도 못하리니 대저 나는 여호와 네 하나님이요 이스라엘의 거룩한 이요 네 구원자임이라 내가 애굽을 너의 속량물로, 구스와 스바를 너를 대신하여 주었노라"(이사야 43:2-3).

걱정하던 일이 일어난다고 해도 생각만큼 대단하지 않을 것입니다. 그런 일이 일어나도 하나님이 그 속에서 함께하시고 도우시며 오히려 더 나은 방법으로 이끄십니다. 설령 걱정하던 그 일이 일어난다 해도 하나님이 함께 계셔 그곳을 통과하게 하실 것입니다. 그러니 염려할 일은 사실 없습니다. 티베트에는 이런 속담이 있다고 합니다. "걱정을 해서 걱정이 없어지면 걱정이 없겠네."

예배하면서 걱정하지 맙시다. 설령 삶에서 생긴 염려와 걱정이 태산 같아도, 그 마음으로 예배에 왔을지라도 예배드리는 중에 그 염려를 하나님께 다 맡기고 온전히 예배해야 합니다. 그 짐을 맡겨 두었다가 예배 후에 다시 찾아서 짊어지고 나갈 필요는 없습니다. 하나님께 근심 염려를 맡겼다면, 하나님이 책임져 주실 것입니다. 마음 놓고 하나님을 예배하시기 바랍니다.

13

서원한 것을
지켜야 할까요? 전 5:4-7

네가 하나님께 서원하였거든 갚기를 더디게 하지 말라
하나님은 우매한 자들을 기뻐하지 아니하시나니
서원한 것을 갚으라 (전 5:4)

●●●　어떤 사람이 하나님께 이렇게 서원했습니다. "하나님 저에게 10억을 주신다면 10분의 2를 그 자리에서 돌려 드리겠습니다." 하나님이 그 자리에서 8억을 주셨습니다. 아까와 생각이 달라진 그가 이렇게 말을 합니다. "하나님 서운합니다. 저를 얼마나 못 믿으시면 미리 2억을 떼고 주십니까." 이처럼 급한 마음에 서원하기는 쉬워도, 서원을 지키는 것은 어려운 일입니다. 전도서 5장 4-7절은 서원에 대한 가르침입니다. 이를 통해 성경에서 가르쳐 주는 서원에 대해 살펴봅시다.

〰 레위기 27장의 3가지 서원

서원에 대해서 가장 자세히 기록된 곳은 레위기 27장입니다. 여기에는 크게 세 종류의 서원이 나옵니다. 하나님 앞에 사람을 드리는 서원, 가축을 드리는 서원 그리고 집이나 밭을 드리기로 한 서원입니다. 2-7절에 사람을 하나님 앞에 서원하여 드릴 때의 방법이 나옵니다. "하나님 제 인생을 하나님 앞에 드리겠습니다"라고 서원하려면, 남자는 성소에서 사용되는 화폐인 성소 세겔로 나이에 맞춰 책정된 세겔을 드리면 됩니다.

하나님께 가축을 서원하여 드리는 방법은 9-13절에 나옵니다. 드리기로 한 가축을 못 드리게 되어 다른 가축을 드리기로 했으면 원래 드리려던 가축 가격에 5분의 1을 더해 함께 드려야 합니다.

14-25절에는 집이나 밭에 대한 서원 방법이 나오는데 이 서원도 가축의 경우와 같습니다. 드리기로 한 집이나 밭을 자기가 다시 소유하고 싶거나 소유해야 할 상황이 되면, 그와 비슷한 다른 밭이나 집을 드리되 원래 드리기로 한 집이나 밭 값의 5분 1을 더하여 새로운 밭이나 집과 함께 드려야 합니다.

～ 서원의 예외 규정

민수기 30장에도 서원에 대한 규례가 나옵니다. "사람이 여호와께 서원하였거나 결심하고 서약하였으면 깨뜨리지 말고 그가 입으로 말한 대로 다 이행할 것이니라"(민 30:2). 그런데 여기에는 서원을 지키지 않아도 될 예외 조항이 있습니다. 대부분 여성들에 대한 것입니다. 여성에게 결정권이 없던 당시의 상황이 잘 반영된 부분이기도 합니다.

첫째, 여자가 서원을 했는데, 그 나이가 어려서 아버지 집에 살 때 한 서원은 아버지가 그 서원이 잘못되었다고 여기거나 지키기 힘든 것이면 취소할 수 있습니다. 그런데 아버지가 아무 말이 없으면 반드시 지켜야 합니다. 둘째, 아내가 서원을 했는데, 남편이 듣고 허락하지 않으면 그 서원은 취소될 수 있습니다. 그러나 남편이 아무 말을 하지 않으면 그 서원은 반드시 지켜야 합니다. 셋째, 과부나 혼자 사는 여인이 서원한 것은 무조건 지켜야 합니다. 그 서원을 무효화시킬 수 있는 남자가 없기 때문입니다.

아내가 서원을 했는데, 지키고 싶지 않거나 지킬 형편이 되지 않아서 고민입니다. 그때 남편이 그 서원을 지키지 말라고 명령하면 아내는 서원에서 자유로워집니다. 아내들은 이 법을 듣고 할렐루야 할 겁니다. 아니면 남편을 쿡쿡 찌르면서 반대해 달라고 부탁할지도 모릅니다. 그러나 쉬운 일이 아닙니다. 반대하는 당사자인 남편이 곤란해집니다. 남편이 아내의 서원을 무효화시킬 때의 결과는 다음과 같습니다. "그러나 그의 남편이 들은 지 얼마 후에 그것을 무효하게 하면 그가 아내의 죄를 담당할 것이니라"(민 30:15).

무효화시켜 주는 아버지 또는 남편이 그 죄를 담당해야 하기에 쉬운 일은 아닙니다. 남편도 가능하면 심사숙고해서 아내가 한 서원을 지킬 수 있도록 도와주어야 합니다. 그렇지 않으면 서원을 지키지 못한 책임을 자기가 짊어져야 하기 때문입니다.

성경에서 말하는 서원의 기본값이 무엇입니까? 민수기 30장 2절처럼 서약하였으면 깨뜨리지 말고 다 이행하는 것입니다. 성경은 서원을 반드시 지키라고 분명히 말합니다. 시편 15편에 "주의 장막에 머무를 자"에 대한 말씀이 다음과 같이 나옵니다. "그의 눈은 망령된 자를 멸시하며 여호와를 두려워하는 자들을 존대하며 그의 마음에 서원한 것은 해로울지라도 변하지 아니하며"(시 15:4). 그렇기에 서원한 것은 손해가 나더라도 지켜야 합니다.

〜 서원할 때 지켜야 할 것

서원을 함부로 하면 안 되기에 우리가 삼아야 할 지침이 필요합니다. 그 지침을 살펴봅시다.

급하게 서원하지 말자

사람이 언제 서원을 하나요? 보통 급할 때나 간절할 때 합니다. 이루고 싶은 일이 너무 급하고 간절해서 자기도 모르게 서원을 하는 경우가 많습니다. 서원보다 그 일이 더 중요하다고 생각됩니다. 그런데 문제는 급한 일이 해결되고 서원을 갚아야 할 때입니다. 그때 '아차' 하고 제정신이 돌아오는 겁니다.

성경에 나오는 대표적인 예가 사사 입다입니다. 입다는 군사를 이끌고 암몬 족속과의 전쟁에 나갑니다. 그는 승리에 대한 열망이 너무 강한 나머지 해서는 안 될 서원을 했습니다. "그가 여호와께 서원하여 이르되 주께서 과연 암몬 자손을 내 손에 넘겨주시면 내가 암몬 자손에게서 평안히 돌아올 때에 누구든지 내 집 문에서 나와서 나를 영접하는 그는 여호와께 돌릴 것이니 내가 그를 번제물로 드리겠나이다 하니라"(삿 11:30-31).

아무리 전쟁의 승리가 중요해도 절대로 이런 서원을 해서는 안 됩니다. 결국, 입다는 전쟁에서 승리했고 이제 자기의 서원을 지켜야 합니다. 그런데 승리하고 집으로 돌아온 입다를 문밖에 나와 영접한 사람이 누구입니까? "입다가 미스바에 있는 자기 집에 이를 때에 보라 그의 딸이 소고를 잡고 춤추며 나와서 영접하니 이는 그의 무남독녀라"(삿 11:34).

세상에 이런 비극이 어디 있습니까? 하필 어떻게 무남독녀가 나와서 맞이합니까? 입다의 반응을 봅시다. "입다가 이를 보고 자기 옷을 찢으며 이르되 어찌할꼬 내 딸이여 너는 나를 참담하게 하는 자요 너는 나를 괴롭게 하는 자 중의 하나로다 내가 여호와를 향하여 입을 열었으니 능히 돌이키지 못하리로다 하니"(삿 11:35). 결국, 입다는 하나님께 한 서원을 지켜 딸을 번제로 드립니다. 성경에 나오는 가장 비극적인 이야기 중 하나입니다. 물론 그는 해로울지라도 그 서원을 지킨 대단한 사사입니다. 하지만 주님도 이 서원은 기뻐하지 않으셨음이 분명합니다.

감당 못 할 서원은 하지 말자

사사쯤 되니까 이 서원을 지켰지 보통 사람이면 지킬 수도 지켜서도 안 되는 서원입니다. 전도서도 이렇게 말씀합니다. "서원하고 갚지 아니하는 것보다 서원하지 아니하는 것이 더 나으니"(전 5:5). 성경에 서원은 한 번도 명령형으로 나온 적이 없습니다. 서원은 화목 제사에 해당하는 것으로 의무 사항이 아니라 자원하는 것입니다. 하지만 일단 서원하면 그때부터 효력이 발생합니다. 하나님 앞에 반드시 서원을 갚아야 합니다.

만약 힘을 다해 서원을 지키기만 한다면, 그 칭찬과 응답은 실로 달콤할 것입니다. 하나님은 서원을 귀하게 여기십니다. 그래서 서원해 놓고 지키지 않는 것을 싫어하시고, 힘들어도 끝까지 서원을 지키는 사람에게는 큰 상을 주시는 것입니다. 서원을 했다면 힘이 들더라도 꼭 지키고 그에 걸맞은 멋진 응답을 받으시기 바랍니다.

서원의 기간을 정하자

성경에 보면 나실인의 서원이 있습니다. 나실인은 자기를 구별하여 하나님께 바치는 것입니다. 그들은 머리에 삭도를 대지 않고, 포도주와 독주를 마시지 않고, 죽은 시체를 만지지 않고 성결하게 자기를 지켜 하나님께 드려야 했습니다. 나실인의 서원도 두 가지가 있는데, 기간을 정하여 드리는 나실인과 종신 구별하여 드리는 나실인이 있습니다.

한나 같은 경우는 아들 사무엘을 종신 나실인으로 서원하여 드렸습니다. 삼손도 그런 경우입니다. 바울이 겐그레아에서 머리를 잘랐다는 것을 보니(행 18:18) 고린도에서 목회하는 동안 나실인의 서원을 하고 머리를 깎지 않았던 것 같습니다. 고린도 사역을 마치고 겐그레아로 갔을 때 드디어 나실인의 서원을 풀고 머리를 자른 것입니다. 이처럼 기간을 정해 놓고 자신을 드리는 나실인의 서원도 있습니다.

하나님 앞에서 하는 서원도 지킬 수 있을 만큼만 하는 것이 좋습니다. "하나님 저에게 이런 응답을 주신다면, 언젠가 선교지에 교회 열 개를 지어 바치겠습니다"라고 기한 없는 서원을 한다면, 미루고 미루다 결국 지키지 않게 됩니다. 그래서 전도자는 이렇게 말씀합니다. "네가 하나님께 서원하였거든 갚기를 더디게 하지 말라 하나님은 우매한 자들을 기뻐하지 아니하시나니 서원한 것을 갚으라"(전 5:4).

서원의 효력은 분명히 있습니다. 서원은 말 그대로 나와 하나님 사이의 약속입니다. 사람과 사람의 약속도 지켜야 하는데, 하나님과 한 약속을 어떻게 어길 수 있습니까? 하나님과의 약속이기에 지키고 나면 하나님이 응답이나 선물을 주십니다.

스스로 서원을 철회하지 말자

급한 마음에 서원을 했지만, 문제가 해결되고 제정신이 돌아오면 눈앞이 캄캄해집니다. 서원한 것을 지켜야 하니 말입니다. 그때부터 어떻게 하면 서원을 지키지 않고 넘어갈 수 있을까를 고민하며 머리를 굴리게 됩니다. 궁여지책으로 "제가 잠시 판단력이 흐려져서 실수로 서원한 겁니다. 그냥 없던 걸로 하면 안 될까요?"라고 말하는 사람들이 있습니다.

전도자는 이렇게 말합니다. "네 입으로 네 육체가 범죄하게 하지 말라 사자 앞에서 내가 서원한 것이 실수라고 말하지 말라 어찌 하나님께서 네 목소리로 말미암아 진노하사 네 손으로 한 것을 멸하시게 하랴"(전 5:6). 스스로 자기의 서원을 실수라고 말하면서 셀프 사면하지 말라는 것입니다. 그러면 스스로 하나님의 진노를 부르는 것이라고 말합니다.

그렇다면 정말 서원한 것은 목에 칼이 들어와도 지켜야 하는 것일까요? 서원한 것을 취소하는 방법은 없을까요? 다행히도 있습니다. 안타깝게도 쉬운 방법은 없고 어려운 방법만 있습니다. 서원한 그대로를 지킬 수 없을 때는 그만큼의 효과를 낼 수 있는 다른 방법으로 하면 됩니다.

바로 앞서 언급한 추가하여 드리는 방법이 있습니다. 짐승을 드리겠다고 했는데 그 짐승을 드리지 못할 상황이 되면, 드리기로 한 원래 짐승 가격의 5분의 1을 더해서 다른 제물을 함께 드리는 방법이 성경에 나옵니다. 집도 밭도 똑같은 방법이 가능합니다. 서원도 마찬가지입니다. 내가 했던 서원을 바꿀 수는 있지만, 변경한 서원이 더 지키기 어려운 것입니다. 그러니 가능하면 시간을 더 얻어서라도 원래 서원한 것을 지키는 것이 좋습니다.

그런데 사람의 삶이란 다 똑같지 않습니다. 삶이 정말 힘들어 아무리 서원을 갚으려고 해도 여건이 되지 않는 안타까운 분들도 있습니다. 하나님을 사랑하지 않아서도 아니고 서원을 갚고 싶지 않아서도 아닌데 그냥 형편이 안 되는 분들입니다. 그분들은 어떻게 해야 할까요? 하나님께 회개하고 탕감받아야지, 어떡하겠습니까? 그것 때문에 천국 갈 사람을 지옥 보내시겠습니까? 하나님 앞에 솔직한 마음을 쏟아 놓고, 최선을 다해 지키려 했으나 그럴 수 없었음을 눈물로 고백하고, 대신 사는 날 동안 서원을 갚는 심정으로 최선을 다해 살겠다고 기도하면, 자식인데 하나님이 "오냐" 하고 탕감해 주시지 않겠습니까? 다른 방법으로 충성하면 됩니다. 우리 하나님은 그런 하나님이라고 믿습니다.

입다의 이야기로 돌아가 봅시다. 입다는 하나님께 딸을 바쳤어야 했을까요? 서원했기 때문에 해로울지라도 지켰어야만 했던 것일까요?

그 서원을 지킨 입다의 믿음이 실로 우리가 따라갈 수 없을 만큼 위대한 것은 인정하고 박수를 보내지만, 저는 그 서원 자체가 잘못되었기 때문에 지키지 않았어야 한다고 봅니다. 생명보다 귀한 것은 없고, 하나님이 그 서원을 기뻐하셨을 리도 없습니다.

잘못된 서원, 하나님이 원치 않는 서원을 일방적으로 했다면 그 서원은 지키지 않는 게 낫습니다. 대신 딸을 죽여 서원을 갚아야 했던 만큼 절박한 다른 방법으로 하나님께 충성하면 됩니다. 지키지 못할 서원을 지킬 수 있는 다른 서원으로 치환하여 평생 주님을 섬기면 됩니다. 입다는 딸을 바칠 것이 아니라 하나님께 회개를 했어야 합니다. 하나님의 마음을 돌이켜야 했던 것입니다. 그리고 딸을 드린 것보다 더 큰 희생으로 자기 남은 인생을 하나님께 드렸어야 했습니다.

혹시 하나님께 드렸던 서원이 있습니까? 미루지 말고 가능하면 지금부터 지키시기 바랍니다. 한 번에 갚을 수 없는 서원이라면 조금씩 지켜 나가면 됩니다. 아무리 노력해도 지킬 수 없는 서원이라면 하나님 앞에 솔직히 회개하시고 지킬 수 있는 다른 방법으로 갚아 나가시기 바랍니다. 하나님께서 받아 주실 겁니다.

잘못된 서원을 해 놓고 지켜야 한다고 생각하는 분들이 있다면, 서원 자체가 잘못되었으니 지킬 것이 아니라 회개하시기 바랍니다. 그 서원에 못지않은 다른 방법으로 충성스럽게 주님을 섬기면 되는 것입니다.

하나님은 서원보다 우리를 더 귀하게 여기시는 분입니다. 서원도 하나님을 잘 섬겨 보자고 했던 것이니, 그 마음을 하나님은 다 알고 계십니다. 서원을 지키느냐 못 지키느냐보다 더 중요한 것은 하나님을 사랑하는 진심입니다.

14

생각하며
살아야 한다 전 5:8-9

너는 어느 지방에서든지 빈민을 학대하는 것과
정의와 공의를 짓밟는 것을 볼지라도
그것을 이상히 여기지 말라
높은 자는 더 높은 자가 감찰하고
또 그들보다 더 높은 자들도 있음이니라 (전 5:8)

●●● 하용조 목사님 생전, 한 세미나에서 어떤 목사님이 질문했습니다. "어떻게 목사님은 그렇게 다양하고 많은 사역을 효과적으로 해내십니까?" 아주 담백하고 간단한 답이 돌아왔습니다. "나만큼 생각하고 사시면 됩니다." 밤낮없이 생각한다는 그 말이 저에게 굉장히 오래 남아 있습니다.

고(故) 함석헌 선생도 《생각하는 백성이라야 산다》(한길사)라는 책을 썼습니다. 생각이 게을러지면 나라도 망하고 가정도 망하고 기업도 돌아가지 않고 아무것도 되지 않는다는 것입니다. 늘 생각이 멈추어 있지 않아야 합니다. 초등학교 때부터 교과서에서 보게 되는 한 조각상이 있습니다. 로뎅의 "생각하는 사람"입니다. 턱을 괴고 앉아 있는 그 사람을 교과서에 넣어 가르치는 이유가 무엇입니까? 사색하며 살아야 한다는 것을 시각적으로 가르치는 겁니다.

전도자 솔로몬도 우리에게 '살면서 잊어버리지 말고 반드시 생각하고 살아야 할 것이 있다'라고 가르칩니다. 전도서는 깊은 책입니다. 인생 전반을 훑고 지나가는 깊은 강입니다. 인생의 전 분야를 무엇 하나 빠뜨리지 않고 적시며 흐르는 넓은 강입니다. 그래서 전도서를 읽고 또 읽으면 그 깊고 넓은 강에서 수많은 인생의 지혜를 만날 수 있습니다. 그가 강조하는 '반드시 잊지 말아야 할 것'이 무엇인지 이야기를 들어 봅시다.

"너는 어느 지방에서든지 빈민을 학대하는 것과 정의와 공의를 짓밟는 것을 볼지라도 그것을 이상히 여기지 말라"(전 5:8 상). 사업체를 경영하시는 분을 만나 보면 공통적으로 하는 말이 있습니다. "나는 우리 직원들에게 잘해 준다. 우리 직원들은 행복하다. 이런 사장이 어디 있냐?" 그런데 갑자기 그 회사 사원이 텔레비전 뉴스에 나와서 사장의 갑질을 고발하고 회사의 경영 문제나 부당한 처우를 고발합니다. 그것을 보던 사장은 충격에 빠집니다. 나쁜 사장이나 회사가 있다는 소리는 들어 보았지만, 그게 나일 줄 몰랐고 우리 회사가 그런 회사라는 것을 꿈에도 생각 못했기 때문입니다.

전도서 5장 8절 상반절을 풀어 쓰면 "너는 세상 어느 곳에서든지 빈민이 학대당하고 정의와 공의가 짓밟히고 있다는 것을 늘 생각하고, 그런 것을 보고 당황해 하지 말라"는 뜻입니다. 다시 말해, "다른 데서 그런 일이 일어날지 몰라도 나는 안 그래" 하면서 방심하지 말라는 것입니다. "다른 회사 사원들은 다 부당한 대접을 받는다는데, 우리 회사 직원들은 복에 겨웠어"라며 착각하지 말라는 말입니다. "너는 세상 어느 곳에서든지 그런 일이 일어날 수 있고, 일어나고 있음을 기억하고 살아라"는 말씀입니다.

혹시 내 아래 있는 사람들이, 내 회사의 직원들이, 나보다 약한 주변 사람들이 나로 인해 부당함과 학대와 불공정을 당하고 있지 않은지 늘 유념해야 합니다. 그런 일은 내 회사, 내 가게, 내가 있는 그곳에서 언제든지 일어날 수 있다고 생각해야 합니다. 학대받는 이나 부당한 대우를 받는 이가 없는지, 정의와 공의가 비뚤어져 있지 않은지를 늘 살펴야 합니다.

나중에 그런 일이 일어났을 때 놀라지 말고 미리미리 잘해야 합니다. 안전하다고 할 때가 가장 위험하고, 안심할 때가 가장 방심할 때입니다. 도와야 할 사람은 항상 가까이 있다는 것을 생각해야 합니다. 챙겨야 할 사람은 지구 반대편에만 있는 게 아니라, 내가 매일 만나는 사람 중에 있습니다.

하나님은 각자에게 이런 사람들 몇 명을 붙여 주셨습니다. 내가 돌보고 눈물을 닦아 주어야 할 사람, 나밖에는 힘이 되어 줄 이 없는 사람이 반드시 있습니다. 예수님의 손으로 그들의 눈물을 닦아 주는 우리가 되어야 합니다.

〜 내 위에 하나님이 계심을 늘 생각하라

"높은 자는 더 높은 자가 감찰하고 또 그들보다 더 높은 자들도 있음이니라"(전 5:8 하). 힘과 사람, 리더십도 하나님이 주셨습니다. 몇 명이라도 사람을 거느린 분들이 생각해야 할 것은 내 위에 하나님이 계시다는 것입니다. 전도자는 왕이었으면서도 자기 위에 더 높은 하나님이 계시다는 것을 기억하며 살았습니다. 내가 세상에서 아무리 높아도 나보다 더 높은 사람이 있고, 세상에서 제일 높은 왕의 자리에 앉은 사람도 그 위에 더 높은 하나님이 계십니다.

8절에 "높은 자는 더 높은 자가 감찰하고"라는 말은 세상의 갑을 관계를 표현합니다. 그런데 "그들보다 더 높은 자들"은 갑을 관계를 넘어서시는 하나님을 가리킵니다. 특이한 것은 하나님은 한 분인데, "높은 자들"이라는 복수형으로 표현한 점입니다. 이는 '게보힘'이라는 단어인데, 하나님의 지위를 드러낼 때 사용되는 '장엄 복수형'입니다. 즉 하나님이 최고의 존엄한 권력자임을 나타낼 때 사용되는 단어입니다. '네가 세상에서 아무리 높은 권력을 가져도 네 위에 최고 존엄의 권력을 가진 하나님이 계시다는 것을 늘 생각하면서 겸손하게 살고, 낮은 자를 핍박하고 살지 말라'는 뜻입니다.

하나님께서 가장 높은 곳에서 이 세상 모든 권력자들을 심판하십니다. 그래서 8절의 말씀을 풀이하면 이렇습니다. '지방 관리는 더 높은 왕이 늘 감찰하고 있다는 것을 기억하고, 왕은 왕보다 더 높은 최고 존엄 하나님이 감찰하고 계시다는 것을 늘 기억하며 백성을 다스리라.' 우리 그리스도인들이 늘 기억하고 살아야 할 것은 우리 위에서 하나님 아버지께서 보고 계시다는 사실입니다. 이를 기억하며 맡겨 주신 사람들을 후대해야 합니다.

우리가 조금 잘못 해석하는 성경 구절이 있습니다. "비판을 받지 아니하려거든 비판하지 말라"(마 7:1). 우리는 이 구절을 상대방에게 비판을 받지 않으려면 내가 먼저 비판하지 말라는 상호 비판 금지 명령으로 이해하곤 합니다. 하지만 "비판을 받지 아니하려거든"이라는 내용은 '신적 수동태'로 표현되어 있습니다. 즉 하나님께 비판을 받지 아니하려거든 네가 남을 비판하지 말라는 뜻이 됩니다.

"너희가 비판하는 그 비판으로 너희가 비판을 받을 것이요 너희가 헤아리는 그 헤아림으로 너희가 헤아림을 받을 것이니라"(마 7:2). 2절에서도 동일하게 두 번 다 신적 수동태가 사용됩니다. '너희가 남을 비판하는 그 비판으로 하나님이 너희를 비판하실 것이요, 너희가 남의 잘잘못을 헤아리는 그 헤아림으로 하나님이 너희 잘잘못을 헤아리실 것이다'라는 뜻입니다. 무서운 말입니다. 예수님이 하시려는 말씀은 '남을 대할 때 하나님이 너를 보고 계시다는 것을 항상 기억하라. 네 위에 하나님이 계시다는 것을 절대로 잊지 마라'입니다.

예전에 보았던 그림 하나가 떠오릅니다. 그림에는 비둘기 한 마리가 나뭇가지에 앉아 있는데, 그 뒤에는 하늘을 활공하며 비둘기를 낚아채려는 독수리가 있습니다. 비둘기는 독수리가 자기를 보고 있다는 걸 전혀 모릅니다. 독수리는 비둘기만 잡으려고 두 눈으로 쳐다보고 있습니다. 그런데 또 다른 곳에서는 포수가 나무 뒤에 숨어서 독수리를 향해 총을 겨누고 있습니다. 이 독수리는 자기를 향해 누군가가 총을 겨누고 있다는 생각을 못한 겁니다. 우리가 누군가를 판단하고 헤아리고 죽이려고 할 때, 정확한 눈을 가지신 하나님이 그 순간 우리를 헤아리고 계시다는 것을 늘 기억하면서 살아야 합니다.

아브라함 카이퍼는 이것을 '코람데오'라고 표현합니다. 하나님 앞에서 살아야 한다는 말이죠. 유대인들이 머리에 손바닥만 한 모자 '키바'를 쓰는 것도, 내 머리 위에 하나님이 계시다는 것을 기억하고 살기 위한 장치입니다. 요셉은 보디발 장군의 아내가 유혹할 때 "내가 어찌 당신 남편에게 죄를 범하겠습니까?"라고 하지 않고, "내가 어찌 이 큰 악을 행하여 하나님께 죄를 지으리이까"(창 39:9 하)라고 말했습니다. 그는 늘 하나님 통치 아래에서 살아간 사람입니다. 보디발의 눈은 피할 수 있어도 천지를 감찰하시는 하나님의 눈은 피할 수 없다는 것을 누구보다 잘 알았기에 요셉은 하나님의 인정을 받는 사람이 될 수 있었습니다.

우리 위에 하나님이 보고 계시다는 것을 늘 생각하며 살아야 합니다. 하나님을 예배당에 감금시키고 일주일에 한 번씩 면회 오는 식으로 신앙생활을 해서는 안 됩니다. 하나님의 눈이 내 삶의 모든 부분을 보고 있다는 믿음으로 살아야 합니다. '하나님, 절대로 따라오지 마세요. 다음 주에 정확한 시간에 1분도 안 늦고 면회 올 테니 제 일상은 모른 척해 주세요'라면서 하나님을 예배당에 가두고 자물쇠를 잠그고 나가는 성도들이 얼마나 많은지 모릅니다.

하나님 없이 경영하고, 하나님 없이 출근하고, 하나님 없이 장사하고, 하나님 없이 마음대로 살다가 주일날 곱게 차려입고 주님을 만나러 오는 것만으론 안 됩니다. 주님과 동행하지 않았는지 몰라도 주님은 내내 보고 계셨습니다. 높은 자는 더 높은 자가 감찰하고 또 그들보다 더 높은 하나님이 계심을 늘 기억해야 합니다.

8절이 윗자리에 있는 사람에게 주시는 교훈이자 무서운 경고라면, 아랫자리에서 살아가는 사람에게는 위로와 소망이 됩니다. 누군가의 밑에서 늘 억울한 일을 당하고, 부당한 대접을 받고, 핍박을 받는 이들에게 이 구절은 전혀 다르게 들립니다.

'너를 압제하는 자들, 너보다 높은 이들이 부당한 이유로 너를 핍박하고 눈물 나게 만들 때 절망하지 마라. 하나님이 그들의 행동을 다 보고 계신다는 것을 생각하고 이겨라. 그들의 잘잘못을 다 보고 계시고 반드시 선악 간에 심판하실 것이며 너의 억울한 눈물을 닦아 주실 것이다. 그날을 늘 기억하고 좌절하지 말고 소망을 잃지 말고 살아라'는 말씀입니다. 내가 그들을 이길 수는 없지만, 그들 위에 계신 하나님이 선악 간에 심판하실 것이라 생각하고 힘든 오늘도 주님을 생각함으로 이겨 내라는 것입니다.

"부당하게 고난을 받아도 하나님을 생각함으로 슬픔을 참으면 이는 아름다우나"(벧전 2:19). 부당하게 고난을 받을 때 하나님을 생각함으로 참으면 하나님께서 반드시 신원하고 판단해 주실 것입니다. 높은 자리에 앉은 사람은 자신 위에 하나님이 계시다는 것을 생각하며 삼가야 하고, 낮은 자리에 앉은 사람은 가장 높은 곳에 하나님이 계시다는 것에서 위로를 얻으며 살아야 합니다.

왕은 자기가 어떻게 살아왔는지 이렇게 고백합니다. "땅의 소산물은 모든 사람을 위하여 있나니 왕도 밭의 소산을 받느니라"(전 5:9).

왕이라고 음식이 하늘에서 떨어지고, 궁궐에 있는 모든 것이 바닥에서 솟아나지 않습니다. 농부들이 땅에서 수고하여 거둔 것들이 밥상 위까지 올라온 것을 왕은 기억합니다. 왕도 백성이 있어야 왕입니다.

백성 없는 왕이 어디 있습니까? 수고하지 않고 먹는 밥은 없습니다. 내가 해야 할 수고를 누가 대신해 주었기 때문에 가능한 것입니다. 우리는 누군가에게 빚을 지고 사는 존재입니다. 왕도 들판에서 수고하는 백성들에게 빚을 지고 삽니다. 혼자 잘나서, 내가 노력해서, 내 머리가 좋아서, 남들보다 수고했기 때문에 당연한 열매를 거두고 있다고 착각해서는 안 됩니다.

고(故) 이어령 교수의 유작이 된 《이어령의 마지막 수업》(열림원)에 실린 내용입니다. 이분은 평생 말하고 글 쓰신 분인데 88년 인생을 돌아보니 내가 했던 말과 글의 절반은 내 것이 아니라 남의 것이었다고 말합니다. 그 이유를 물으니 "나의 모든 말은 누가 말을 걸어서 했던 말이고, 나의 글은 모두 무엇 때문에 쓰게 되었으니, 온전히 내 것이 없는 말이고 글이었다"라는 것입니다. 젊어서는 다 내 말이고 내 글인 줄 알았는데, 사실 절반은 남의 것이었고 남의 덕이었다고 노학자가 고백합니다.

지혜와 나이가 많아질수록 깨닫는 것은 나의 것이 다 남의 것이었다는 사실입니다. 모든 것이 주님의 은혜임을 고백하고, 내 손에 있는 것이 남의 땀과 수고의 결과물이라는 것을 알게 되어야 겸손해집니다.

빵 한 조각을 먹을 때도, 지혜자는 내 돈 주고 내가 산 빵이라고 하지 않습니다. 그 속에 담긴 여름날 햇볕을 생각할 줄 알고, 밀을 거두는 농부의 땀을 기억하고 감사할 줄 알며, 그 밀을 갈아 빵으로 만드는 제빵사의 기술에 고마움을 잊지 않습니다. 내 손에 빵 하나 오기까지 얼마나 많은 사람의 수고가 있었는지 아는 사람이 지혜자입니다. 오늘 전도자는 왕도 밭에서 나는 농부의 수고에 빚을 지고 있다고 고백합니다. 그렇기에 왕이 되었다고 해도, 농부의 수고를 잊지 말라고 합니다.

교회가 목사 혼자 잘해서 부흥하고 잘된다고 생각하는 목사는 바보, 회사가 자기 혼자 힘으로 성장했다고 생각하는 사장도 바보입니다. 연예인이 자기의 재능만으로 인기를 누린다고 생각하는 것도 어리석고, 운동선수가 자기의 실력만으로 금메달을 목에 걸었다고 생각하는 것도 철부지 생각입니다. 상과 메달에는 모든 사람의 수고가 녹아 있습니다. 왕이 수라상을 받으면서 백성들의 수고를 기억한다면 그 나라는 복된 나라입니다.

9절은 "땅의 소산물은 모든 사람을 위하여 있다"고 합니다. 그렇기 때문에 땅의 모든 것을 내가 소유할 것처럼 살아선 안 됩니다. 세상의 것은 모든 사람을 위해 존재합니다. 우연히 내 손에 들어와 있다고 그것이 내 것이라고 생각하면 안 됩니다. 남의 손에 있어야 할 몫이 내 손에 들어온 것뿐입니다. 열심히 나누어야 합니다. 왕도 결국 하루 세 끼 먹는 사람일 뿐입니다. 왕이 되어도 밭에서 나는 채소를 다 먹을 수 없습니다. 전도자는 왕이 되고 보니 세상의 것을 다 소유할 힘을 가졌으나 그러지 않는 것, 내 손에 있는 것을 필요한 만큼 남기고 남의 손에 되돌려 주는 것, 그것이 참된 지혜자가 되는 길임을 깨달은 것입니다.

15

바람을 잡는
그대에게 전 5:10-20

그가 모태에서 벌거벗고 나왔은즉
그가 나온 대로 돌아가고 수고하여 얻은 것을
아무것도 자기 손에 가지고 가지 못하리니
이것도 큰 불행이라 어떻게 왔든지 그대로 가리니
바람을 잡는 수고가 그에게 무엇이 유익하랴 (전 5:15~16)

●●● 차를 운전하고 가다가 한적한 곳에서 창밖으로 손을 내밀었던 경험이 한 번쯤 있을 것입니다. 보이지 않는 바람이 손에 가득 느껴질 때에 기분이 썩 괜찮습니다. 그러다가 '이 바람 내가 가져가야지' 하고 바람을 움켜쥔 채 차 안으로 손을 거두면 어디 그 바람이 남아 있던가요? 그렇지 않습니다. 손가락 사이로 다 빠져나가고 빈손만이 남는데, 바람은 느끼는 것이지 손에 쥐는 것이 아니기 때문입니다. 그래서 전도자는 '우리 손에 쥐고 소유하려는 모든 것들이 바람을 잡는 것과 같이 헛되다'라고 이야기합니다.

〰 인생이 허무한 이유

"그가 모태에서 벌거벗고 나왔은즉 이제 그가 나온 대로 돌아가고 수고하여 얻은 것을 아무것도 자기 손에 가지고 가지 못하리니 이것도 큰 불행이라 어떻게 왔든지 그대로 가리니 바람을 잡는 수고가 그에게 무엇이 유익하랴"(전 5:15~16). 금이고 은이고 자녀고 성공이고 출세고 다 잡으려고들 하지만, 이미 다 붙잡아 본 전도자는 얘기합니다. '남는 게 없더라! 손에서 다 빠져나가더라! 뭔가 대단해서 내 손을 흔들 만큼 이 바람도 손에 쥘 수 있다고 생각했는데, 쥐면 쥘수록 빈손이더라.'

전도자는 왜 인생을 허무하다고 표현하는 걸까요?

아무리 가져도 만족 없는 허무

"은을 사랑하는 자는 은으로 만족하지 못하고 풍요를 사랑하는 자는 소득으로 만족하지 아니하나니 이것도 헛되도다"(전 5:10). 아무리 은을 소유해도 만족하지 못하는 게 사람이고 부요해지는 것을 원해서 소득을 늘려도 만족하지 못하기 때문에 결국은 남는 게 없더라는 거지요. 은을 가지면 자연스럽게 금을 가지고 싶고, 금을 가지면 그 기쁨도 잠시뿐 다이아몬드를 원하는 게 사람입니다. 제아무리 손에 값진 것이 있어도 결국에 거기에 만족을 못합니다.

"풍요를 사랑하는 자는 소득으로 만족하지 아니하나니 이것도 헛되도다"라고 합니다. 하루 벌어 하루 먹는 일용직으로 일할 때는 따박따박 월급 들어오는 월급쟁이가 그렇게 부럽습니다. 그러다 드디어 취직하면 매달 은행에 월급이 들어오는 것이 참 행복합니다. 하지만 풍요를 사랑하는 자는 소득에 대한 감사가 아주 짧습니다. 나중에는 고정적인 월급에 만족하지 못하고, 더 많은 수입을 얻고 싶습니다. 더 많은 수입이 생기면 그것을 투자하고 싶고, 투자한 돈이 큰돈이 되면, 그다음에는 별장을 사고 싶고 등등 끝이 없습니다.

소득이 풍족하기를 바라는 사람은 그 바람과 욕심이 점점 커져 현재 소득으로 만족할 수 없게 됩니다. 모두 손에 바람을 잡는 것처럼 만족과 감사가 손가락 사이로 빠져나가 버립니다. 늘 '나는 왜 가진 것이 없을까?', '왜 저 사람은 더 많이 가졌나!' 하는 생각만 들고, 감사보다는 못 가진 것 때문에 괴로워하면서 사는 사람이 많습니다.

왕과 왕비가 되어도 만족이 없습니다. 성경에 나오는 왕 중에 세상 모든 걸 가진 아합 왕과 그의 아내 이세벨이 있습니다. 왕이 되었으니 뭐가 부족하겠습니까. 그런데 나봇의 포도밭 하나를 못 가지니까 결국 나봇을 죽이고서 포도밭 뺏는 일을 서슴없이 하고 맙니다. 이게 인간의 욕심입니다. 아무리 끝을 향해 달려가도 그곳에 만족의 파랑새는 없습니다. '계속 바람처럼 빠져나가 버리는 것'을 보고 왕이 이야기합니다. '인간은 도무지 만족을 모르기 때문에 손에서 다 빠져나가는 바람을 잡는 것과 같다.'

재산이 늘수록 일과 근심이 많아지는 허무

"재산이 많아지면 먹는 자들도 많아지나니 그 소유주들은 눈으로 보는 것 외에 무엇이 유익하랴 노동자는 먹는 것이 많든지 적든지 잠을 달게 자거니와 부자는 그 부요함 때문에 자지 못하느니라"(전 5:11-12).

재산이 많아지면 좋을 줄 알았는데 재산이 많아지면 식솔도 많아집니다. 남들은 "이야! 저 회사 직원이 몇 명이야?" 하며 감탄해도 정작 그 소유주는 행복하지 않습니다. 나라 걱정, 백성 걱정하다 보면 왕도 못할 일입니다. 재산이 많아지니까 가지 많은 나무 바람 잘 날 없듯 근심이 끊이지 않습니다.

가게 하나 운영할 때는 그 가게만 신경 쓰면 되는데 가게가 10개가 되니 이쪽저쪽에서 사고가 터집니다. 직원들이 많아지면 돌봐야 할 일들이 정말 많아집니다. 어떨 때는 월급을 주는 사장이 월급 받아 가는 직원을 더 부러워할 때가 많습니다. 나는 직원들 월급 주려고 밤잠 못 자며 동서남북 뛰어다니는데 출근하는 직원들은 '언제 잠들었는지 모르게 눈 떠 보니 아침이더라'라고 세상 편하게 이야기하니 말입니다. 적다고 불행한 것도 아니고 많이 가졌다고 근심이 없는 것도 아닙니다. 지혜자는 재산이 많아지면 근심도 많아지기 때문에 '인생의 소유가 허무하다'라고 이야기합니다.

재물이 많아지면 적이 늘어나는 허무

"내가 해 아래에서 큰 폐단 되는 일이 있는 것을 보았나니 곧 소유주가 재물을 자기에게 해가 되도록 소유하는 것이라"(전 5:13). 가지면 가질수록 더 가지고 싶은 욕심 때문에 자기에게 해로울 정도로 소유하는 경우가 있습니다. 결국에는 그 많은 소유가 자기를 더 힘들게 합니다. 지혜자는 과도하게 소유하면 오히려 그 재물이 자기에게 독이 된다고 합니다. 지나친 소유가 왜 해가 되는지 의문을 품을 수 있지만, 소유해 본 사람들은 다 그 말이 맞다 합니다. 적당히 가졌을 때는 괜찮았는데 필요 이상으로 가지고 나면 어느 날 문득 내 주변에 전부 나를 뜯어먹으려고 붙어 있는 사람들뿐이라는 것이죠. 때로는 친구의 얼굴로 가장한 도둑이 다가와서 뭐라도 가져가려고 애쓰는 모습을 발견하고 허망함이 밀려온다고 합니다.

소유할 수 있는 것보다 욕심내면 결국 나중에 다 빠져나가 가진 것도 없고, 사람도 없어지는 상황을 맞이하게도 됩니다. 그래서 하나님이 복을 많이 주셔서 내가 필요한 것보다 더 많이 소유하게 될 때는 빨리 나누어야 합니다. 그래야 나쁜 마음 먹고 어슬렁거리는 사람이 없어지고, 주변이 진실한 친구들로 가득 차게 되는 것입니다.

경주에 유명한 최부자 집이 있습니다. 경주 최부자 집은 400년간 부자로 살아왔는데 그 집에 가훈이 있습니다. 하나는 '사방 백 리 안에 굶어 죽는 사람이 없게 하라'입니다. 그래서 늘 나눕니다. 다음으로 '만 석 이상의 재산을 쌓지 마라'입니다. 필요 이상의 소유를 쌓아 두지 않고 마을 사람들 구휼하는 데 사용한 거죠. 그러니 400년간 부자가 된 것 아니겠습니까? 그 사이 왜구들이 한두 번 쳐들어왔겠습니까? 400년 동안 왕이 한두 번 바뀌었겠습니까? 왕이 바뀌면 토지 개혁이 일어나

고, 왜구가 쳐들어오면 재산을 다 빼앗길 텐데 끌어안고 살 필요 없다
는 것이죠. 오히려 왜구가 쳐들어올 때 그 밥 얻어먹은 사람들이 삽자
루 들고 곡괭이 들고 나와서 그 집 곳간을 지켜 주었기 때문에 전쟁 중
에도 부자로 남을 수 있었습니다. 소유 이상을 가졌다면 전쟁이 일어날
때 그 집 곳간부터 불탔을 텐데 오히려 동네 사람들이 그 집 곳간부터
지켜 냈다는 겁니다.

소유를 나눌 때는 해가 되지 않지만, 소유를 필요 이상으로 거머쥐면
나중에 반드시 사라지고 없습니다. 돈도 사람도 손에서 빠져나가고 아
무것도 없는 인생이 되고 맙니다.

모은 재물이 한순간에 사라지는 허무

"그 재물이 재난을 당할 때 없어지나니 비록 아들은 낳았으나 그 손
에 아무것도 없느니라"(전 5:14). 아무리 '재산을 쌓아 두고 삼, 사대까지
유산으로 물려줘야지' 계획하더라도 재난 앞에서 하루아침에 다 사라
져 자손이 있어도 물려줄 게 없는 인생이 너무 많습니다. 방마다 현금
으로 채워 놓아도 불 한 번 나면 다 타 버리는 재가 됩니다. 어느 날 갑
자기 큰 병이 들어 모아 놓은 재물을 하나도 누리지 못하고 빈손으로
가야 하는 게 또 인생입니다. 그래서 기회가 있을 때마다 나누고 살아
야 합니다. 어차피 빠져나갈 바람 같은 재물, 내 손에 있을 때 잘 사용하
는 것이 지혜입니다.

～ 허무를 감격으로 바꾸는 방법

전도서는 우리 인생의 허무를 적나라하게 드러내지만, 우리가 허무한
채로 살아가는 것을 원치 않는 책이기 때문에 나머지 구절들은 허무한

인생을 반짝반짝 빛나고 가슴 터질 듯한 감격으로 살아가는 방법을 가르쳐 줍니다.

매일의 삶에서 즐거움 찾기

하나님께서 매 순간 모든 일에 즐거움 거리를 넣어 두셨는데 내 인생에는 어떤 즐거움을 숨기셨는지 찾는 것이 인생을 신바람 나게 합니다.

"사람이 하나님께서 그에게 주신 바 그 일평생에 먹고 마시며 해 아래에서 하는 모든 수고 중에서 낙을 보는 것이 선하고 아름다움을 내가 보았나니 그것이 그의 몫이로다"(전 5:18). 즐거워하면서 한 일만이 우리 손에 사라지지 않고 남는 몫입니다. 마지못해서 하는 일은 손바닥에서 다 사라져 버리지만 아무리 힘든 일, 내가 원치 않았던 일이라도 하나님께서 넣어 두신 즐거움을 발견한다면 그것은 영원합니다.

아우슈비츠 감옥에 수용되었던 빅터 프랭클이라는 의사가 있습니다. 그는 수용소에 있는 동안 연구를 했습니다. 똑같이 수용소에서 살아도 어떤 사람이 절망하며 죽어 가고, 또 어떤 사람이 끝까지 살아서 수용소를 걸어 나가는지를 연구해《죽음의 수용소에서》(청아출판사)라는 책을 펴냈습니다. 그 책에 '로고테라피-의미 치료'라는 이론이 등장합니다.

그가 관찰해 보니 의미 없이 사는 사람은 빨리 노쇠하고 작은 병에도 면역이 없어 죽어 갔지만, 수용소 안에서도 의미를 발견하고 '살아야지' 생각하며 얼굴을 펴고 사는 사람들은 오히려 '쓸 만하구나' 싶어 안 죽이더라는 겁니다.

어떤 죽을 환경 속에서도 살아야 할 이유를 발견하고, 하나님이 감추어 두신 낙을 볼 줄 아는 사람이 결국은 승리하고 살게 됩니다. 우리 삶이 웃음밖에 나오지 않는 좋은 때도 있지만, 눈물만 나오는 격한 때가 될지라도 그것을 보는 우리의 눈은 달라야 합니다.

미국의 유명한 감독인 조지 루카스와 스티븐 스필버그가 합작하여 〈인디아나 존스〉라는 영화를 만들었습니다. 하루는 인디애나 박사가 지프차에 매달려 땅에 질질 끌려가는 것을 촬영하는 중에 스티븐 스필버그가 조지 루카스를 향해서 이렇게 외쳤습니다. "이보게 루카스! 이렇게 재밌는 것을 하면서 돈까지 받는다니 믿을 수 있겠나!" 그는 노동으로 영화를 만든 사람이 아니라 즐거움으로 영화를 만들었던 사람이었습니다.

전 세계 여성들의 마음을 사로잡은 패션 브랜드 '샤넬'을 탄생시킨 코코 샤넬. 이 여성은 죽기 직전까지 바늘을 손에서 놓지 않은 것으로 알려져 있습니다. 그의 건강을 염려한 사람들이 이제 좀 쉬라고 하자 샤넬은 이렇게 답했다고 합니다. "너희들은 이게 일하는 걸로 보이니? 나에겐 이게 노는 거야!" 즐거움으로 하니 죽을 때까지 그 일이 즐거운 것입니다.

무엇을 해도 억지로 하지 않고 즐거움으로 하는 사람은 이길 수가 없습니다. 어려운 환경을 먼저 보면서 쉽게 절망하지 말고 무엇이든지 기쁨으로 하면 하루하루 보석 같은 날들이 이어질 것입니다.

시편 4편 7절에 이렇게 말씀합니다. "주께서 내 마음에 두신 기쁨은 그들의 곡식과 새 포도주가 풍성할 때보다 더하니이다"(시 4:7). 곡식이 많다고 기뻐지는 것도 아니고 포도주가 풍성할 때 기뻐지는 것도 아닙니다. 주께서 내 마음에 두신 기쁨이 우릴 기쁘게 할 뿐입니다.

내게 있는 모든 것은 하나님의 선물임을 기억하기

"또한 어떤 사람에게든지 하나님이 재물과 부요를 그에게 주사 능히 누리게 하시며 제 몫을 받아 수고함으로 즐거워하게 하신 것은 하나님의 선물이라"(전 5:19). 손에 있는 모든 것은 다 하나님이 주신 선물입니다. 내 힘으로 한 것 같아도 재물을 얻을 능력조차 하나님이 주신 선물입니다. 내 배 아파 낳은 자녀도 하나님이 주신 선물이고, 힘들어 번 돈도 하나님이 주신 선물입니다. 눈 뜨면 내 앞에 당도해 있는 오늘 하루도 하나님이 주신 선물입니다.

죽음을 눈앞에 두고 있던 이어령 교수가 김지수 작가와 가졌던 마지막 인터뷰의 일화입니다. 김지수 작가가 이어령 교수에게 "마지막으로 인생이 뭔지 말씀해 주십시오" 하니 이어령 교수가 가만히 있다가 이렇게 이야기합니다. "88년의 인생 모든 것이 선물이었어! 아버지보다 먼저 간 우리 딸 민아도 하나님이 누리라고 주신 선물이었고, 돌아보니 그 어느 것 하나 선물 아닌 것이 없었어!"

제가 처음 미국에 갔을 때 한국과 다르다고 크게 느꼈던 문화는 선물 받는 문화였습니다. 지금은 우리나라도 많이 바뀌었는데, 그 당시 한국에서는 선물을 받으면 집에 가서 뜯어보는 게 일반적이었습니다. 그런데 미국에 가 보니 선물을 받고 그 자리에서 바로 뜯어보는 것이었습니다. 그냥 가지고 가면 '마음에 안 드나 보다'라고 생각하기 때문에 선물은 반드시 그 자리에서 뜯어보고 리액션을 해 줘야 합니다. "Oh my God! Thank you so much! It's beautiful!", "내가 진짜 가지고 싶었던 거야!"라고 격양된 톤으로 기뻐해 주면 선물한 사람의 기분이 그렇게 좋습니다. 이게 바로 선물입니다. 받아 놓고 집에 가서 어디 뒀는지 모르게 던져 놓는 게 아니라 선물한 사람에게 기쁨을 주기 위해 그 앞에서 뜯어 보는 것입니다. 결국, 제일 기쁜 사람은 선물한 사람입니다. "너는 작은 곳에서도 큰 기쁨을 누리는구나! 내 작은 선물도 귀하게 여기는구나." 하나님이 어찌 더 좋은 선물 주시지 않겠습니까. 하나님의 주신 모든 선물을 뜯어보고 경탄하고, 감탄하고, 감동하는 사람이 지혜자입니다.

하루하루 감사로 살기

"그는 자기의 생명의 날을 깊이 생각하지 아니하리니 이는 하나님이 그의 마음에 기뻐하는 것으로 응답하심이니라"(전 5:20). 지혜자는 자기 생명의 날을 깊이 생각하지 않는다고 합니다. '내가 이제 얼마 동안 살까, 내가 몇 살까지 살까, 내게 남아 있는 날 동안 뭐 먹고 살까' 하며 앞날을 걱정하지 않는다는 것입니다.

왜냐하면 하나님이 그 마음에 기뻐하시는 것으로 응답해 주실 것을 믿기 때문입니다. 많은 사람이 내일 걱정 때문에 오늘 감사를 놓치고 삽니다. 그러다 보면 손에 잡히는 날이 한 날도 없습니다. 반면에 어떤 상황에서도 하나님이 주신 즐거움을 발견하고 산다면 인생을 반짝반짝 빛나는 보석처럼 감격적으로 살 수 있습니다.

바람을 잡는 이들이여! 인생을 그렇게 잡아 보니 손에 무엇이 남습니까? 다 빠져나가는 것밖에 없습니다. 금도 사라지고, 은도 사라지지만, 내 평생 마지막에 손에 잡히는 것은 금보다 귀한 우리 주 예수 그리스도이십니다. 그분의 사랑만이 영원합니다.

16

바람을
따라간 사람 전 6:1-12

눈으로 보는 것이
마음으로 공상하는 것보다 나으나
이것도 헛되어 바람을 잡는 것이로다 (전 6:9)

●●●　6장의 핵심 구절은 9절입니다. "바람을 잡는 것"을 영어로 표현하면 'A chasing after the wind-바람을 따라가다'입니다. 바람을 잡으려고 따라가는 것이 우리의 허무한 인생입니다. 우리가 향하는 종착역이 하나님이 아닌 이상 그 모든 것은 바람입니다. 마침내 성공을 잡았는데, 당황스럽게도 그것이 곧 사라져 버린다는 것을 알게 됩니다. 내 평생을 바쳐 잡았는데 만족이 없어 당황스럽고, 행복이 없어 당황스럽습니다. 이것을 보고 베드로는 이야기합니다. "그러므로 모든 육체는 풀과 같고 그 모든 영광은 풀의 꽃과 같으니 풀은 마르고 꽃은 떨어지되 오직 주의 말씀은 세세토록 있도다 하였으니 너희에게 전한 복음이 곧 이 말씀이니라"(벧전 1:24~25).

'바람'과 같은 의미를 표현하기 위해 다른 다양한 단어가 사용됩니다. 혹자는 보이는 듯하나 가 보면 실체가 없다고 해서 '바람'이라 합니다. 어떤 사람은 하늘에 두둥실 떠가는 '뜬구름'이라고 이야기합니다. 하늘에 아름답게 떠 있으나 실상 잡으려면 잡을 수 없는 일곱 색깔 '무지개'라고 하기도 합니다. 이 모든 것들은 잠시 있다가 흔적도 없이 사라진다고 해서 '안개'라고도 하며, 거센 산처럼 일어났다가도 부서져 버리는 '파도'와 같다고도 표현합니다. 이것들의 공통점은 '눈에는 보이나 손에는 잡히지 않는다'는 것입니다.

지혜자는 바람을 따라가는 인생이 어느 날 허무의 종착역에 당도하여 너무나도 당황스러워서 마음이 무거워졌다고 이야기합니다. 그 순간을 이렇게 표현합니다. "내가 해 아래에서 한 가지 불행한 일이 있는 것을 보았나니 이는 사람의 마음을 무겁게 하는 것이라"(전 6:1). 전도자는 인생의 종착역에서 도대체 무엇을 만나고 보고 깨달았기에 마음이 이토록 무거워졌을까요?

첫 번째는 내가 잡은 그 바람을 남들이 누리기 때문입니다. "어떤 사람은 그의 영혼이 바라는 모든 소원에 부족함이 없어 재물과 부요와 존귀를 하나님께 받았으나 하나님께서 그가 그것을 누리도록 허락하지 아니하셨으므로 다른 사람이 누리나니 이것도 헛되어 악한 병이로다"(전 6:2). 내 평생 수고해서 안 먹고, 안 입고, 안 쓰고 드디어 내 손에 확실한 것을 잡았다고 생각했는데, 내 생명이 끝나면서 허무하게도 그것을 다른 사람이 누리더라는 겁니다. 평생 수고하여 재물을 모아도 쓰는 사람은 따로 있더라는 거지요.

부모가 쌓은 평생의 수고를 자녀들이 누리는 것까지는 좋지만, 부모의 재산이 마치 당연히 자기들 것인 양 유산 싸움을 하는 것을 보고 눈을 감아야 하는 허무함도 있습니다. 어느 회사 직원이 수십억을 횡령해 갔다는 뉴스를 보면, 누군가 성실히 번 돈을 엉뚱한 사람이 몰래 빼 가누리는 일도 있는 것 같습니다. 반대로 평생 적은 연봉을 받고 일했는데 부귀영화는 사장만 누리는 것을 보는 것도 허무입니다. 그래서 전도자는 평생 돈을 모았지만 정작 모은 돈을 다른 사람이 쓰는 것을 보고 인생의 허무를 발견했습니다.

두 번째는 100명의 자녀를 낳고도 길거리에서 죽는 사람이 있기 때문입니다. "사람이 비록 백 명의 자녀를 낳고 또 장수하여 사는 날이 많을지라도 그의 영혼은 그러한 행복으로 만족하지 못하고 또 그가 안장되지 못하면 나는 이르기를 낙태된 자가 그보다는 낫다 하나니"(전 6:3). 얼마나 허무한 인생입니까? 자식이 백 명인데, 내 장례를 치러 줄 자식 한 명이 없답니다. 자녀들에게 끝도 보이지 않는 넓은 땅을 나눠 주었는데, 자식들은 한 평밖에 되지 않는 부모의 무덤 하나도 서로 미루더라는 것입니다. 한 평 장지도 얻지 못하고, 길거리에서 인생의 막을 내리는 허무함이 있습니다.

전도서에 나오는 이 부자는 도대체 어떤 인생을 살아왔는지 몰라도 참 불운합니다. 자식은 백 명을 얻었습니다. 문자적으로 자식 백 명을 얻었다는 것이 아니라 그만큼 자식이 많다는 뜻입니다. 장수의 복도 받았습니다. 하지만 자식들에게 돌봄을 받지 못하고 노년에 객사합니다. 이것이 전도자가 발견한 인생의 허무입니다.

세 번째는 먹을 것은 많은데 식욕이 없기 때문입니다. 이게 얼마나 허무한 일입니까? 열심히 냉장고에 먹을 것을 가득 채워 뒀는데, 냉장고 문을 열자 먹고 싶은 게 하나도 없는 쓸쓸하고 허무한 인생이 또 어디 있단 말입니까? 이제 먹고 싶은 거 마음껏 사 먹을 만한 돈이 생겨서 가장 좋은 레스토랑에서 거창하게 밥을 먹으려 했는데, 멋지게 차려진 음식을 보고도 식욕이 하나도 없다면 얼마나 허무하겠습니까. 그래서 꼭 기억해야 합니다. 내 힘으로 노력해서 냉장고는 채울 수 있지만, 식욕은 살 수 없습니다. 하나님께서 주셔야 합니다. 세상의 모든 것을 내 노력으로 다 가질 수 있다고 해도, 그 모든 것을 소유할 때 가지게 되는 행복은 하나님이 주시는 것입니다.

그래서 이런 말이 있습니다. "사람은 돈으로 침대를 사지만 잠은 하나님이 주시고, 사람은 돈으로 집을 사지만 행복은 하나님이 주시고, 사람은 돈으로 음식을 사지만 입맛은 하나님이 주신다.”

네 번째는 평생 지혜를 쌓아도 우매한 자보다 나은 것이 없기 때문입니다. “지혜자가 우매자보다 나은 것이 무엇이냐”(전 6:8 상). 세상 지혜를 다 가졌던 솔로몬이 마지막에 돌아보니 우매한 사람보다 별반 더 나을 것이 없는 자신의 지혜를 발견합니다.

지혜를 얻기 위해 박사가 되고 포닥(Post-Doctor, 박사 학위를 받은 후 자신의 전공 분야와 관련한 주제를 연구하면서 고정급을 받는 계약직 연구원)을 하고, 또 다른 학위를 가지는 등 거듭 노력했지만, 여전히 모르는 게 많고 인생의 지식에서는 전공만큼의 지혜를 얻지 못한 자신을 보게 됩니다. 그런데 한글도 변변히 읽기 힘들어하는 분을 만나 이야기를 나누어 보니, 내가 아는 만큼 저 사람도 알고, 내가 모르는 것도 저 사람이 아는 것을 보고는 당황하게 됩니다. 내가 쌓은 지혜가 전부가 아니고 내가 우매하다고 생각했던 사람이 우매한 사람이 아니었다는 현실 앞에서 평생 지식을 얻으려고 살아온 지혜자의 허무함이 있는 것입니다.

다섯 번째는 해 아래에 새로운 것이 없기 때문입니다. “이미 있는 것은 무엇이든지 오래전부터 그의 이름이 이미 불린 바 되었으며 사람이 무엇인지도 이미 안 바 되었나니 자기보다 강한 자와는 능히 다툴 수 없느니라”(전 6:10). 이것만 가지면 행복의 파랑새를 찾을 줄 알고 아무도 못 가 본 길을 걸어갔는데, 이미 옛날에 누군가가 그 길을 가 보고 이야기합니다. “별거 없더라.” 이 일만 해내면 내 인생 모든 문제가 해결될 것 같은데 나보다 수백 년 전에 살았던 사람이 이미 그것을 해내고 이야기합니다. “의미가 없더라.”

이 상황과 꼭 맞는 영어 표현 중에 ’Been There & Done That’이라는 말이 있습니다. '나도 다 해 보고 겪어 봤어!'라는 뜻입니다. 누군가 나보다 먼저 앞서 그 일을 해 봤으니 정말 해 아래 새것이 없습니다. 미리가 본 사람, 미리 맛본 사람, 미리 경험한 사람들이 '다 해 보니 허무하더라'라고 이야기하는 겁니다.

인생을 바람을 따라가는 것이라 여기고 그것을 쫓아가다가는 '허무'라는 종착역에 도착할 수밖에 없습니다. 내가 원하던 것을 잡은 줄 알았는데 그 모든 것이 안개처럼, 바람처럼 사라져 버릴 것입니다.

그렇다면 이미 바람을 쫓아 멀리 온 인생은 기회가 없는 것일까요? 너무 늦어 버린 것일까요? 그냥 그렇게 허무의 종착역에서 안개와 같이 사라져 버리는 것일까요?

〜 인간에게 주어진 유일한 기회

바람을 쫓던 인생에도 기회가 있습니다. 평생 바람을 잡으려고 달려간 길고 긴 길 내내 바로 뒤에서 따라온 분이 계십니다. 이제는 앞만 바라보고 갈 시간이 아니라 멈춰 서서 누가 날 따라오는지 뒤돌아봐야 할 시간이 된 겁니다. 나는 바람만 따라간다고 뒤 한 번 돌아보지 못했는데 내 평생 내 뒤에서 날 따라온 분이 있으니 그분이 바로 하나님입니다. 이제는 나보다 더 빨리 내 인생을 추격해 오신 주님을 볼 줄 알아야 합니다. 바람을 잡으려고 달리다 가빠진 내 숨보다 더 가쁜 하나님의 호흡을 느껴야 합니다. 그리고 이렇게 고백해야 합니다. "주님 내 평생 내 등 뒤에 계셨군요. 내가 바람을 잡을 때, 주님은 날 잡아 주셨군요."

내가 성공을 포기하지 못했을 때, 주님은 "난 널 포기 못 해! 넌 바람을 잡겠느냐? 난 널 잡겠다!"라고 고백하십니다. 아무리 우리가 하나님을 사랑한다 해도 우리를 향한 하나님의 사랑을 이길 수가 없습니다.

바람을 잡는 한 사람의 이야기가 있습니다. 우리가 잘 아는 탕자입니다. 평생 아버지의 사랑을 받고도 고마움을 모르던 둘째 아들은 탕자가 되어 아버지의 유산을 가지고 멀리멀리 바람을 따라가 버립니다. 출세와 자유, 성공을 위해 그는 바람을 따라갑니다. 그러나 바람은 잡을수록 멀리 가 버립니다. 그 많던 돈은 다 사라지고, 자유도 잃고 노예가 됩니다. 성공은커녕 돼지가 먹는 쥐엄나무 열매도 먹지 못하는 배고픈 인생이 되었습니다. 그가 그토록 잡고자 따라갔던 바람은 그를 실망시켰습니다.

탕자는 더 이상 바람을 따라가지 않고 인생에서 가장 멋진 선택을 합니다. 뒤를 돌아보는 것입니다. 그러자 바로 아버지의 집, 돌아가기만 하면 만날 수 있는 아버지의 집이 생각났습니다. 그는 주저하지 않고 뒤를 돌아 아버지의 집으로 갑니다. 집으로 돌아가는 그 먼 길에서 탕자는 연습을 합니다. 아버지를 만났을 때 드릴 '죄송하다'는 말을 연습합니다. 드디어 저 멀리 아버지의 집이 보입니다. 그는 아버지의 집으로 달려갑니다. 그런데 저쪽에서 달려오는 분이 있습니다. 나보다 먼저 나를 발견한 아버지가 달려와서 나를 먼저 끌어안아 줍니다. 지금까지 수천 번도 더 연습한 말을 합니다. "아버지, 죄송합니다. 아버지, 죄송합니다." 그때 아버지가 아들을 안으며 말을 합니다. "괜찮다, 괜찮아."

그런데 여기서 더 극적인 것이 무엇인지 아십니까? 아들이 수백 번도 더 '죄송합니다'라는 말을 연습하는 동안 아버지는 아들이 돌아올 것을 기다리며 수천 번도 더 '괜찮다, 괜찮아'를 연습하셨다는 것입니다. 오늘도 탕자처럼 방황하는 우리를 기다리시며 하나님은 '괜찮다, 잘 왔다'는 말을 연습하고 계십니다.

우리는 하나님의 사랑을 이길 수 없습니다. 이제 바람을 따라가는 그 길에서 멈추어 서십시오. 그리고 뒤를 돌아보십시오. 지금까지 따라오신 하나님이 계실 겁니다. 이제 그분의 품에 안겨야 할 시간이 된 것입니다. 이제 바람이 아니라 내 뒤에 계신 주님 손을 잡고 그분 품에 안겨, 그분 등에 업혀 평생 주님 따라가는 인생 되기를 원합니다.

17

이것이냐
저것이냐를
묻는 이에게 전 7:1-10

초상집에 가는 것이 잔칫집에 가는 것보다 나으니
모든 사람의 끝이 이와 같이 됨이라
산 자는 이것을 그의 마음에 둘지어다 (전 7:2)

●●● 《이것이냐 저것이냐》는 쇠렌 키르케고르 초기 작품으로 방대한 수필적 철학 서적입니다. 모두 2권으로 나뉘어 있는데, 제1권은 심미적 인간에 대해서 다루고, 제2권은 윤리적 인간을 자기 성찰적으로 다룹니다. 그는 이 책에서 인간이 심미적 선택을 할 것이냐 윤리적 선택을 할 것이냐를 지속적으로 질문합니다.

～ 심미적 선택의 한계

심미적 선택이란 쉽게 말하면 쾌락적인 것, 눈에 보이는 것, 감각적인 것, 즐거운 것, 당장 내 손으로 경험할 수 있는 실질적인 것들을 택하는 것을 말합니다. 그런데 이 심미적인 것을 선택하면서 사는 사람이 필연적으로 만나는 한 가지 딜레마는 결코 그것으로 만족할 수 없다는 것입니다. 쾌락을 추구하고, 여러 가지 감각적인 것을 추구하지만 당황스러울 정도로 빨리 한계를 느끼게 됩니다.

예쁘고 잘생긴 사람을 만나 결혼하지만 '예쁘다'는 심미적인 조건은 금방 무뎌집니다. 요즘 뉴스를 보면 일반인들도 쉽게 구할 수 있을 정도로 마약 유통이 자유로워졌다고 합니다. 한국도 이제 '마약 청정국'이 아니라는 소식을 접합니다. 마약도 '쾌락적인 것', '감각적인 것'입니다. 마약은 처음 손대었던 그날의 황홀감이 가장 크다고 합니다. 그

황홀감을 유지하기 위해서는 복용량을 계속해서 늘려야 합니다.

게임도 마찬가지로 더 자극적인 것을 제공해야만 경험자가 최초에 느낀 그 쾌감을 유지할 수 있습니다. 다시 말해 더 많은 날밤을 새워야 처음에 한 시간 했을 때 느꼈던 짜릿함을 유지할 수 있습니다. 나중에는 일주일 밤을 새워도 처음 한 시간 경험했던 짜릿함에 못 미치게 되면서 점점 폐인이 되어 가는 것입니다.

우리의 의식주도 다 심미적인 단계에 머물러 있습니다. 펜트하우스에 사는 것을 꿈꾸다가 마침내 그 꿈을 이루었다고 칩시다. 하루하루가 얼마나 즐겁고 행복할까요. 자명종을 맞춰 놓지 않아도 행복감에 깰 것입니다. 커튼을 열어젖혔을 때에 굽이도는 한강이 보이고, 눈을 조금만 들면 남산 타워가 '굿모닝' 하면서 손을 흔듭니다. 다른 쪽으로 시선을 옮기면 북한산이 나를 안아 주는 그런 멋진 곳에서 산다면 기쁨이 지속될까요? 하지만 그러한 삶을 살았던 이들의 이야기를 들어 보니 그 기쁨도 얼마 가지 못하더라는 거죠. 결국, 심미적인 쾌락은 생각보다 빨리 그 한계 상황에 도달합니다. 키르케고르는 그 지점을 '권태'와 '지겨움'이라고 말합니다. 그곳에서 더 이상 새로움을 느끼지 못하고 권태를 느끼며 매일 반복되는 삶이 지겨워질 때 심미적 인간은 한계 상황에 당도한 겁니다.

윤리적 단계의 한계

심미적 단계 이후 인간은 또 다른 하나의 선택으로 도약하게 되는데 키르케고르는 그 지점을 '윤리적 단계'라고 합니다. 예를 들면 이런 상황입니다. 매일 게임만 하던 아이가 갑자기 게임에 지겨움과 권태를 느끼는 날, "아, 재미없어" 하고 밖에 가서 끈 하나를 가져와서 머리에 질끈

묶고는 연필 몇 자루 가져다 슥슥 깎고 주먹을 쥐며 이렇게 얘기합니다. "놀 만큼 놀았으니 이제 공부할 거야." 그 순간 그 아이는 심미적 인간에서 윤리적 인간으로 도약하게 된 겁니다.

마약과 도박을 하던 사람이 권태와 지겨움을 만나는 날 이렇게 이야기합니다. "이제 도박 끊고, 마약도 끊고 제대로 살아 봐야겠다." 그리고 신문을 펼쳐서 구인 구직난을 보기 시작합니다. 드디어 직장을 잡아서 출근합니다. 첫 월급을 받아서 산 내복 두 벌을 가지고 부모님 앞에 무릎을 꿇고는 "부모님! 고맙습니다" 하는 날, 심미적 인간이 윤리적 인간으로 도약한 겁니다.

4, 50대의 대부분이 이 단계의 삶을 살아갑니다. 젊었을 때 껌 좀 씹고, 침 좀 뱉으며 살다가 어느 날 마음잡고 제대로 살기 시작해서 중년을 힘겹게 보내는 사람들입니다. 대학 문턱도 못 갈 정도로 놀았는데 마음잡고 공부해서 대학도 졸업하고 취직도 하고 자녀를 출산하고 양육하며 열심히 살아가는 사람들이 바로 이 단계의 사람들입니다.

그런데 중년의 위기라는 말이 있듯이 심미적 단계에서 느꼈던 한계는 윤리적 단계를 살아가는 사람에게도 예외 없이 찾아옵니다. 아무리 노력을 해도 자기보다 앞서가는 사람들이 있고, 아무리 잠을 줄이고 열심히 일해도 전셋값 오르는 속도도 못 따라가고, 열심히 살아도 사회에서 한참 뒤처지는 자신을 보면서 젊은 날 느꼈던 지겨움과 한계를 윤리적 차원에서도 다시 한 번 경험하는 것입니다.

그때 사람들은 더 이상 피할 길을 찾지 못하고, 한강 다리를 오가면서 생사를 고민하기도 하고, 가족들에게 편지 한 장 써 놓고 어디론가 훌쩍 떠나 버리기도 합니다. 이 악물고 버티고 버티다가 번 아웃이 오기도 하고, 번 아웃도 사치라고 생각하면서 더 악착같이 살다가 몸에

병을 얻어 한창 젊은 나이에 생을 마감하는 일들이 일어나기도 합니다.

〰 종교적 선택에 도달하다

키르케고르는 이런 문제의 해답을 《이것이냐 저것이냐》에서 주지 않습니다. 바로 그 후속작으로 쓴 《*Stadier paa Livets Vei*》(인생길의 여러 단계)라는 책에서 답을 줍니다. "윤리적 단계의 한계에 부딪힌 사람이 세 번째로 선택하는 삶이 '종교적 선택'이다." 윤리적 단계에서 만난 처절한 자기 삶에 대한 절망, 어떻게 살아야 할지도 모를 자기 능력에 대한 한계 상황에서 느끼는 모든 절망의 순간이 오히려 그 사람을 종교적 단계로 도약하게 만드는 기회가 된다는 겁니다.

키르케고르는 이 책에서 누구나 한 번쯤은 들어 봤을 "죽음에 이르는 병"이라는 단어를 설명합니다. 그가 말하는 죽음에 이르는 병은 암이나 다른 불치의 병이 아닌 '절망'입니다. 자기 존재가 무너지는, 죽을 것만 같은 절망의 단계가 오히려 종교적 인간으로 바뀌는 길목이 된다고 이야기합니다. 그래서 그는 이렇게 도전합니다. '최선을 다해 절망하라. 너에게 희망이 실오라기 한 올만큼도 없다는 것을 기억하고 너에게 걸었던 기대를 모두 절망하라. 너의 존재가 다 사라질 만큼 너에 대해 절망하라.' 그의 표현에 의하면 자신에 대한 처절한 절망이 있을 때 그는 비로소 신 앞에 서는 '단독자'가 될 수 있습니다. 스스로에게 절망할 줄 알 때 비로소 내게 전능자가 필요하다는 것을 알게 됩니다.

그렇게 본다면 우리 삶에 일어나는 절망적인 일이 무조건 부정적이지만은 않은 것 같습니다. 절망을 경험해야 우리를 향해 내미는 전능하신 하나님의 손이 보이기 때문입니다. 실오라기 하나만큼의 희망만 남아 있어도 그 희망을 붙잡고 살아갑니다. 그것보단 내 힘으로 아무것도 할 수 없다는 절망의 끝에서 비로소 보이는 하나님을 잡는 것이야말로 소망으로 도약하는 순간이 아니겠습니까? 내 힘으로 막 살 때는 옆에 사람도 안 보이고, 위로 하나님도 안 보여서 그냥 살면 될 것 같았습니다. 하지만 그 끝에 실패가 찾아오고 절망이 찾아오면 아무것도 안되어 결국 넘어져 버립니다. 그렇게 끝난 줄 알았는데 넘어질 때 하나님이 보이는 것입니다. 내 절망의 끝에 비로소 소망의 하나님이 보이는 겁니다. 그래서 이 말을 기억해야 합니다. "넘어져도 십자가 쪽으로 넘어져라." 우리 인생에 절망이 왔을 때에 세상으로 넘어지면 소망이 없습니다. 세상으로 넘어지면 영원한 절망 속에서 허덕이지만, 십자가 쪽으로 넘어지면 십자가 붙잡고 일어나면 됩니다. 하나님 쪽으로 넘어져서 그분을 만난다면 인생의 새로운 지평이 열리는 겁니다.

⌒ 성경적 선택 지침

인생을 살아가면서 선택을 해야 할 때 고민 없이 '이것을 선택하라'고 성경이 알려 주는 몇 가지를 나누어 보겠습니다.

첫째, 좋은 기름보다 좋은 이름을 선택해야 합니다. "좋은 이름이 좋은 기름보다 낫고 죽는 날이 출생하는 날보다 나으며"(전 7:1). 세상에는 두 종류의 사람이 있습니다. 죽을 때 기름을 남기는 사람이 있고, 이름을 남기는 사람이 있습니다. '너 이름 남기고 죽을래? 기름 남기고 죽을래?' 할 때 조금도 망설이지 말고 이름을 남기고 죽는 사람이 되라는 것입니다. 더 쉽게 이야기하면 '호랑이는 죽어서 가죽을 남기고, 사람은 죽어서 이름을 남긴다'는 속담이 1절 말씀의 해석입니다. 사람 같은 삶을 살 것인가, 호랑이 같은 삶을 살 것인가를 전도자가 묻습니다.

통마다 값진 기름을 가득 채워 놓고 이름도 없이 이 세상을 떠날 것인가, 그 기름을 팔아 꼭 필요한 곳에 사용하고, 좋은 이름을 남기고 떠날 것인가를 선택하라고 합니다. 그리고 성경은 '이것이냐 저것이냐'를 고민하는 사람에게 기름이 아닌 이름을 선택하라고 하십니다.

'기름'을 생각하니 소중한 기름을 이름과 바꾼 한 사람이 떠오릅니다. 바로 값비싼 나드, 향유 옥합을 깨트려 예수님의 몸에 붓고 오늘날까지 그 이름을 남긴 마리아! 마리아는 여인으로서 부모님이 없이 살아가고 있었습니다. 당시 여자는 남편을 잘 만나야 좋은 인생을 이어갈 수 있었습니다. 향기로운 나드 기름은 좋은 남편을 만나기 위해 평생 모은 결혼 지참금이었을 수 있습니다. 얼마나 소중한 기름입니까. 그런데 예수님을 만났을 때 마리아는 조금도 망설이지 않고 그 기름을 부어 드립니다.

그러자 옆에 있던 제자들이 책망합니다. 특히 가장 도둑이면서 가장 의로운 이야기만 하는 가룟 유다가 "이 아까운 걸 예수님한테 조금만 부어도 되는데 왜 옥합까지 깨서 다 붓느냐. 이것을 삼백 데나리온에 팔아 가난한 사람에게 나누는 것이 더 맞지 않느냐"라고 책망합니다. 따지고 보면 가난한 자를 가장 위하는 예수님께서 하실 말임에도 정작 예수님은 "가만두어라. 저가 내게 좋은 일을 하였느니라"라고 하십니다. 그리고 이렇게 말씀하시지요. "내가 진실로 너희에게 이르노니 온 천하에 어디서든지 이 복음이 전파되는 곳에서는 이 여자가 행한 일도 말하여 그를 기억하리라 하시니라"(마 26:13).

둘째, 좋은 출생보다 좋은 죽음을 선택해야 합니다. "초상집에 가는 것이 잔칫집에 가는 것보다 나으니 모든 사람의 끝이 이와 같이 됨이라 산 자는 이것을 그의 마음에 둘지어다"(전 7:2). 많은 사람이 사망보다 출생에 미련을 많이 두고 삽니다. 자기의 출생을 안타까워하면서 산다는 것이죠. '나도 저 사람처럼 좋은 집안에서 태어났더라면', '나도 저 사람처럼 배운 부모 밑에서 태어났더라면', '나도 저 사람처럼 믿음의 집안에서 태어났더라면', '나도 저 사람처럼 태어날 때 사지 육신 멀쩡하게 태어났더라면'…. 다 맞는 말이라고 할지라도 이걸 기억하셔야 합니다. 아무리 출생을 안타까워해도 절대로 돌이킬 수 없는 일이라는 것입니다. 출생은 이미 내 삶에 일어난 일입니다. 무엇보다 출생에서 우리가 선택할 수 있었던 것은 단 한 가지도 없습니다. 부모도 집안도 인종도 나라도 내가 택해서 태어난 것이 하나도 없습니다. 그러니 내 잘못은 하나도 없습니다. 돌이킬 수 없는 그때에 미련을 두고 살 이유가 전혀 없습니다. 그런데 많은 사람이 돌이킬 수 없는 그 시작에 미련을 버리지 못하고 살아갑니다.

그래서 지혜자는 죽는 날이 출생하는 날보다 더 중요하다고 합니다. 어떻게 태어날 것인가는 내가 결정할 수 없지만, 어떻게 이 세상을 마무리하느냐는 내가 선택할 수 있기 때문입니다. 출생보다 낫게 영광스럽게 마무리할 것이냐, 비참한 출생만큼 비참하게 인생을 마무리할 것이냐, 그것은 나의 선택에 달린 것입니다.

세상에는 비참한 가정에서 태어났으나 운명을 탓하지 않고 멋지게 살아 내어 죽을 때 모든 사람에게 칭찬과 존경을 받으면서 주님 품으로 떠나는 사람이 있습니다. 그런가 하면 세상에서 가장 유복한 가정에서 태어났으면서도 아무렇게나 살다가 많은 사람에게 피해를 주고 모든 사람의 손가락질을 받으면서 이 세상을 떠나는 사람도 있습니다. 출생보다 죽음이 더욱더 중요합니다.

첫인상보다 더 중요한 것이 마지막 인상입니다. 처음에 웃는 사람보다 마지막에 웃는 사람이 더 위대한 사람입니다. 그래서 전도자는 이렇게 말씀합니다. "일의 끝이 시작보다 낫고"(전 7:8 상). 살수록 더 칭찬받고 존경받고 사랑받다가 마지막에 아름답게 주님께 가는 인생이 가장 복된 인생입니다.

돌이킬 수 없는 과거에 묶여서 남아 있는 인생을 제대로 살아가지 못해선 안 됩니다. 왜 과거가 우리를 괴롭힙니까? 이제 그만 과거를 놓아 주십시오. 말씀을 의지해 일어나야 합니다. "네 시작은 미약하였으나 네 나중은 심히 창대하리라"(욥 8:7). 사람들은 내 시작에 별 관심이 없습니다. 마지막을 어떻게 장식할지를 보고 싶을 뿐입니다.

또 과거의 좋은 기억에만 묶여 있는 사람들도 있습니다. 그들은 보통 이렇게 말합니다. "목사님 제가 이래 보여도 왕년에…." 자신을 알아 달라는 겁니다. 과거에 잘나가던 그때에 자신을 묶어 놓고 안되는 오늘을 한탄하는 사람이 얼마나 많은지 모릅니다. 나쁜 과거이든, 잘나갔던 과거이든 오늘의 나를 비참하게 만들고 있다면 다 놓아주고 보내야 합니다. 앞으로 살아갈 날을 봐야 합니다.

"옛날이 오늘보다 나은 것이 어찜이냐 하지 말라 이렇게 묻는 것은 지혜가 아니니라"(전 7:10). 지혜자는 옛날을 추억하지 않는다고 말합니다. 옛날이 어찌 되었든 살날을 준비하는 것이 지혜자입니다. 지난날이 한없이 후회되고 아쉬워도 다시 돌이킬 수 없으니 이제 미련 두지 말고 지금부터라도 남은 삶을 잘 살아야 합니다. 거룩한 흔적을 남기고 모든 사람이 내 이름을 기억하는 그러한 삶을 살아 내면 되는 것입니다.

그래서 출생보다 더 중요한 것이 죽음입니다. 어느 집에서 태어났느냐보다 더 중요한 것은 어디에서 죽느냐이고, 태어나는 날 동네에서 잔치가 벌어진 것이 중요한 것이 아니라, 나의 장례식장에 얼마나 많은 사람이 찾아와 애도하고 그 아름다운 삶을 기억하고 고마워하는지가 훨씬 중요합니다.

셋째, 잔칫집보다 초상집을 선택해야 합니다. "초상집에 가는 것이 잔칫집에 가는 것보다 나으니"(전 7:2 상), "지혜자의 마음은 초상집에 있으되 우매한 자의 마음은 혼인집에 있느니라"(전 7:4). 내가 인생을 잘 살아왔는지를 결산하는 데 중요한 기준이 되는 구절입니다.

내가 슬픔과 절망 가운데 있는 사람, 병들고 아픈 사람을 더 많이 돌보고 살았는가, 아니면 온종일 웃다가 오는 즐거운 곳만 찾아다니면서 살았는가. 전도자는 이것을 대표하는 명사로 초상집과 혼인집을 사용합니다. 만약 한 곳만 방문할 수 있는데, 한 집은 경사가 났고, 한 집은 슬픔을 만났다면 어디로 갈까요? 우는 집을 찾아가라는 겁니다. 슬픔을 만난 사람을 찾아가라는 것입니다. 인생 마지막에 하나님이 물으실 것입니다. "너 우는 사람 손을 몇 번 잡아 줬느냐, 눈물을 몇 번 닦아 줬느냐?" 그것으로 우리 인생을 결산하실 것입니다.

예수님이 이 땅에 오셔서 어떻게 사셨습니까? 가나의 혼인 잔칫집에 한 번 가셨습니다. 그것도 모두가 웃을 때 등장하신 것이 아니라, 포도주가 떨어져 혼인집이 초상집처럼 되었을 때 등장하셨습니다. 그 뒤부터는 죽었던 나사로의 집, 딸이 죽은 야이로 회당장의 집, 하인이 죽은 백부장의 집, 열병으로 장모가 죽어 가던 베드로의 집, 몸이 죽은 자와 같던 혈우병 여인을 찾아가셨습니다. 예수님이 열심히 다니신 곳은 눈물 흘리는 곳, 가슴 치는 곳, 멍들고 병든 곳이었습니다. 결국, 인생 마지막에 십자가에 달려 온 인류를 구원하시고 거룩한 우리의 주님이 되시지 않았습니까?

한 청년을 소개하고 싶습니다. 2006년 1월, 33세의 미혼 청년이 유행성 출혈열로 군 복무 중에 죽게 됩니다. 이 사람은 의사였고, 영락교회 제3청년부를 출석하던 청년이었습니다. 아내가 있는 것도 아니고, 자녀가 있는 것도 아니니 그 장례식장에 기껏 와야 몇 명 오겠습니까? 부모님, 청년회, 지인들 몇 명만 오지 않았겠습니까? 그런데 아무도 기억하지 않을 듯한 청년의 장례식장에 아침부터 한 사람, 두 사람 찾기 시작하더니 사람들의 발걸음이 멈출 생각을 하지 않습니다. 그렇게 한 젊은이의 죽음에 사천 명의 조문객이 왔습니다. 그리고 그의 죽음 앞에서 몇 날 며칠을 눈물 흘리는 분들이 있었는데, 병상 매트를 갈던 도우미 아주머니, 그 병원 앞에서 구두를 닦던 아저씨, 매점 아르바이트생, 그가 병을 고쳐 준 환자, 우울증에 걸렸을 때 찬송가 테이프를 건네받은 사람 등이었습니다. 그런 사연을 가진 사람들이 사천 명이나 되었습니다.

그들은 약속이라도 한 듯이 청년을 일컬어 "그는 우리 곁에 온 예수님과 같았다"라고 이야기합니다. 잔칫집을 찾아다니지 않고, 우는 소리가 나는 곳을 부지런히 찾아다녔던 사람, 그가 죽고 난 뒤 3년 만에 그의 이야기가 《그 청년 바보의사》(아름다운사람들)라는 책으로 출간됩니다. 바보도 이런 바보가 없습니다. 그러나 바보로 살았기 때문에 그는 기름이 아니라 이름을 남긴 사람이 되었습니다. 그 청년의 이름은 안수현이었습니다.

또 한 권사님을 소개하고 싶습니다. 그 권사님은 치매로 고생하시다가 83세 일기로 소천하셨습니다. 장례를 치르려고 보니 가족에게도 이야기하지 않고 시신을 전부 기증하셨다는 것을 뒤늦게 알게 되었습니다. 그렇게 기증 센터로 가서 절차대로 장례식을 잘 치렀습니다. 그 후 가족들이 장례 인사를 와서 봉투 두 개를 저에게 건네주었습니다. 하나는 장례 감사 헌금이었고, 하나는 권사님이 직접 쓰신 글귀가 담긴 봉투였습니다. 그 봉투에는 '내가 쓸 돈 아님, 아무도 가지지 말고 주님께'라고 쓰여 있었습니다. 치매가 오고 기억이 희미해지니 이렇게 써 놓으신 겁니다. 내 기억이 다 사라져서 주님 건지 아닌지 내 입으로 말 못하는 그 순간을 위해 이렇게 써 놓고는 마지막 남은 시신까지 다 기증하고 주님 품에 안겼습니다. 이분의 기름통에 기름이 얼마나 있었는지는 몰라도 이분의 이름은 너무나도 귀하게 우리 기억 속에 남아 있습니다.

기름을 남기겠습니까, 이름을 남기겠습니까? 출생을 원망하고 살겠습니까, 남은 인생 멋지게 주 앞에 살아 영광스러운 죽음을 맞이하겠습니까? 잔칫집만 찾아다닐 겁니까 아니면 눈물이 있는 초상집을 찾아다닐 겁니까? 우리의 마지막이 기름이 아닌 아름다운 이름으로 기억되길 원합니다. 인생의 마지막에 장례식장에 가득 모인 사람들이 우리가 남긴 기름으로 놀라는 게 아니라 남긴 이름으로 놀라는 영광스러운 삶이 우리에게 허락되길 소망합니다.

18

형통한 날과
곤고한 날에는 전 7:11-14

형통한 날에는 기뻐하고 곤고한 날에는 되돌아보아라
이 두 가지를 하나님이 병행하게 하사
사람이 그의 장래 일을 능히 헤아려
알지 못하게 하셨느니라 (전 7:14)

●●● 　전도자는 이렇게 말합니다. "하나님께서 행하
시는 일을 보라"(전 7:13 상). '하나님께서 지금 하시는 엄청난 일을 보라'
라는 뜻이 아니라, '하나님께서 우리 인생에게 행하시는 일의 방식을
보라'라는 뜻입니다.

하나님께서 우리를 인도하시는 방식

'삼인 삼색'이라는 말이 있습니다. '사람이 세 명만 모여도, 저마다 생
각도 행동도 삶의 방식과 가치관도 다 다르다'는 뜻입니다. 하지만 성
별도 나라도 살아온 인생도 다 다르건만 그 삶을 종합해서 수렴해 보면
그들 속에 일하시는 하나님의 공통적인 방식이 있습니다.

"하나님께서 굽게 하신 것을 누가 능히 곧게 하겠느냐"(전 7:13 하). 무
슨 뜻입니까? 하나님께서 일하시는 방식과 계획과 방향은 하나님 외에
바꿀 분이 없다는 것입니다. 쉽게 풀어 쓰자면 하나님이 우리 속에 무
슨 일을 하시기로 작정하셨다면 그것을 바꿀 자가 없다는 뜻입니다. 내
가 하나님의 계획을 취소하거나 거부할 수도 없고, 결국 반드시 이루어
진다는 겁니다.

아무리 한 인생이 비참하게 태어나 보잘것없이 살고 있다고 해도 하
나님이 그 사람을 향한 계획을 가지고 곧은길로 일하기로 작정하셨다

면, 그 가정 환경과 주변 사람들 그리고 그를 핍박하는 누구라도 그 사람 속에서 일하시는 하나님의 계획을 굽게 만들어 망쳐 놓을 수 없다는 것입니다.

반대의 경우도 마찬가집니다. 아무리 좋은 집안 환경에서 태어나서 유복하게 자라고, 어릴 적부터 교육을 잘 받아 세상에서 무엇을 해도 먹고살 만한 실력과 인품과 인맥을 가지고 있다 하더라도, 하나님께서 연단과 채찍으로 다듬기 위해 그 인생 앞에 굽은 길을 만들어 놓으셨다면, 어떤 방법으로도 그 굽은 길을 펼 수 있는 사람이 없습니다.

그렇기 때문에 재벌도 고난을 당하고, 개천에서 태어났음에도 용이 되는 사람이 있습니다. 그 사람의 재주 여하를 떠나 하나님이 일하시는 방식이기 때문입니다. 그래서 "하나님께서 굽게 하신 것을 누가 능히 곧게 하겠느냐"를 반대로 "하나님께서 펴신 것을 누가 굽힐 수 있겠느냐"라고도 표현할 수 있습니다.

인생의 피고 굽는 것은 우리 손에 있는 것이 아니라 하나님 손에 있습니다. 그래서 하나님을 믿는 사람이라면 굽어진 인생이라고 좌절할 것도 없고, 펴진 인생이라고 교만할 수도 없는 것입니다.

그런데 한 가지 중요한 사실이 있습니다. 하나님은 절대로 한 사람의 인생을 평생 곧게 혹은 굽게만 만드시지 않는다는 것입니다. 곧게 함과 굽게 함이 한 사람 인생 속에서 일어납니다. 그렇기 때문에 평생 곧게만 사는 형통한 인생도 없고, 평생 울고만 사는 슬픈 인생도 없습니다.

하나님은 한 인생을 빚으실 때 시원한 물에도 넣고 뜨거운 불에도 넣으면서 만들어 가십니다. 따뜻한 양지에도 두셨다가 어두운 그늘에도 두시면서 만들어 가십니다. 쉴 만한 물가 푸른 초장을 걷다가 모퉁이를 돌아서면 바로 사망의 음침한 골짜기가 되게도 하시고, 사망의 음침한 골짜기가 끝나는 지점에서는 잔칫상을 마련해 두기도 하시면서 우리의 인생길을 인도하십니다.

　도자기를 만들 때 도공이 진흙 한 덩어리를 가지고 제일 먼저 하는 게 뭡니까. 넓은 판에 메치는 겁니다. 흙의 입장에서는 도공에게 선택받아 '이제 멋진 그릇이 되겠구나' 했는데 오자마자 메쳐지는 겁니다. 밟고, 으깨고, 주무르고, 때리고 흙의 입장에서는 '이렇게 메쳐지다 내 인생 끝나겠구나' 싶은데 그때쯤 그 무서운 손이 부드럽게 바뀝니다. 갑자기 빙글빙글 돌리기 시작하더니 부드럽게 만지며 그릇을 만들기 시작합니다. 그 손의 감촉이 얼마나 좋은지 모릅니다. 그래서 '내 인생이 이제 평안한 그분의 손안에서 행복하겠구나' 싶었는데 갑자기 불가마에 집어넣습니다. 주인은 그 펄펄 끓는 그 불가마의 뚜껑을 닫아 버립니다. '내 인생 잿더미 속에서 죽는구나' 하고 포기할 때쯤 갑자기 문이 열리더니 머리에 유약을 바르기 시작합니다. '그럼 그렇지, 주인이 날 잊어버릴 리 없지' 생각하는데 갑자기 칼을 들더니만 몸에 상처를 내기 시작을 합니다. 그리고 꽃이며 강이며 새며 나무며 이것저것 새겨 댑니다. '아! 유약을 바를 때는 언제고, 이게 끝나면 또 좋은 날이 오겠지? 참자!' 하는데 전보다 더 뜨거운 불가마 속으로 다시 집어넣습니다. '이야! 이제는 진짜 불타서 끝나나 보다' 생각하는데, 시간이 지나니 뚜껑이 열리고 선선한 바람이 부는 곳에 그 그릇을 가져다 놓습니다. 그리고 난 뒤에 주인이 물감을 가져와서 형형색색으로 칠하고, 굳어진 몸에 예쁜 그림을 그리기 시작합니다. '도대체 이게 뭔가?' 하다가 문득 거울에 비친 자기 모습을 보니 임금님 상 위에 올라가는 고려청자가 돼 있었습니다. 흙이 부드럽게만 빚어지는 것도 아니고, 불가마에 구워지기만 하는 것도 아니듯이 하나님께서는 형통한 날과 곤고한 날을 번갈아 사용해 우리를 하나님의 명작으로 빚어 가십니다.

고난이 오면 다음에 형통이 오겠구나, 형통이 오면 조심하자 고난이 오겠구나 하고 예상할 법도 한데 우리 앞에 베풀어 주신 형통과 고난은 순서대로 오지 않습니다. 그래서 아무도 자기 앞날을 알지 못합니다. 철저하게 하나님께 맡길 수밖에 없게끔 만드십니다. 하나님은 우리 인생을 다 보여 주시지 않습니다. 시편 기자의 노래처럼, 우리 발의 등으로, 우리 길의 빛으로, 조금을 걸을 때도 그 빛을 따라가지 않고는 안 되는 방식으로 우리를 인도하십니다.

⌒ 하나님의 인도 앞에 마땅한 태도

"네 길을 여호와께 맡기라 그를 의지하면 그가 이루시고 네 의를 빛같이 나타내시며 네 공의를 정오의 빛같이 하시리로다"(시 37:5-6). 우리 가는 길이 굽은 길이든 형통한 길이든 그 길을 여호와께 믿고 맡기라고 합니다. 그 길을 걷는 동안 생기는 근심과 염려도 다 맡기라고 합니다.

"너희 염려를 다 주께 맡기라 이는 그가 너희를 돌보심이라"(벧전 5:7). 우리가 지금 평탄한 길을 걷느냐, 굽은 길을 걷느냐가 중요한 것이 아니라, 그 길을 맡기고 있느냐가 더 중요합니다. 그래서 인생길을 걷는 사람은 반드시 이것을 기억해야 합니다. "사람이 마음으로 자기의 길을 계획할지라도 그의 걸음을 인도하시는 이는 여호와시니라"(잠 16:9). 아무리 수백 가지 계획을 세워도 결국 그 걸음은 하나님이 인도하신다는 것을 인정해야 합니다. 내 눈에 좋아 보인다고 다 좋은 길이 아니고, 내 눈에 좋지 않다고 다 나쁜 길이 아닙니다. 하나님과 함께 걷는 길이면 비록 가시밭길이라도 결국에는 꽃길이 되는 것이고, 하나님 없는 길은 아무리 꽃길이라도 종착점은 가시밭입니다. "어떤 길은 사람이 보기에 바르나 필경은 사망의 길이니라"(잠 16:25).

그렇다면 그 길을 어떻게 걸어야 할까요? 전도자는 그 길을 걷되 그냥 걷지 말고, 이렇게 걸으라고 가르쳐 줍니다. "형통한 날에는 기뻐하고 곤고한 날에는 되돌아보아라"(전 7:14 상). 두 가지 가이드라인을 줍니다. 형통한 날이 이어질 때는 불안해하지 말고 그날들을 감사하고 기뻐하라고 합니다. 기쁨의 순간에 기쁨을 누리고 감사와 영광을 돌릴 줄 아는 사람이 인생을 제대로 사는 사람입니다. 늘 어렵던 사람에게 하나님께서 웃을 일을 주시고, 기쁜 일을 주시고, 감사한 일을 주시는데도 불안해서 이렇게 생각하는 사람이 있습니다. '내 생에 이런 일이 생길 리 없는데 불안하다. 더 큰 재앙이 올지도 모르니 기뻐하고 감사할 시간이 없다. 그날을 위해 오늘도 전투적으로 살자' 하면서 그 기쁨을 누리지도 못하고 기쁨 주신 하나님께 감사하지도 못하는 사람들이 있습니다.

하나님께서 형통의 날을 주셨을 때 기뻐하면 됩니다. 다가올 곤고한 날을 미리 앞당겨 불안해하지 말고 기쁨의 날에는 기뻐하면 됩니다. 기독교는 기쁨을 터부시하는 종교가 아닙니다. 봄의 꽃향기와 가을의 열매를 감사하고 기뻐할 줄 아는 사람이 되어야 합니다.

그러다가 인생의 겨울인 곤고한 날이 찾아올 때가 있습니다. 그때는 지나온 날을 되돌아보라고 이야기합니다. 곤고한 날이 왜 찾아왔는지 그 이유를 묵상해 보라는 것입니다. 욥처럼 의롭게 살았는데도 찾아온 '연단'인지, 아니면 사울처럼 불순종하여 찾아온 '징계'인지를 돌아보라는 것입니다. 곤고한 날에 마냥 슬픈 얼굴로 살지 말고, 뒤를 돌아보면서 그 출처를 밝히라는 것입니다. 불순종하여 찾아온 곤고함이라면 회개하여 순종하는 삶으로 전환하고, 연단으로 찾아온 곤고함이라면 고난받으신 십자가 위의 예수님을 묵상하면서 부활의 날을 기다리며 그 연단을 묵묵히 이겨 나가야 합니다.

이렇듯 세상의 모든 신자들에게는 기쁨의 날과 곤고한 날이 있습니다. 문제는 이날들이 정확하게 교차해서 찾아오는 것이 아니라는 것입니다. 예상 답안지가 없습니다. 이유는 무엇이라고 했나요? 하나님을 철저히 의지하여 그분을 떠나지 않게 하기 위함입니다.

〜 형통과 곤고

"형통한 날에는 기뻐하고 곤고한 날에는 되돌아보아라 이 두 가지를 하나님이 병행하게 하사 사람이 그의 장래 일을 능히 헤아려 알지 못하게 하셨느니라"(전 7:14). '형통'과 '곤고'의 개념을 제대로 이해해야 합니다. 성경에서 말하는 형통은 좀 깊은 의미를 담고 있습니다. 형통을 알면 곤고는 저절로 이해가 됩니다.

신자에게 가장 큰 형통과 가장 큰 곤고를 말씀드리겠습니다. 본문에서 사용된 형통은 히브리어로 '토브'입니다. 토브는 '좋다'라는 뜻입니다. 이 토브를 제일 먼저 쓰신 분이 하나님이십니다. 창세기에서 천지 만물을 만드시고 "보시기에 좋았더라" 하실 때, "좋았더라"가 토브입니다. 다시 말해 아담과 하와가 죄를 짓지 않고 만물이 그 죄 아래 놓이기 전에 하나님과 인간이 사이가 가장 좋았던 상태, 그때를 '토브'라고 합니다.

그래서 이스라엘 사람들은 부자가 되고 사업이 잘되고 계약이 이루어졌을 때 토브를 쓰지 않고 관계가 좋을 때 토브라는 단어를 씁니다. 시편 133편 1절에 "보라 형제가 연합하여 동거함이 어찌 그리 선하고 아름다운고"에서 "선하고"가 토브입니다. 뭐가 토브입니까? 형제가 연합하여 잘 지내는 것입니다. '선하다', '좋다', '형통하다' 모두 다 같은 단어 '토브'를 씁니다.

우리는 일의 결과를 보고 형통이라는 말을 쓰지만, 이스라엘 사람은 관계를 보고 형통이라는 말을 씁니다. 하나님과 이스라엘 사람들의 개념에 있어서 형통은 결과가 아니라 원인입니다. 참 이치에 맞습니다. 누군가와 동업을 할 때도 동업자와 사이가 좋으면 사업은 저절로 잘됩니다. 가정이 행복하려면 부부 관계가 좋아야 하고 부모와 자녀 관계가 좋아야 합니다. 내가 평안하고 안전하게 살려면 이웃과 사이가 좋아야 합니다. 모든 형통은 관계 속에서 일어납니다.

14절의 "형통한 날"과 "곤고한 날"의 개념도 하나님과의 관계를 말하는 것입니다. 다시 말해 하나님과 관계가 좋은 것이 인간이 누릴 수 있는 가장 큰 형통이고, 하나님과의 관계가 안 좋은 게 인간이 겪는 가장 깊은 곤고라는 겁니다. 그래서 14절은 형통한 날에는 하나님과의 관계가 좋은 것으로 인해 즐거워하고, 곤고한 날에는 나와 하나님과의 관계를 점검해 보라는 겁니다.

그러고 보면 십계명 10개는 모두 '토브'입니다. 관계에 대한 이야기입니다. 1계명에서 4계명은 하나님과 우리의 관계입니다. 그 관계가 잘되면 5계명에서 10계명까지, 사람과의 관계가 형통해지는 겁니다. 하나님과 형통하면 나머지 사람과의 형통이 저절로 이루어집니다. 즉 '어떤 일로, 어떤 고난을 당하고 있느냐'가 중요한 게 아니라, '내가 하나님과 형통의 관계에 있느냐' 여부가 중요합니다.

형통을 잘 설명해 주는 성경의 인물이 있습니다. 바로 요셉입니다. 요셉을 늘 따라다니는 단어가 바로 '형통'입니다. "여호와께서 요셉과 함께하시므로 그가 형통한 자가 되어 그의 주인 애굽 사람의 집에 있으니 그의 주인이 여호와께서 그와 함께하심을 보며 또 여호와께서 그의 범사에 형통하게 하심을 보았더라"(창 39:2-3). 여기서 "형통"에 사용된 히브리어는 '찰라흐'인데, '토브'와 동의어입니다.

요셉이 형통한 이유가 무엇인지 보았더니 "여호와께서 요셉과 함께 하"셨기 때문입니다. 이 구절에서 중요한 것은 요셉이 종으로 팔려 갔다는 상황 자체가 아니라, 그 와중에도 요셉과 하나님의 관계가 좋았다는 사실입니다. 하나님과 형통의 관계를 지키니까 가정 총무가 되고 죄수들 중에서도 기회를 얻고 나라의 총리가 된 것입니다. 하나님과의 형통이 삶의 형통으로 이어집니다.

지금 어떤 상황에 있든지 그 상황이 문제가 아닙니다. 곤고한 날이 왔을 때는 하나님과의 관계가 어떤지를 점검해야 하고, 평안하고 즐거운 날이 왔을 때는 그것이 하나님과의 좋은 관계에서 주어진 것이라면 기쁨과 감사로 누리면 되는 것입니다.

하나님과 좋은 관계가 이루어지지 않았다면 어디에서 평안을 찾겠습니까? 우리 삶 앞에 형통의 날이나 곤고한 날이 올 때, 항상 가장 먼저 생각해야 할 한 가지는 하나님과 나의 거리를 재어 보는 것입니다.

하나님과의 관계가 멀쩡하고 좋다면 곤고의 날이 왔다고 절망할 필요 없습니다. 하나님이 정금으로 만드시는 겁니다. 내 삶에 곤고가 왔는데, 가만 돌아보니 하나님과의 관계가 안 좋다면 회개하고 순종하면 됩니다. 하나님께서 우리 삶에 예상하지도 못한 답안으로 곤고함도 주시고 형통함도 주실 때, 하나님의 목적은 한 가지입니다. "날 떠나지 말고 내 옆에 붙어 있으라."

잘나갈 때 한 번쯤 곤고한 날을 주셔서 곤고를 통해 나를 부르시는 그분을 바라봅시다. 곤고한 날에도 하나님을 떠나지 않도록 내 손을 붙잡아 주시며 이끄시는 하나님을 의지합시다. 기쁜 날이 오든 힘든 날이 오든 길과 염려를 모두 여호와께 맡기고, 내 계획이 아닌 그 계획을 이루시는 하나님을 신뢰하면서 살아갑시다. 결국, 푸른 초장도 지나고 사망의 음침한 골짜기도 지나 우리가 닿을 종착역은 여호와의 영원한 집이 될 것입니다.

19

참고서로 살 것인가
교과서로 살 것인가

전 7:15-18

지나치게 의인이 되지도 말며
지나치게 지혜자도 되지 말라
어찌하여 스스로 패망하게 하겠느냐 (전 7:16)

●●● 전도자가 가르쳐 주는 반드시 새겨야 할 인생의 네 가지 지침이 있습니다.

〜 인생에는 공식이 없다

"내 허무한 날을 사는 동안 내가 그 모든 일을 살펴보았더니 자기의 의로움에도 불구하고 멸망하는 의인이 있고 자기의 악행에도 불구하고 장수하는 악인이 있으니"(전 7:15). 전도자가 가만 살펴보니까 인생이 희한한 게 의롭게 사는데도 망하는 사람이 있고 악한 일만 골라서 하는데도 장수하는 사람이 있더라는 것입니다. 그가 내린 결론은 '인생에 딱딱 떨어지는 공식이 없구나'입니다.

인생을 이렇게 표현해 보고 싶습니다. '인생은 수학이 아니라 문학이다.' 수학적 공식이 없고 저마다 다른 이야기를 담고 살아가는 게 인생입니다. 75억 인구에 하나의 공식을 대입해서 같은 결과를 만들어 낼 수는 없습니다. 같은 이야기를 가진 사람이 없고 저마다 다른 환경에서 여러 경우의 수를 가지고 살아가기 때문입니다.

하지만 인생에 공식이 없다는 것이 마냥 좋은 것만은 아닙니다. 공식이 없기 때문에 사람들은 불안해하고 허무해하고 당황스러워합니다. 답이 있다면 그대로 살면 되는데, 어떻게 해도 예상되는 결과가 안 나온다면 얼마나 불안하고 막연할까요? 그래서 인생에도 딱딱 떨어지는 공식이 있으면 좋겠다는 생각도 많이 합니다.

예를 들면 우리가 어릴 적부터 공식처럼 들어왔던 이야기가 있습니다. '열심히 살면 성공한다.' 열심히 살아 보니 성공하는 사람도 있고 성공하지 못한 사람도 있습니다. 좋은 것만 가려 먹었는데 병을 얻는 사람도 있고, 평생 군것질만 하고 살았는데도 이 하나 썩지 않은 사람도 있습니다. 가지 많은 나무 바람 잘 날 없다 했는데 자식이 다섯이어도 모두 잘되는 집이 있고, 한 명인데도 속을 다 긁어 놓는 집이 있습니다. 이렇듯 인생에는 절대적인 공식이 없습니다.

전 세계에서 가장 열심히 사는 사람들이 어디에 몰려 있을까요? 바로 라스베이거스입니다. 라스베이거스에서 목회하는 친한 목사님이 이런 말씀을 하십니다. "목사님, 이곳 사람들은 잠을 안 자요. 밤을 꼬박 새우고 도박을 합니다. 그래서 라스베이거스에는 세 가지가 없습니다. 집에 갈 시간 확인하지 말고 도박하라고 '시계'가 없고, 도박하는 초라한 모습을 보지 말라고 '거울'이 없고, 날이 밝는 것을 보지 말라고 '창문'이 없습니다." 그러나 그들의 열심에 박수를 보내는 사람은 아무도 없습니다. 결국, 열심히 한다고 다 훌륭한 것도 아닙니다.

그러면 게으른 사람은 다 망하냐? 그것도 아닙니다. 게으른데도 우연히 사 놓은 주식이 급등하고, 부모가 물려준 땅의 가치가 오르면서 놀면서도 돈이 돈을 벌고, 자는 시간에도 돈이 일하는 사람도 있습니다. 전도자가 살펴보니 세상에서 열심히 산다고 다 성공하는 것도 아니고, 게으르다고 다 망하는 것도 아니더라는 겁니다.

부모를 잘 만나면 성공하고, 부모를 잘못 만나면 성공을 못 하냐, 그것도 아닙니다. 세상에는 술꾼의 자녀로 태어나 주 7일 동안 부부 싸움

하는 부모 밑에서도 훌륭하게 자란 사람이 있는가 하면, 학자의 집안에서 태어났는데도 망나니가 되어 사는 사람도 있습니다. 천문학적 유산을 받고도 몇 년 만에 다 잃어버리고 힘들게 사는 사람도 있고, 부모에게 한 푼도 받지 않고도 재벌이 되는 사람도 있습니다.

내가 열심히 살면 후일이 보장되어야 하는데 인생이 그렇게 흘러가지 않는 것 때문에 열심히 살면서도 불안할 수밖에 없습니다. 공부를 하면서도 두렵습니다. 우리 인생에 '공식이 없다'라는 것을 처절하게 깨닫는 그 지점에서 만나는 한 가지가 있습니다. 바로 우리에게 하나님이 필요하다는 것입니다. 내일 일도 모레 일도 장래 일도 과거 일도 아시는 하나님이 필요하다는 것을 깨닫게 됩니다. 인생의 허무를 깨달아야 합니다. 지금 걷는 이 길이 확실하지 않다는 한계를 깨달을 때 날 구원해 줄 구세주를 찾게 됩니다. 내 인생을 책임지실 주님, 내일 일을 아시는 분께 비로소 내 인생을 의탁하게 됩니다.

자기 자신을 신뢰하지 말라

"지나치게 의인이 되지도 말며 지나치게 지혜자도 되지 말라 어찌하여 스스로 패망하게 하겠느냐 지나치게 악인이 되지도 말며 지나치게 우매한 자도 되지 말라 어찌하여 기한 전에 죽으려고 하느냐"(전 7:16-17). 이 말씀은 곧 "너는 너에게 너무 후한 점수를 주지 마라"라는 뜻입니다. 자기 자신을 너무 신뢰하고 살지 말라는 겁니다. 자기가 의인이라고 생각하는 사람은 회개해야 하는 이유를 알지 못하고, 자기가 지혜롭다고 생각하는 사람은 하나님의 지혜에 귀를 기울이지 않습니다. 그 교만 때문에 죄인이라는 소리를 듣는 게 기분 나빠집니다. '내가 그래도 의로운 사람인데 왜 죄인 소리까지 들어 가며 교회를 다녀야 하는 거야?

아니 내가 공부를 얼마나 했는데 내 인생 하나쯤 책임질 지혜도 없이 살겠어?'라며 오직 자기만 철저히 믿는 교만한 사람이 됩니다.

그렇게 교만한 사람에게 성경이 주시는 교훈이 있습니다. "교만은 패망의 선봉이요 거만한 마음은 넘어짐의 앞잡이니라"(잠 16:18). 하나님은 겸손한 자를 높이고 교만한 자를 대적하신다고 했습니다. 그러니 자기 자신이 아무리 마음에 들고 사랑스럽더라도 하나님이 필요 없다고 생각할 만큼 지혜로워서는 안 되고, 죄인이 아니라고 말할 정도로 의로워서는 안 됩니다.

하나님이 꼭 필요하다고 생각하는 사람이 진짜 지혜로운 사람이고, '나는 죄인이니 나를 구원해 주소서'라고 말할 줄 아는 사람이 진짜 의로운 사람입니다. 상천하지에서 가장 지혜로운 사람은 하나님 앞에 무릎 꿇는 사람이며 그 사람의 지혜를 이길 사람은 없습니다.

～ 남의 의와 지혜를 판단하지 말라

스스로에게 너무 후한 점수를 주어 마치 의로운 사람이 된 것처럼 다른 사람의 죄를 마음대로 지적하면 안 됩니다. 다른 사람을 무식하게 여기고 나는 지혜를 가르쳐 주는 사람이 된 것처럼 살지 말라는 것입니다. 성경이 계속 말하는 것 중 하나가 '남을 비판하지 말고 남을 판단하지 말라'는 것입니다. 왜 그럴까요? 우리에게 판단할 만한 지혜가 있는 것도 아니고, 남을 판단할 만한 의도 없기 때문입니다.

예수님도 이렇게 말씀하셨습니다. "어찌하여 형제의 눈 속에 있는 티는 보고 네 눈 속에 있는 들보는 깨닫지 못하느냐"(눅 6:41). 남의 눈에 티끌을 보지 말고 네 눈에 들보를 보라는 것입니다. 들보를 가진 사람이 어느 누구의 티끌을 가지고 나무랄 수 있겠습니까.

내가 살아온 공식, 내 경험으로 체득된 방식을 타인에게 강요해선 안 됩니다. 예를 들어, '나는 열심히 공부하니까 이만큼 결과가 나오는데 넌 왜 안 하냐'라고 하지 말라는 겁니다. 인생이 그렇게 딱딱 떨어지지 않습니다. 되는 사람이 있고 안 되는 사람이 있습니다. 내가 했다고 의로운 척하며 남을 정죄하지 말라는 것입니다. 성경은 절대로 사람을 판단하지 말고 언제나 사랑하라고 이야기합니다.

〜 하나님의 기준을 가지고 살라

내 기준 가지고 남을 판단하지 말아야 합니다. 내 기준 가지고 스스로를 높이거나 낮추지도 말아야 합니다. 판단하는 기준은 오로지 하나님한 분만이 가지고 계십니다.

"너는 이것도 잡으며 저것에서도 네 손을 놓지 아니하는 것이 좋으니 하나님을 경외하는 자는 이 모든 일에서 벗어날 것임이니라"(전 7:18). 물론 의롭게 살아야 합니다. 지혜로움도 잡아야 합니다. 그런데 믿음의 사람은 그것으로 만족할 것이 아니라 그것들을 초월하는 한 가지를 잡아야 합니다. 그 한 가지는 바로 "하나님을 경외하는 자는 이 모든 길에서 벗어날 것"입니다. 내 기준과 지식으로 판단하지 말고 하나님을 경외하여 하나님의 기준과 판단을 품고 그 지혜 앞에 내 지혜와 타인의 지혜를 비추어 보고, 그분의 의로움 앞에 나의 의로움을 비추어 보라는 것입니다.

모든 인생의 유일한 기준점은 바로 하나님이십니다. 세상 모든 걸 초월하는 하나의 기준은 바로 하나님이십니다. 하나님이 맞다 하시면 맞는 것이고, 하나님이 아니라 하시면 아닌 것입니다. 이것이 하나님의 기준으로 사는 사람의 자세입니다.

학생이 공부할 때는 '교과서'와 '참고서' 두 종류의 책을 사용합니다.

수능 만점 받은 아이들이 항상 하는 얘기는 "교과서 위주로 공부했다" 입니다. 공부 잘하는 학생들은 교과서 먼저 섭렵합니다. 교과서가 잘 이해가 되지 않을 때 참고서를 펴 봅니다.

서점에 가면 수많은 책들이 있습니다. 특별히 최근에는 자기계발서나 성공서들이 즐비합니다. 서점에 있는 그 수많은 책을 한 단어로 표현하면 '참고서'입니다. 하지만 반드시 읽어야 하는 교과서는 아닙니다.

우리 인생에 내 생명을 걸고 따라가야 할 유일한 교과서가 있는데 바로 성경입니다. 성경이 '맞다'고 하면 세상 모든 책이 '아니'라고 해도 맞는 것입니다. 아무리 세상 모든 책이 '천국은 인간이 만들어 낸 환상'이라고 이야기해도 성경에 '천국이 있다'고 하면 교과서를 믿어야 합니다.

교과서 안에 뭐가 있는지 날마다 읽어야 합니다. 의인과 죄인, 인생의 방향, 죽음과 생명을 교과서를 통해 배워야 합니다. 교과서부터 떼고 만 권의 참고서를 읽는 건 괜찮지만, 교과서를 던져 버리고 참고서를 천장까지 쌓아 놓는다고 해도 거기에 내 인생의 길과 해답이 있는 게 아닙니다.

교과서인 성경에 의하면 모든 사람은 죄인일 뿐입니다. "기록된 바 의인은 없나니 하나도 없으며 깨닫는 자도 없고 하나님을 찾는 자도 없고 다 치우쳐 함께 무익하게 되고 선을 행하는 자는 없나니 하나도 없도다"(롬 3:10-12). "모든 사람이 죄를 범하였으매 하나님의 영광에 이르지 못하더니"(롬 3:23). 참고서 쓴 사람들도 다 죄인이라고 합니다. 다만 나보다 열심히 살고 나보다 경험 많은 죄인이기 때문에 어느 정도 도움도 되지만 참고서는 될지언정 날 구원할 교과서는 못 됩니다.

그래서 야고보서는 우리에게 이렇게 말씀합니다. "입법자와 재판관은 오직 한 분이시니 능히 구원하기도 하시며 멸하기도 하시느니라 너는 누구이기에 이웃을 판단하느냐"(약 4:12). 쉽게 말하자면 세상에는 인간의 의로움과 악함을 잴 수 있는 자가 없다는 것입니다. 세상에서 제공하는 모든 기준은 '굽은 자'(ruler)입니다. 죄인인 인간이 인간을 판단하는 기준도 굽은 자입니다. 굽은 자를 가지고 아무리 똑바로 선을 그어도, 그어진 선은 굽어 있습니다. 아무리 내가 남을 객관적으로 판단해도 그것은 굽은 자로 잰 것입니다. 이 인생에 직선으로 역사하실 분은 하나님밖에 없습니다. 그래서 절대로 사람 앞에 직선 흉내 내지 말아야 합니다. 아무리 좋은 말을 해도 내가 가진 건 굽은 자밖에 없다는 것을 인정해야 합니다.

성경에서 우리 인생을 '광야를 지나가는 것'이라고 했습니다. 광야의 특징은 지도가 없다는 것입니다. 도로도 없고, 건물도 없고, 산도 없고, 나무도 없어서 표시할 것이 없습니다. 광야를 지도로 그린다면 그냥 백지일 것입니다. 알아서 찾아가야 합니다. 그래서 《광야를 살다》(두란노)라는 책에서 저자 이진희 목사는 이렇게 말을 합니다. "광야에서는 지도가 필요한 것이 아니라 안내자가 필요하다." 우리 인생에는 공식이 필요한 게 아니라 인생을 데리고 갈 안내자가 필요한 것입니다. 광야에서는 광야를 잘 아는 분을 만나는 게 곧 길입니다. 그 광야의 안내자를 요한복음은 이렇게 소개합니다. "내가 곧 길이요 진리요 생명이니 나로 말미암지 않고는 아버지께로 올 자가 없느니라"(요 14:6).

이 땅에 오셔서 우리의 길이 되어 주신 분. 우리는 내일을 모르지만 내일로부터 나의 오늘로 오신 분. 그분이 광야 같은 인생길에 친히 안내자가 되어 우리를 천국까지 인도하십니다. 예수 그리스도를 우리의 영원한 교과서로 만나야 합니다.

20

지혜자는
이렇게 산다 전 7:19-29

또한 사람들이 하는 모든 말에 네 마음을 두지 말라
그리하면 네 종이 너를 저주하는 것을
듣지 아니하리라 (전 7:21)

•••   전도자는 지혜가 무엇이며 지혜자는 어떻게 사는 이라고 말할까요?

～ 지혜자를 알아보는 것이 지혜다

"지혜가 지혜자를 성읍 가운데에 있는 열 명의 권력자들보다 더 능력이 있게 하느니라"(전 7:19). 권력 있는 열 사람보다 지혜를 가진 한 사람이 더 낫습니다. 다시 말해 진짜 지혜자는 권력 있는 열 사람에게 관심을 두기보다 지혜 있는 한 사람에게 관심을 두는 사람이라는 뜻입니다. 당시 이집트, 앗수르, 그리스, 로마 등에는 통치자들이 부관으로 열 명을 선택하여 보좌하도록 만드는 제도가 있었습니다. 한 명의 권력자가 열 명의 권력자를 곁에 둠으로써 완벽한 보호 장치를 만들어 자기의 권력을 보장받았던 것 같습니다. 그런데 지혜자는 그 열 명의 완벽한 참모보다 한 명의 지혜로운 사람이 더 낫다고 말합니다. 지혜로운 왕은 한 사람의 현명한 지혜자를 곁에 두는 사람입니다.

그렇다면 성경은 어떤 사람이 지혜자라고 말합니까? 잠언서는 이렇게 말합니다. "여호와를 경외하는 것이 지혜의 근본이요 거룩하신 자를 아는 것이 명철이니라"(잠 9:10). 쉽게 풀어 쓰자면, 평생 내 옆에 힘 있고 능력 있고 권력 있는 사람 열 명을 두고 사는 것보다, 하나님을 경외하는 친구 한 명을 두는 것이 더 복되다는 말입니다. 그 사람은 절대 놓치면 안 됩니다.

보디발 장군은 애굽의 국방부 장관이었습니다. 그 집에 얼마나 유력한 권력자들이 많았겠습니까? 그런데도 보디발의 집이 복을 받은 것은 종 요셉 때문이었습니다. 보디발 집안뿐 아니라 애굽도 마찬가지입니다. 하나님을 전혀 모르던 애굽은 흉년 중 오히려 호황을 누렸습니다. 하나님을 경외하는 요셉 한 사람을 잘 만나서 그렇게 되었습니다. 바로가 불러서 물어보았던 애굽 전역의 박수와 무당은 가뭄의 문제를 예견하거나 해결하지 못했습니다. 오직 감옥 안에 죄수의 신분으로 있었던 요셉 한 사람만 가능했습니다. 하나님을 경외하는 그를 국무총리로 세웠더니 하나님이 바로와 바로의 집안에 복을 내리신 것입니다. 하나님을 잘 믿는 한 사람을 만나는 것이 이렇게 중요합니다.

하나님 안 믿는 사장님 중에 교회 다니는 신입사원을 뽑지 않는 사람이 있는데 정말 어리석은 사장입니다. 반드시 뽑아야 합니다. 특히 하나님을 제대로 믿는 사람이라면 무조건 뽑아야 합니다. 왜냐하면 그런 사람 한 명이 회사에 들어오면 하나님이 그 사람을 복 주기 위해서라도 그 회사에 복을 주시기 때문입니다.

애굽처럼 하나님을 모르는 나라라고 할지라도 요셉 한 사람 때문에 애굽 전체가 높임을 받는 것처럼, 곁에 하나님을 경외하는 사람, 하나님 말씀대로 사는 사람을 두어야 합니다. 성경은 이 사람을 지혜로운 사람이라고 이야기합니다.

권력자보다 하나님을 경외하는 지혜자를 만나야 합니다. 또한 우리가 누군가에게 이런 사람이 되어야 합니다. 하나님을 경외함으로 어디를 가나 환영받고, 존귀히 여김을 받고, 곁에 두고 싶어 하는 그런 하나님의 사람이 되시기 바랍니다.

〜 사람들의 말에 흔들리지 않는 이가 지혜자다

"또한 사람들이 하는 모든 말에 네 마음을 두지 말라 그리하면 네 종이 너를 저주하는 것을 듣지 아니하리라"(전 7:21). 지혜자는 우리에게 말합니다. 사람들이 너에 대해서 하는 말을 마음에 두지 말고, 종들이 뒤에서 수군거리는 소리에 마음 상하지 말라고 합니다. 원래 종들은 앞에서 굽실거리고 뒤에서 흉보는 재미로 사는 게 유일한 낙이기 때문입니다. 그런 말에 마음 흔들릴 필요 없습니다.

또한 지혜자는 사람의 말을 귀 기울여 듣되, 마음에 새길 말과 마음에 두지 말아야 할 말을 분별해야 한다고 이야기합니다. 보내야 할 말을 품고 있다가는 마음이 상하고 고통스럽고 종잡을 수 없이 흔들립니다. 기어이 화를 쏟아 내고 후회하기도 하며, 남에게 피해를 주거나 자신을 괴롭히면서 살아갑니다. 그 말들은 모두 흘려보내야 합니다.

《장자》 달생 편에 나오는 "목계지덕"(木鷄之德)이라는 이야기입니다. 왕이 투계를 좋아해서 닭 조련사인 기성자에게 최고의 투계를 구해서 훈련을 시키라고 명령을 내립니다. 열흘이 지난 후 왕이 기성자에게 훈련이 끝났는지 물었습니다. 그러자 기성자가 "아닙니다. 닭이 강하긴 하나 교만하여 자기가 최고인 줄 알고 있습니다"라고 했습니다. 또 열흘이 지나 왕이 묻자 기성자가 이렇게 대답했습니다. "아직 아닙니다. 교만은 버렸으나 아직 상대방의 소리와 그림자에 너무 민감하게 반응합니다." 또다시 열흘이 지나 왕이 이제는 준비가 되었는지 재촉하며 묻습니다. 그러자 기성자는 "아닙니다. 조급함은 버렸으나 상대방을 노려보는 눈초리가 너무 공격적입니다"라고 답했습니다. 실망하고 열흘 후에 다시 온 왕이 준비되었는지 묻자 드디어 이렇게 대답했습니다. "임금님, 이제 준비가 되었습니다. 상대가 아무리 소리를 질러도 반응하지 않습니다. 완전히 마음의 평형을 찾았습니다. 나무와 같은 목계가 되었습니다. 이제 세상 어떤 닭도 이놈 모습만 보면 줄행랑을 칩니다." 어떤 것에도 흔들리지 않는 마치 나무로 깎아 만든 닭처럼 그 평정심이 흔들리지 않는 것이 가장 위대하고 힘 있는 모습이라는 것입니다. 《손자병법》에서도 전쟁에서 승리하려면 "부동여산"(不動如山)의 마음, 적군 앞에서 태산처럼 흔들리지 않는 마음을 가져야 한다고 했습니다.

이것이 전도서에서 가르쳐 주는 지혜자의 마음입니다. 의미 없이 던진 사람들의 말에 흔들리지 않고 흘려보내는 마음. 그 말을 마음에 두고 속상해하지 않는 마음, 이런 마음을 가지고 사는 사람을 지혜자라고 합니다.

잠언은 이렇게 말합니다. "모든 지킬 만한 것 중에 더욱 네 마음을 지키라 생명의 근원이 이에서 남이니라"(잠 4:23). 지혜자는 무슨 말을 담아서 양약으로 삼아야 하는지 무슨 말을 가볍게 지나가게 해야 하는지를 분별할 줄 아는 사람입니다.

여기서 질문하고 싶은 것이 하나 있습니다. 사람이 누구에게든 피해만 입고 살아가나요? 아닙니다. 내가 받은 상처뿐 아니라 내가 누군가에게 상처 준 적 없는지도 돌아보고 회개해야 합니다. 그래서 전도자는 이렇게 말합니다. "너도 가끔 사람을 저주하였다는 것을 네 마음도 알고 있느니라"(전 7:22).

지혜자는 악한 것에 미련하고 선한 것에 지혜롭다

"내가 돌이켜 전심으로 지혜와 명철을 살피고 연구하여 악한 것이 얼마나 어리석은 것이요 어리석은 것이 얼마나 미친 것인 줄을 알고자 하였더니 마음은 올무와 그물 같고 손은 포승 같은 여인은 사망보다 더 쓰다는 사실을 내가 알아내었도다 그러므로 하나님을 기쁘게 하는 자는 그 여인을 피하려니와 죄인은 그 여인에게 붙잡히리로다"(전 7:25-26). 지혜자가 전심으로 지혜와 명철을 다 동원해 연구해 보니, 악한 일에 사람이 지혜로우면 평생 더 악한 일에 빠져 헤어 나올 수 없게 되어 결국 파멸에 이른다는 것을 알게 됩니다. 반대로 어떻게 하면 하나님을 기쁘시게 할까 연구하고, 선한 일에 지혜를 사용하는 사람은 평생 선한 일을 하다가 결국 가장 영광스러운 생명에 이르게 된다는 것입니다.

그러니까 세상에는 악한 일을 개발하는 사람도 있는 반면 하나님을 기쁘시게 하는 지혜, 선한 일을 연구하는 사람도 있으니 평생에 악한 데는 지혜롭지 말고 선한 일에만 지혜로운 사람이 되라고 말씀하는 겁니다. 그래서 바울은 이렇게 명령합니다. "너희가 선한 데 지혜롭고 악한 데 미련하기를 원하노라"(롬 16:19 하).

지혜는 오로지 선한 일을 위해 사용되어야 합니다. 하나님을 기쁘시게 하는 일에 지혜로워야 합니다. 어떻게 하면 더 전도를 잘할 수 있을까? 어떻게 이웃을 더 많이 도울 수 있을까? 어떻게 하면 선교를 효과적으로 해서 영혼을 구원할까? 그런 선한 일들에 지혜로운 사람이 되어야 합니다.

지혜자는 지혜자를 알아봅니다. 또한 지혜자는 사람 말에 마음이 흔들리지 않습니다. 또한 지혜자는 악한 일은 꿈도 꾸지 않고 하나님을 기쁘시게 하는 사람입니다. 우리는 하나님이 주신 지혜를 밤낮없이 선한 일에 사용해야 합니다.

21

얼굴이
빛나는 사람 <small>전 8:1</small>

누가 지혜자와 같으며
누가 사물의 이치를 아는 자이냐
사람의 지혜는 그의 얼굴에 광채가 나게 하나니
그의 얼굴의 사나운 것이 변하느니라 (전 8:1)

●●● 지혜 있는 사람은 그 지혜가 얼굴에 나타난다고 합니다. 지혜 있는 사람의 얼굴의 특징은 어떤 것일까요? 첫째, 얼굴에 광채가 나고 둘째, 그 얼굴이 사납지 않다고 합니다. 다시 말해 그 얼굴에 분노가 없다는 말입니다. "누가 지혜자와 같으며 누가 사물의 이치를 아는 자이냐 사람의 지혜는 그의 얼굴에 광채가 나게 하나니 그의 얼굴의 사나운 것이 변하느니라"(전 8:1).

〜 지혜자의 얼굴

멀리서 봐도 얼굴에 광채가 나는 사람들이 있습니다. 처음 보는데도 편안하고 반가운 얼굴이 있습니다. 얼굴은 부모님께 물려받는 것이지만, 인상은 자신의 삶으로 만드는 것입니다. 잘생긴 것보다 인상이 더 중요합니다. 못생긴 사람이라도 인상이 좋으면 매력 있어 보이지만, 예쁜 사람이라도 인상이 좋지 않으면 표독스럽고 매정해 보일 뿐입니다.

방송에서 보았던 어느 발레 교수님의 말이 기억에 남습니다. "발레의 완성은 표정이다. 표정 없이 동작만 있으면 스포츠가 된다." 발레의 마지막 완성은 발 포지션, 팔 포지션, 완벽한 턴 인, 턴 아웃, 팁 토우 등이 아니라 표정이라고 합니다.

여자들은 잘생긴 남자보다 유머 있는 남자를 좋아한다고 합니다. 부담스런 조각 미남보다 유머 있고 편안한 사람을 더 좋아한다는 뜻입니다. 못생겼지만 유머를 가졌던 한 사람이 있습니다. 에이브러햄 링컨입니다. 미국 역대 최고의 대통령으로 추앙받는 링컨은 못생긴 외모로도 유명합니다. 정치계에 나온 후 사람들은 그의 외모를 보고 놀려 댔습니다. 링컨은 자기의 못생긴 외모를 잘 알았고 오히려 유머의 소재로 삼았습니다. 어느 날 연설을 하는 링컨을 향해 누군가가 외쳤습니다. "링컨, 당신은 두 얼굴을 가진 사람이요! 위선자요!" 그러자 장내가 웅성거리며 소란스러워졌습니다. 그때 링컨이 이렇게 말했습니다. "여보시오. 내가 두 얼굴을 가진 사람이라면 이 중요한 날에 이 얼굴을 가지고 나왔겠소?" 그러자 공격한 사람조차 그 유머에 폭소했다고 합니다. 링컨은 못생기게 태어났을지 모르지만, 우리가 기억하는 것은 그의 못생긴 외모가 아닌 중후해 보이면서도 안정돼 보이는 인상입니다.

오늘 전도자가 지혜자는 그 얼굴에서 광채가 난다고 했습니다. 그리고 그의 얼굴에서 사나운 것이 변하여 사라진다고 합니다. 왜 지혜자의 얼굴에서 사나운 것이 사라지고 광채가 날까요?

"여호와를 경외하는 것이 지혜의 근본이요 거룩하신 자를 아는 것이 명철이니라"(잠 9:10). 지혜자이신 여호와를 경외하는 사람의 얼굴에 광채가 난다는 말입니다. 여호와를 경외하는 사람의 얼굴에서는 사나움이 사라진다는 뜻입니다. 더 쉽게 말해 볼까요? 예수 잘 믿는 사람은 얼굴에서 광채가 보인다는 말입니다. 여호와를 경외하는데 왜 얼굴에 광채가 날까요? 하나님이 빛이시기 때문입니다.

"우리가 그에게서 듣고 너희에게 전하는 소식은 이것이니 곧 하나님은 빛이시라 그에게는 어둠이 조금도 없으시다는 것이니라"(요일 1:5). 경외한다는 것은 바라본다는 것입니다. 그냥 바라보는 게 아니라 닮고 싶어 바라보는 겁니다.

〈나의 해방일지〉라는 드라마에서 시작된 유행어 중 하나가 '추앙하다'라는 말입니다. 하루하루 숨어 사는 구 씨라는 남자를 눈여겨보던 주인집 셋째 미정이 찾아와, 지금부터 나를 추앙하라고 합니다. 세상과 문을 닫고 살던 구 씨는 그 명령 때문인지 좋아서인지 모르는 감정선을 가지고 미정을 추앙합니다.

추앙이라고 대단한 건 아니고, 바람에 날아간 모자를 주워 오고, 퇴근하는 전철역에서 기다렸다가 논길을 함께 걸어오는 정도였습니다. 그런데 미정을 추앙하는 구 씨의 얼음 같은 표정이 풀리기 시작하고 마음이 녹기 시작하며 아픔과 상처가 치료되고, 새사람이 되어 갑니다. 구 씨가 스스로 가두어 놓았던 자신을 해방하는 해방일지입니다.

이처럼 누군가를 바라보고 추앙하는 것으로 추앙의 대상이 바뀌는 것이 아니라, 추앙하는 나의 삶이 바뀌게 됩니다. 날마다 바라보면 내가 그 사람을 닮아 있는 것을 보게 됩니다.

〜 빛을 보며 사는 그리스도인

여호와를 경외하라고 했는데, 경외는 바라보고 높이라는 뜻입니다. 늘 하나님을 바라보면서 사는데 바라보는 그 하나님이 빛이시라고 합니다. 그러니 매일매일 빛을 보고 사는 사람이 그리스도인입니다.

빛을 바라보면 어떤 일이 생기나요? 그 빛이 내 얼굴에 담깁니다. 내 얼굴에 그 빛이 반사되어 광채가 납니다. 민수기 6장을 보면 빛이신 하나님이 누구를 보고 계시는지 기록해 두고 있습니다. "여호와는 그의 얼굴을 네게 비추사 은혜 베푸시기를 원하며 여호와는 그 얼굴을 네게로 향하여 드사 평강 주시기를 원하노라 할지니라 하라"(민 6:25-26).

206

경외하기 위해 하나님께로 내 얼굴을 돌렸더니, 빛이신 하나님도 그 얼굴을 내게로 향하여 비추고 계십니다. 그러니 그 빛이 내 얼굴에 담기는 것입니다. 하나님이 그 빛과 함께 주시는 것이 은혜와 평강입니다. 나는 하나님을 바라본 것뿐인데 은혜와 평강까지 내 얼굴에 자연스럽게 담깁니다.

세상 사람들은 하나님을 보지 못하기 때문에 우리 얼굴만 봅니다. 빛나는 하나님의 얼굴은 보지 못해도 그 빛을 담은 우리 얼굴은 볼 수 있습니다. 내 얼굴에 은혜와 평강이 담긴 걸 보면 자연히 이런 말이 나옵니다. "저 사람 예수 믿고 얼굴이 변했어. 얼굴에 사나움이 사라지고 은혜로워졌어." 내 표정이 아니라 내 얼굴에 담긴 하나님의 표정입니다.

평생 해를 바라보고 사는 존재가 있습니다. 달입니다. 해를 바라보았더니 그 빛이 달에 담깁니다. 낮을 비추는 해만큼은 안 되어도, 밤길을 비추는 빛 정도는 담고 살게 됩니다. 해는 빛을 내는 발광체이고, 달은 빛을 받아서 반사시키는 반사체입니다. 하나님은 해요 우리는 그 해를 반사시켜 세상에 비추는 달입니다. 드라마 제목처럼 '해를 품은 달'이 우리 그리스도인입니다.

마태복음에서 예수님이 직접 말씀하셨습니다. "이같이 너희 빛이 사람 앞에 비치게 하여 그들로 너희 착한 행실을 보고 하늘에 계신 너희 아버지께 영광을 돌리게 하라"(마 5:16). 사람은 바라보는 대로 삽니다. 그렇기에 가능한 많은 시간 하나님을 바라봐야 합니다. 하나님과 교제하고, 하나님과 대화하고, 하나님께 예배하고, 그 영광을 경험하고, 그 영광이 우리 얼굴에 담긴 후에 세상을 향해 나가야 합니다. 사람들이 우리에게서 흘러나오는 하나님의 영광의 빛을 보고, 하나님께 영광을 돌리는 일들이 일어나게 될 것입니다.

모세가 40일 동안 하나님의 산에서 하나님과 대화하고 그분의 영광 안에 머물다가 산에서 내려올 때 얼굴에 빛이 나서 수건으로 가려야 할 정도로 광채가 난 것을 우리는 잘 알고 있습니다. "모세가 그 증거의 두 판을 모세의 손에 들고 시내 산에서 내려오니 그 산에서 내려올 때에 모세는 자기가 여호와와 말하였으므로 말미암아 얼굴 피부에 광채가 나나 깨닫지 못하였더라"(출 34:29).

전도자의 말이 정확합니다. "지혜자는 그 얼굴에 광채가 나고 그 얼굴의 사나운 것이 변하느니라"(전 8:1). 예배가 왜 중요한지 아시나요? 길어야 한두 시간이지만, 이 시간 내내 하나님을 예배하고 말씀 듣고 찬양하고 기도하고 그의 영광 안에 머물다가 영적인 산을 내려가면, 그 때부터 하나님의 빛이 우리를 통해 세상에 반사되기 때문입니다.

모세도 자기에게 그 광채가 나는 것을 깨닫지 못했다고 했습니다. 스스로는 빛이 나는 것을 알지 못하지만, 우리를 보는 사람들은 아는 겁니다. 사나웠던 사람이 예배만 드리고 오면 표정이 풀리고 온화해지는 것을 아는 겁니다. 어두웠던 얼굴이 예배를 마치고 나오면 언제 그랬냐는 듯이 밝아져 있는 것을 아는 겁니다.

예배는 우리의 얼굴을 관리하는 시간입니다. 해요 빛이신 하나님을 바라보는 시간입니다. 홈쇼핑에서 피부 관리 제품을 광고하는 것을 보니까, 얼굴에 빛을 비추고 누워 있습니다. 예배는 한 시간 동안 빛이신 하나님을 바라보는 시간입니다. 그 빛 앞에서 내 삶에 묻은 죄의 잡티를 발견하고 회개하여 제거하는 시간입니다. 빛이신 하나님을 향해 얼굴을 들고 있으면, 그 얼굴을 우리에게 향하사 은혜와 평강을 마구 쏟아부어 주시는 것입니다.

예수님을 믿는데도 아직 옛날 표정, 인상으로 살고 있다면 예수님을 더욱 많이 바라보아야 합니다. 날마다 큰 바위 얼굴을 바라보며 그것을 닮은 사람을 기다리던 주인공이 나중에 그 얼굴이 되어 있었던 것처럼, 바라봄의 법칙은 정확합니다. 예수님을 많이 바라볼수록 사람들은 우리에게서 예수님을 보게 됩니다. 예수님을 바라보고 산 것뿐인데, 어느새 표정도 삶도 말도 변화됩니다. 예수님 앞에서 변하지 않는 사람은 아무도 없습니다.

영국의 옥스퍼드 대학교 종교학 시험 시간이었습니다. 교수가 낸 문제는 이렇습니다. "물로 포도주를 만든 예수의 기적을 사회, 문화, 철학, 신학적인 관점으로 논술하시오." 학생들은 최선을 다해 답안지를 작성합니다. 그런데 한 학생은 한 줄도 적지 못하고 창밖을 바라봅니다. 결국 교실에 그 학생만 남아 있습니다. 마지막 시간이 되자 교수가 한 줄이라도 적으면 낙제는 면할 수 있으니 적으라고 합니다. 그는 결국 마지막에 한 줄을 남기고 교실을 나갔고, 그 한 줄은 옥스퍼드 종교학 과목 역사에 최고의 전설이 되었다고 합니다.

그 내용은 다음과 같습니다. "물이 그 주인을 만나니 얼굴을 붉히더라." 이 청년은 바로 영국의 낭만파 시인인 조지 고든 바이런입니다. 맞습니다. 물이 그 주인을 만났는데 어떻게 변하지 않겠습니까? 새색시가 신랑을 만났는데 어찌 그 얼굴이 붉어지지 않겠습니까. 우리가 하나님을 만났는데 어떻게 변하지 않을 수 있겠습니까? 우리가 밤낮없이 하나님을 바라보고 예배하고 그 영광의 빛 아래 사는데, 우리 삶에 그분의 빛이 어찌 스며들지 않을 수 있겠습니까.

예배하면서 그 빛과 은혜와 평강을 담고 나가는 그 사람이 예배드리러 들어갈 때와 어떻게 같을 수 있겠습니까? 예배 전에는 싸우면서 왔더라도 예배 중에 빛을 받고 은혜와 평강이 이미 삶에 스며들었는데 예배 후 차 안에서 "자, 아까 어디까지 싸웠지?" 하면서 다시 2차전을 치르겠습니까? 서로 얼굴 보다가 웃고 사과하고 마는 것입니다.

이렇게 빛이 세상에 비치면 어떻게 가정이 밝아지지 않고, 직장이 밝아지지 않고, 내 주변이 밝아지지 않겠습니까. 예수님은 말씀하셨습니다. "너희는 세상의 빛이다. 세상 사람들이 너희에게서 비치는 빛을 보고 하늘에 있는 나에게 영광을 돌리게 될 것이다."

22

걱정 마라
왕이 있다 전 8:2-8

왕 앞에서 물러가기를 급하게 하지 말며
악한 것을 일삼지 말라
왕은 자기가 하고자 하는 것을
다 행함이니라 (전 8:3)

● ● ●　신정 국가였던 이스라엘은 왕이 하나님을 닮아야 했습니다. 가장 하나님을 닮았던 다윗은 하나님이 기뻐하셨고, 하나님과 닮지 않았던 사울은 버림을 당했습니다. 그렇기 때문에 왕은 힘을 다해서 하나님을 닮아야 했고, 하나님의 대리인으로서 백성을 돌봐야 했습니다. 하지만 지금은 왕정 시대가 아니기에 왕이 없습니다.

따라서 오늘날 우리는 이 구절을 '진짜 왕이신 하나님이 누구시고 그분을 어떻게 섬겨야 하는지'로 읽고 이해해야 합니다. 이 본문을 통해서 진짜 왕이신 하나님은 어떤 분이시고, 우리가 그 앞에서 어떻게 살아야 하는지를 배우도록 하겠습니다. 먼저 본문에 나오는 진짜 왕이신 하나님은 어떤 분일까요?

〜　　전능한 왕

"왕은 자기가 하고자 하는 것을 다 행함이니라"(전 8:3 하). 쉽게 표현하자면 왕이신 하나님이 전능하시다는 뜻입니다. 하나님은 이 전능하심을 우리에게 어떻게 사용하실까요? 웨스트민스터 소요리 문답 제26문은 "그리스도께서 어떻게 왕의 직분을 행하시는가?"입니다. 그 대답은 이렇습니다. "그리스도께서 왕의 직분을 행하시는 것은 우리로 하여금 자기에게 복종하게 하시고 우리를 다스리시며 보호하시고 자기와 및 우리의 모든 원수를 막아 이기시는 것이다.”

왕이신 하나님, 그리스도는 그 전능함을 자기 과시용으로 사용하지 않으시고, 그 전능을 자기 백성인 신자들을 다스리고 보호하고 원수 마귀로부터 지키는 데 사용하신다고 합니다. 이 얼마나 복된 일입니까.

만약 왕이신 그리스도께서 우리를 보호하고 다스리고 원수에게서 지키는 역할을 감당하시는데 능력이 부족하다면 매우 곤란한 일입니다. 하지만 그분은 못하실 일이 전혀 없는 전능하신 하나님입니다. 이것이 왕의 전능성이고 성도의 특권입니다. 왕이 우리를 보호하십니다. 세상을 살아가는데 이만큼 힘이 되는 말이 어디 있겠습니까? 오늘도 전능하신 왕이 우리를 지키시고 계십니다. 걱정하지 마시기 바랍니다.

〜　말에 권능이 있는 왕

“왕의 말은 권능이 있나니 누가 그에게 이르기를 왕께서 무엇을 하시나이까 할 수 있으랴”(전 8:4). 왕의 말에는 권능이 있기 때문에 신뢰할 만하다는 것입니다. 하나님께서 한번 약속하신 말씀은 반드시 이루어집니다. 믿고 기다리면 됩니다.

왕의 말씀에는 세 종류가 있습니다. 첫 번째, 천지를 창조하신 말씀입니다. “하나님이 가라사대” 말씀하시면, 그 한마디에 천지가 울리고 산이 떨고 바다가 춤추고 우주에 질서가 잡힙니다.

두 번째, 말씀이 사람이 되어 이 땅에 오신 예수님이십니다. 예수님은 우리에게 오신 말씀입니다. 그러므로 말씀 한마디에 천지가 창조된 것처럼 예수님 한마디에 천지가 순종하는 것입니다. 예수님의 말씀 한마디에 죽은 자도 살아났고, 뛰놀던 바다도 잠잠했고, 마귀가 한 길로 오다가 놀라 일곱 길로 도망갔습니다.

세 번째, 예수님의 말씀과 행적을 기록한 성경입니다. 천지를 창조하신 분의 말씀이기 때문에, 기록된 말씀이라고 해도 그 말씀 자체가 권능이 있습니다. 그 말씀은 살았고 운동력이 있고 좌우에 날 선 어떤 검들보다도 더 예리하여 성경을 읽을 때나 선포할 때, 설교할 때, 믿고 실천할 때에 사람의 죽은 영도 살리고 정신도 회복시키며 병든 육신도 고치는 능력을 가지고 있습니다.

이 세 가지가 모두 왕의 말입니다. 창조하신 하나님의 말씀, 성육하신 말씀, 기록된 말씀 모두에 같은 권능이 있습니다. 모두 한 입에서 나온 말씀입니다. 그러므로 선포된즉 이루어지는 권능의 말씀입니다. "내 입에서 나가는 말도 이와 같이 헛되이 내게로 되돌아오지 아니하고 나의 기뻐하는 뜻을 이루며 내가 보낸 일에 형통함이니라"(사 55:11).

그러므로 왕이신 하나님 앞에 설 때 어떤 자세로 서야 합니까? 변론하지 마십시오. 무능한 인간에게 하나님의 말씀을 이길 변론과 구변의 능력은 없습니다. 하나님의 말씀은 분석하고 따질 대상이 아니라 믿고 순종할 대상입니다.

하나님의 말씀은 진리입니다. 하나님의 말씀은 하나도 땅에 떨어지지 않고 그대로 이루어집니다. 그러므로 하나님의 말씀을 믿을 것인가 안 믿을 것인가로 인생을 허비하지 마십시오. 하나님의 말씀을 인정하고 믿고 부지런히 읽고 그 가운데 기록된 것을 다 지켜 행하십시오. 하나님의 말씀이 살아서 역사하실 것입니다.

요한계시록의 일곱 교회 중 칭찬받은 교회가 두 교회인데 서머나 교회와 빌라델비아 교회입니다. 빌라델비아 교회는 하나님의 말씀을 믿고 순종하여 칭찬받습니다. "볼지어다 내가 네 앞에 열린 문을 두었으되 능히 닫을 사람이 없으리라 내가 네 행위를 아노니 네가 작은 능력을 가지고도 내 말을 지키며 내 이름을 배반하지 아니하였도다"(계 3:8), "네가 나의 인내의 말씀을 지켰은즉 내가 또한 너를 지켜 시험의 때를 면하게 하리니"(계 3:10 상). 네가 나의 말씀을 지켰으니 이제는 내가 너를 지켜 주겠다고 약속하십니다. 이것이 말씀을 지키는 자의 복입니다.

하나님께서 요단강을 건너 가나안으로 들어가는 여호수아에게 형통의 비법을 알려 주셨습니다. "이 율법책을 네 입에서 떠나지 말게 하며 주야로 그것을 묵상하여 그 안에 기록된 대로 다 지켜 행하라 그리하면 네 길이 평탄하게 될 것이며 네가 형통하리라"(수 1:8).

〜 나의 갈 길을 아시는 왕

7절에 전도자는 질문 형식으로 왕은 할 수 있고, 인간은 할 수 없는 일을 가르치고 있습니다. "사람이 장래 일을 알지 못하나니 장래 일을 가르칠 자가 누구이랴"(전 8:7). 전도자의 질문에는 이런 의미가 담겨 있습니다. "사람은 절대로 자기의 장래 일을 알지 못한다. 점쟁이라고 해도 장래 일은 알 수 없다. 오직 하나님만 우리의 장래 일을 아신다."

그 누구도 우리의 앞길을 알지 못합니다. 어디로 가고 있는지, 그 길 끝에는 무엇이 있는지, 십 년 후에는 어떤 모습으로 살고 있을지 아무도 모릅니다. 굽어 도는 인생을 인간이 어떻게 알 수 있겠습니까? 잘나가다가 고통이 찾아오고, 갑작스럽게 병이 내 인생 옆자리에 올라타 동행하고, 승승장구하던 사업이 곤두박질치는가 하면, 망했다 싶을 때 오히려 길이 열리기도 합니다.

계획대로 인생을 살며 자녀, 물질, 믿음의 복을 받던 욥은 갑자기 닥친 고난을 도무지 이해할 수 없었습니다. 그저 기가 막힌 수렁에 빠져 하나님이 끌고 가시는 대로 맡기고 끌려갈 수밖에 없었습니다. 그러나 그 모든 과정 뒤에 그가 깨달은 중요한 한 가지 사실이 있습니다. "그러나 내가 가는 길을 그가 아시나니 그가 나를 단련하신 후에는 내가 순금같이 되어 나오리라"(욥 23:10).

욥이 깨달은 것은 바로 나의 가는 길은 내가 모르고 그가 아신다는 사실이었습니다. 오늘 전도자도 똑같이 말합니다. "오직 우리 장래 일을 아시고 가르치실 분은 하나님밖에 없다. 오직 왕이 아신다."

내가 몰라도, 나의 길을 아시는 분이 있다는 것이 얼마나 다행입니까? 그런데 그분은 나의 길을 아실 뿐 아니라 나의 길을 만드시는 분이시죠. 우리가 평생 왕을 의지해야 하는 이유는 그분이 나의 길을 아시고 인도하시기 때문입니다. 하나님이 인도하시는 길은 안전한 길입니다. 돌고 도는 길이라도 결국은 안전한 길이고, 위험하고 험한 길이라도 마침내 도착하는 곳은 평안한 곳입니다.

"여호와의 말씀이니라 너희를 향한 나의 생각을 내가 아나니 평안이요 재앙이 아니라 너희에게 미래와 희망을 주는 것이니라"(렘 29:11). 우리의 길을 인도하시는 하나님이 재앙의 길이 아닌 평안과 미래와 희망의 길로 인도하신다는 것을 믿어야 합니다.

〜 왕 앞에서의 자세

그렇다면 이런 왕 앞에서 우리는 어떻게 살아야 할까요?

첫째, 왕의 때와 판단을 기다려야 합니다. "무슨 일에든지 때와 판단이 있으므로 사람에게 임하는 화가 심함이니라"(전 8:6). 새번역으로도 살펴보겠습니다. "우리가 비록 장래 일을 몰라서 크게 고통을 당한다 해도, 모든 일에는 알맞은 때가 있고 알맞은 방법이 있다"(전 8:6, 새번역). 장래 일이 캄캄하여 한 치 앞도 보이지 않고 어떻게 살아야 할지 몰라

신음하고 고통당할지라도, 모든 일에는 하나님의 응답의 때가 있음을 기억해야 합니다. 하나님께서 억울한 자를 신원하고 악한 자를 심판하시는 때가 있습니다.

지금 모든 것이 끝난 것같이 보여도, 모든 일에 하나님께서 일하시는 시간이 있습니다. "네 길을 여호와께 맡기라 그를 의지하면 그가 이루시고…여호와 앞에 잠잠하고 참고 기다리라 자기 길이 형통하며 악한 꾀를 이루는 자 때문에 불평하지 말지어다…진실로 악을 행하는 자들은 끊어질 것이나 여호와를 소망하는 자들은 땅을 차지하리로다"(시 37:5, 7, 9).

때는 내가 앞당길 수 없지만, 하나님이 역사할 때를 정확히 알고 계시다는 것을 믿어야 합니다. 때와 판단을 하나님께 맡겨야 합니다. "주께서 일어나사 시온을 긍휼히 여기시리니 지금은 그에게 은혜를 베푸실 때라 정한 기한이 다가옴이니이다"(시 102:13).

둘째, 왕께 따지지 말아야 합니다. "왕의 말은 권능이 있나니 누가 그에게 이르기를 왕께서 무엇을 하시나이까 할 수 있으랴"(전 8:4). 왕의 말은 성취되고 있고, 왕이 정한 내 인생길이 때에 맞게 진행되고 있음을 신뢰하고, 너무 많이 따지고 묻지 말라는 것입니다. 그분을 신뢰하면 질문이 줄어들고, 더 깊이 묵상하게 됩니다. 조그마한 일이 닥쳐도 "하나님이 왜 이러시나? 하나님이 나를 사랑하시는 거 맞나?" 하고 질문을 쏟아 내는 사람들이 있습니다.

그렇게 밤낮없이 서운한 마음으로 따지지만 말고, 성경을 펴서 읽으면서 내가 모르는 하나님을 더 풍성히 알아 가는 시간을 가지시기 바랍니다. 더 많이 묵상하고 예수님을 더 깊이 알고, 욥의 고백처럼 내가 고난당하기 전에는 귀로 하나님에 대해서 듣는 수준이었는데 고난을 지나고 보니 눈으로 하나님을 보게 되었다는 고백을 올려 드립시다. 따지는 것을 잠시 멈추고, 하나님이 도대체 어떤 분이신지 더 깊이 알아 가는 시간을 가집시다. 내 앞길을 모를 때는 입을 많이 열기보다 하나님께 귀를 많이 여는 것이 좋습니다.

"이 사람아 네가 누구이기에 감히 하나님께 반문하느냐 지음을 받은 물건이 지은 자에게 어찌 나를 이같이 만들었느냐 말하겠느냐"(롬 9:20). 그 뒷말을 이어 보면 이렇습니다. "왕이 다 알아서 하신다."

셋째, 왕 앞에서 빨리 떠나지 말아야 합니다. "왕 앞에서 물러가기를 급하게 하지 말며 악한 것을 일삼지 말라"(전 8:3 상). 왕 앞에서 머무른 시간만큼 왕과 가까워집니다. 그만큼 왕의 말이 들리고, 왕의 뜻을 알게 됩니다. 왕에게서 멀어지는 것을 히브리어로 악, 죄라고 합니다. 3절은 왕 앞에서 속히 물러나, 왕을 떠나는 것을 악한 일이라고 말합니다.

힘들 때일수록, 길이 보이지 않는 때일수록, 질문에 답이 없는 때일수록, 풀리지 않는 숙제가 있는 때일수록 왕 앞에 오래 머물러야 합니다. 그저 교회에 기도하러 왔다가 눈만 끔뻑하고 몇 마디 하고 급하다며 금방 일어나면 안 됩니다. 왕 앞에서 물러가기를 급하게 하는 사람은 악순환이 반복됩니다.

머물러야 합니다. 믿었던 웃시야 왕이 죽고 모든 일이 안 풀릴 때, 이사야는 성전에 머물렀습니다. 그리고 그곳에서 하나님을 깊이 있게 만났습니다. 성전에 가득한 하나님 영광의 위대함을 목도합니다.

다윗은 성전에 머무는 사람이었습니다. 평생소원이 하나님의 성전에서 사는 것이었습니다. 하나님 앞에 머물기를 즐겨 하는 사람이 하나님의 음성을 듣습니다. 하나님과 충분한 시간을 보내고 문제 앞으로 다시 나가야 합니다. 주일날 하나님께 얼굴도장 찍으러만 나오면서 내 삶에 평안을 기대하는 것은 불가능합니다. 이사야가 이런 사람들에 대해 이렇게 지적했습니다. "너희가 내 앞에 보이러 오니 이것을 누가 너희에게 요구하였느냐 내 마당만 밟을 뿐이니라"(사 1:12).

하나님 앞에 머물러 있는 자, 길게 묵상하는 자, 길게 기도하며 하나님을 구하는 자, 하나님이 역사하실 때까지 움직이지 않고 하나님의 때를 기다리는 자, 어두울 때일수록 밝은 빛 되신 왕 앞에 머물러 있는 자, 하나님 앞에 조금이라도 더 오래 머물러 있는 사람에게 하나님은 역사하십니다. 왕 앞에서 물러가기를 급하게 하지 않는 사람, 그 사람의 길을 하나님께서 책임지고 인도해 주십니다.

23

하나님의
왼손
전 8:9-17

또 내가 하나님의 모든 행사를 살펴보니
해 아래에서 행해지는 일을 사람이 능히 알아낼 수 없도다
사람이 아무리 애써 알아보려고 할지라도 능히 알지 못하나니
비록 지혜자가 아노라 할지라도 능히 알아내지 못하리로다 (전 8:17)

●●●　인생은 아무도 종잡을 수 없습니다. 정답도 없습니다. 허준이 교수가 수학의 11개 추측 난제를 풀어 필즈상을 받았지만, 남아 있는 추측 난제는 훨씬 많습니다. 인생에는 딱딱 떨어지는 공식보다 추측 난제가 훨씬 더 많습니다.

평생 남의 불치병을 고치던 명의가 정작 본인의 몸을 돌보지 못하고 허무하게 세상을 떠나는 경우들이 많습니다. 부부 상담 전문가로 명성을 떨치던 어느 상담사는 알고 보니 오래전에 가정불화로 이혼한 상태였습니다. 자녀 교육 전문가의 가장 큰 고민은 밝혀지지 않은 자녀 문제입니다. 연애 상담 전문가가 정작 연애를 한 번도 해 보지 못한 '모태솔로'인 경우가 있고, 재정 상담을 하며 남의 투자금으로 재테크를 해 명성을 떨치는 사람이 본인은 가난하게 살기도 합니다.

반면 아무것도 모르고 남들 따라서 산 주식이 대박이 나기도 하고, 자녀 교육법을 들어 보지도 못한 부모의 다섯 자녀가 다 예의 바르고 훌륭한 자녀로 자라기도 합니다. 부부 상담 한 번 받아 본 적 없는데도 평생 부부 싸움하지 않고 행복하게 사는 부부도 있고, 부동산 공부 한 번 하지 않고도 어쩌다 사 놓은 땅이 입이 쩍 벌어질 만큼 오르기도 합니다. 착한 줄 알았던 사람인데 알고 보니 뉴스에 대문짝만 하게 나오는 흉악범일 수도 있고, 인정사정없는 사람인 줄 알았는데 뉴스에서 평생 불쌍한 사람을 도우며 살아온 독지가라는 사실이 밝혀지기도 합니다.

펜트하우스에 살면서 계속 묶여 있는 돈 때문에 돈 걱정하고 사는 부자도 있고, 전셋집에 살면서 베개에 머리가 닿기도 전에 단잠에 빠지는 사람도 있습니다. 웃고 있지만 속으로 울고 있는 사람도 있고, 울어야 할 상황 같은데 아무렇지도 않은 얼굴로 늠름하게 살아가는 사람도 있습니다.

본문의 처음부터 끝까지가 바로 그런 이야기입니다. 매일매일 우리 눈앞에 펼쳐지는 세상은 종잡을 수 없습니다. "악한 일에 관한 징벌이 속히 실행되지 아니하므로 인생들이 악을 행하는 데에 마음이 담대하도다"(전 8:11). 저런 사람은 당장 사회의 심판을 받아 매장되어야 하는데, 오히려 그런 사람들이 잘 먹고 잘사는 일들이 허다한 것입니다. 12절에도 그런 이야기가 나옵니다. "죄인은 백 번이나 악을 행하고도 장수하거니와"(전 8:12 상). 죄를 지으면 수명이 단축되거나 해야 하는데, 죄를 백 번이나 짓고 악을 행하는데도 오래 삽니다. 반면 착하게 살았는데도 일찍 죽는 사람이 있습니다. 그러니 세상 사람들이 볼 때, 누가 복을 받고 사는지 헷갈립니다.

14절에도 이해가 잘 안 되는 이야기가 이어집니다. "세상에서 행해지는 헛된 일이 있나니 곧 악인들의 행위에 따라 벌을 받는 의인들도 있고 의인들의 행위에 따라 상을 받는 악인들도 있다는 것이라 내가 이르노니 이것도 헛되도다"(전 8:14). 세상 참 이상합니다. 악한 사람 때문에 의인이 피해를 보는 일들이 있습니다. 음주 운전해서 중앙선을 넘어온 차량 때문에 교통 법규를 지키며 운전하던 착한 사람이 크게 다칩니다. 교실에서 열심히 공부하던 학생들이 갑자기 들어와 총을 난사한 인종차별주의자에게 목숨을 잃기도 합니다. 비리 기업의 태만으로 잘못 지어진 건물이 무너져, 착한 세입자들이 큰 재난을 당하기도 합니다.

그래서 전도자가 인생을 두루 살펴본 후에 내릴 수밖에 없는 결론은 이것입니다. "또 내가 하나님의 모든 행사를 살펴보니 해 아래에서 행해지는 일을 사람이 능히 알아낼 수 없도다 사람이 아무리 애써 알아보려고 할지라도 능히 알지 못하나니 비록 지혜자가 아노라 할지라도 능히 알아내지 못하리로다"(전 8:17).

　해 아래에서 행해지는 일을 사람이 능히 헤아릴 수 없다고 합니다. 아무리 애써 알아보려고 해도 능히 알지 못합니다. 아무리 지혜 있는 척하면서 내가 알아내었다 해도 사실은 알아내지 못한 것이라고 적나라하게 밝힙니다. 하나님은 인생을 쉽게 이해할 수 있게 만들지 않으셨습니다. 하나님을 알면 알수록 알게 되는 것은 하나님을 다 알 수 없다는 것입니다. 영국의 작가 C. S. 루이스는 "내가 하나님을 믿는 이유는 그분을 다 모르기 때문"이라고 했습니다.

～　하나님의 왼손

모든 게 끝이라며 포기하려 할 때 갑자기 길이 열리기도 하고, 이제 됐다고 생각할 그때 문이 철컥 닫히기도 합니다. 하나님이 인도하시는 방식을 가늠할 자가 없습니다. 왜일까요?

　첫째, 자신을 의지하지 않고 하나님을 의지하게 하여 인생의 전체 길을 잃어버리지 않게 하기 위함입니다. 둘째, 우리는 다 알게 되면 싫증을 냅니다. 부부 사이에 권태기가 찾아오는 것도 서로 잘 안다고 생각할 때입니다. 더 이상 신비롭지 않고, 생각까지도 읽히고, 설렘이 없어지는 것은 모든 것을 다 알아 버렸을 때입니다. 우리가 하나님을 다 안다고 생각할 때부터 하나님께 무관심하게 됩니다. 그러나 하나님은 우리와의 권태기에 들어가길 원치 않으십니다. 그래서 우리에게 다 알려 주시지 않습니다.

로완 윌리엄스는 《루미나리스》(복있는사람)라는 책에서 어거스틴의 말을 인용하는데, 이런 재미있는 표현을 합니다. "그분은 내 앞에서 자꾸만 모퉁이를 돌아가시기 때문에 나는 그분을 쫓아 계속 달려가지 않을 수 없다." 모퉁이를 돌아가시는 하나님. 정말 재미있는 표현이죠. 하나님은 우리 앞에서 자꾸 모퉁이를 돌아가십니다. 그래서 우리가 끝까지 그분을 쫓아가게 만드시는 겁니다.

우리가 모퉁이를 돌아가시는 하나님을 끝까지 쫓아가서 잡으면 싱거워집니다. 게임이 끝나는 겁니다. 하나님을 따라가서 하나님을 붙잡으면 그때부터 신비로움이 사라지고, 모퉁이를 돌아가는 다른 신을 쫓아가게 됩니다. 그래서 하나님은 절대로 우리에게 붙잡히지 않으십니다. 우리를 위해 계속 쉬지도 않고 모퉁이를 돌아가십니다. 다 보여 주시지도 않고, 그렇다고 안 보여 주시지도 않고, 보일 만큼 아슬아슬하게 걸어가시며, 따라오라고 자꾸 모퉁이를 돌아가십니다. 그래서 우리는 평생 그분을 쫓아갈 수 있는 것입니다.

우리에게 일을 행하시는 하나님은 항상 엉뚱하십니다. 이러시겠지 싶으면 저러십니다. 저러실 거야 했는데 이번에는 이러십니다. 종잡을 수가 없습니다. 종교 개혁자 마르틴 루터는 '하나님의 왼손'이라는 아주 재미있는 표현을 썼습니다. 이 표현은 '가끔씩 우리를 당황시키시며 낯설게 다가오시는 하나님'을 묘사한 내용입니다.

하나님은 우리 인생에서 대부분 오른손을 사용하십니다. 우리에게 익숙하신 하나님은 늘 안아 주시고 업어 주시고 응답해 주시고 내가 생각했던 대로 대해 주실 때가 훨씬 많습니다. 그런데 가끔씩 낯선 왼손을 우리 삶에 내미실 때가 있습니다. 생소하게 느껴지는 하나님의 손이 나를 붙잡을 때가 있습니다.

예상하지 못한 손을 내미시는 하나님을 만날 때 우리는 불안해합니다. 하나님이 아니라고도 생각하고, 당면한 상황을 실패라고도 생각합니다. 하지만 왼손도 하나님의 손입니다. 당황하지 않고 하나님의 왼손도 빨리 알아보는 감각을 키워야 합니다. 일이 뜻대로 흘러가지 않을 때, 기도한 대로 응답이 안 될 때, 내 예상과 반대의 결과가 나왔을 때 속으로 이렇게 말해야 합니다. "아, 하나님이 지금 왼손을 쓰고 계시는구나."

인간은 어떻게 살아야 하는가

전도자는 해 아래에서 펼쳐지는 인생의 파노라마를 인간의 이해를 초월하는 다양한 방식으로 설명합니다. 인간의 지혜로는 도저히 알아낼 수 없는 하나님의 일하시는 방식, 그렇다면 이런 세상에서 인간은 하루하루를 어떻게 살아야 할까요? 본문에 친절한 답이 나옵니다.

하나님을 경외하며 살 것

"죄인은 백 번이나 악을 행하고도 장수하거니와 또한 내가 아노니 하나님을 경외하여 그를 경외하는 자들은 잘될 것이요 악인은 잘되지 못하며 장수하지 못하고 그날이 그림자와 같으리니 이는 하나님을 경외하지 아니함이니라"(전 8:12-13).

우리 눈에는 악인이 잘되고 장수하는 듯 보이지만, 성경은 뭐라고 합니까? 결국에는 하나님을 경외하는 자들이 잘된다고 합니다. 반면 악인은 잘되지도 장수하지도 못하여 그림자와 같은 삶을 살게 된다고 합니다. 하나님을 경외하는 자는 이 세상을 짧게 살다가 간다고 해도 영원히 사는 영생으로 들어가는 것이고, 하나님을 경외하지 않는 자는 장수하다가 이 땅을 떠나도 둘째 사망으로 들어가 멸망하게 됩니다. 하루 하루 이 땅에서 하나님을 경외하면서 사는 사람이 최후 승리를 얻는 것입니다. 그러므로 왼손을 만났다고 하나님을 원망할 이유가 전혀 없습니다. 그 손 역시 나를 인도하시는 손입니다. 그 손 역시 나를 붙들고 계시는 손입니다.

평생 하나님의 오른손의 돌보심을 받았던 욥이 하나님의 왼손을 만났을 때 얼마나 당황스럽고 원망스럽고 낯설었겠습니까? 의인이 받는 고난을 지켜보는 하나님의 왼손에 낯설고 아프고 서운합니다. 욥기 38장을 보면 하나님께서 욥에게 왼손으로 하신 일들을 우르르 꺼내 놓으십니다. 그리고 물으십니다. "내가 일하는 왼손의 방식을 보여 줄 테니 하나라도 네가 이해하거나 알고 있는 것이 있으면 말해 보아라."

"내가 천지를 창조할 때 너는 어디 있었느냐? 바다가 육지를 탐하지 못하고 육지가 바다를 삼키지 못하도록 경계선을 그을 때 너는 무엇을 하였느냐? 땅의 너비를 네가 측량할 수 있으며, 사람이 살지 않은 땅에도 내가 왜 비를 내리는지는 알고 있느냐? 황무한 땅에 비를 내려 연한 풀이 돋아나게 한 이유는 알고 있느냐? 타조가 알을 낳고도 그 알을 다른 짐승에게 밟히도록 방치하는 이유를 아느냐? 바다의 그 많은 물은 어디서 솟아났느냐? 네가 하늘의 궤도를 아느냐? 하늘이 움직이는 법칙은 누가 아느냐? 누가 지혜로 구름의 수를 세겠느냐…?"

그때까지 욥은 하나님을 아는 만큼 경외하고 섬겼습니다. 즉 오른손으로 일하시는 하나님에게만 익숙했습니다. 하나님의 왼손을 만났을 때, 욥은 인생이 끝난 줄 알았습니다. 절대로 자신이 아는 하나님이 일하시는 방식이 아니었기 때문입니다. 그러다 하나님 앞에서 왼손 수업을 받았습니다. 하나님이 왼손으로 일하시는 수많은 방법을 보여 주셨습니다. 그때 그는 이렇게 외칩니다. "하나님은 내가 알던 하나님보다 훨씬 더 크신 하나님이시다." 이것을 알고 놀라는 것을 '경외'라고 합니다. 그리고 이런 고백을 하게 됩니다. "욥이 여호와께 대답하여 이르되 주께서는 못 하실 일이 없사오며 무슨 계획이든지 못 이루실 것이 없는 줄 아오니 무지한 말로 이치를 가리는 자가 누구니이까 나는 깨닫지도 못한 일을 말하였고 스스로 알 수도 없고 헤아리기도 어려운 일을 말하였나이다…내가 주께 대하여 귀로 듣기만 하였사오나 이제는 눈으로 주를 뵈옵나이다"(욥 42:1-3, 5).

드디어 욥에게서 "나를 다루시는 하나님의 왼손도 하나님의 손이 맞습니다"라는 고백이 나옵니다. 전도자는 이야기합니다. "인생이 예상대로 흘러가지 않아 당황하는 인생들이여, 하나님을 모르기 때문에 하나님을 더 경외하십시오." 하나님은 우리가 아는 것보다 훨씬 크신 하나님입니다. 그분은 오늘도 우리를 따라오라고 모퉁이를 돌아가시면서 숨기고 조금씩 보여 주십니다. 매일매일 하나님을 다 아는 것처럼 살지 말고, 하나님을 경외하면서 살아야 합니다.

매일 기쁘게 사는 것

"이에 내가 희락을 찬양하노니 이는 사람이 먹고 마시고 즐거워하는 것보다 더 나은 것이 해 아래에는 없음이라 하나님이 사람을 해 아래에서 살게 하신 날 동안 수고하는 일 중에 그러한 일이 그와 함께 있을 것이니라"(전 8:15).

삶을 해석하려고 매일매일 고뇌 속에 살기보다, 하나님을 경외하고 신뢰함으로 주어진 하루를 희락(기쁨)으로 살라고 합니다. 매일 기뻐할 수 있는 이유는 하나님을 경외할 때 나옵니다. 슬픈 일을 만났을 때 '하나님이 왼손으로 일하시는구나' 여기고 일이 잘 안되어도 걱정하지 않고 오늘 하루를 감사하고 즐거워하십시오. 하나님의 왼손을 신뢰하고 경외하면 오늘을 감사할 수 있습니다.

그래서 전도자는 우리에게 말합니다. "큰 기쁨도 있지만, 매일매일 주어지는 소소한 기쁨도 있다. 인생의 큰 기쁨은 하나님께 맡기고 매일 매일 주어진 작은 기쁨을 하루씩만 느끼고 살아라." 먹는 일, 마시는 일, 걷는 일, 숨 쉬는 일 등 이 모든 것이 작은 기쁨입니다.

오늘도 하늘 위 태양이 동에서 떠서 서쪽으로 움직이듯, 우리의 영원한 태양이신 하나님이 우리 머리 위에서 운행하고 계십니다. 어떤 때는 익숙한 오른손으로, 어떤 때는 낯선 왼손으로, 그러나 분명한 것은 하나님께서 나를 위해 일하고 계신다는 사실입니다. 그것을 신뢰하고 경외한다면 이 소중한 하루를 염려로 보낼 것이 아니라, 감사와 기쁨과 즐거움으로 보낼 것입니다. 내일 닥칠 염려 때문에 즐겁게 먹을 수 있는 김치찌개 한 그릇을 쓰게 삼키지 말고 달게 드시기 바랍니다. 그것이 하나님을 경외하고 신뢰하는 사람이 매일 드려야 할 신앙 고백적 삶입니다.

24

하나님의
손안에서
사는 인생 전 9:1-12

이 모든 것을 내가 마음에 두고 이 모든 것을 살펴본즉
의인들이나 지혜자들이나 그들의 행위나 모두 다
하나님의 손안에 있으니 사랑을 받을는지 미움을 받을는지
사람이 알지 못하는 것은 모두 그들의 미래의 일들임이니라 (전 9:1)

●●● 앞 장에서 하나님의 왼손에 대해 이야기했습니다. 하나님의 오른손과 왼손 모두 하나님의 전능하신 손이며, 하나님은 양손잡이시라고 했습니다. 그렇기 때문에 오른손을 쓰실 때도 찬양, 왼손을 쓰실 때도 찬양, 오른손으로 빚으실 때도 아멘, 왼손으로 빚으실 때도 아멘 하는 삶을 살아야 합니다. 이 긴 내용을 오늘 9장 1절은 한 절로 멋지게 요약해 줍니다. "이 모든 것을 내가 마음에 두고 이 모든 것을 살펴본즉 의인들이나 지혜자들이나 그들의 행위나 모두 다 하나님의 손안에 있으니 사랑을 받을는지 미움을 받을는지 사람이 알지 못하는 것은 모두 그들의 미래의 일들임이니라"(전 9:1).

이번 장에서는 하나님의 손안에서 사는 사람은 어떻게 살아야 하는지를 살펴보겠습니다.

〜 죽지 말고 살라

첫째, 죽지 말고 살아야 합니다. "모든 산 자들 중에 들어 있는 자에게는 누구나 소망이 있음은 산 개가 죽은 사자보다 낫기 때문이니라 산 자들은 죽을 줄을 알되 죽은 자들은 아무것도 모르며 그들이 다시는 상을 받지 못하는 것은 그들의 이름이 잊어버린 바 됨이니라"(전 9:4-5).

4절에는 모든 산 자들에게 희망이 있다고 합니다. 그러면서 속담을 인용합니다. "산 개가 죽은 사자보다 낫다." 아무리 죽고 싶은 순간이 찾아와도, 살아야 합니다. 힘을 다해 살아야 합니다. 광야를 도망 다니던 다윗도 죽고 싶은 날들이 살고 싶은 날보다 수없이 많았지만, 오직 여호와를 신뢰하고 하나님의 응답의 날을 기다리며 살았습니다. 죽음의 땅을 걸으면서도 산 자의 삶을 살았습니다. 그 이유는 여호와를 신뢰하고 기다렸기 때문입니다. 그의 고백을 들어 봅시다.

"내 생명을 내 대적에게 맡기지 마소서 위증자와 악을 토하는 자가 일어나 나를 치려 함이니이다 내가 산 자들의 땅에서 여호와의 선하심을 보게 될 줄 확실히 믿었도다 너는 여호와를 기다릴지어다 강하고 담대하며 여호와를 기다릴지어다"(시 27:12-14). 살다 보면 너무 고통스러워 죽는 게 사는 것보다 나아 보일 때가 있습니다. 달콤한 죽음이 손을 내밀 때가 있습니다. 세차게 뿌리치십시오. 고난을 만나면 하나님의 음성보다 마귀의 음성이 더 잘 들립니다. "그렇게 사느니 차라리 죽어라. 살아 봐야 너의 미래는 뻔한데 왜 사냐?" 듣다 보면 맞는 것 같습니다. 나 때문에 고생하는 사람들이 떠오르고, 살아 봐야 앞으로 나아질 것 같지도 않고, 소망 없이 하루하루 살아가는 것보다 죽은 사람들이 더 편해 보일 때도 있습니다. 그런데 오늘 본문에서는 아주 중요한 말씀을 하고 있습니다. 죽은 사람들에게 절대로 없는 오직 산 자들에게만 있는 한 가지, 바로 '소망'입니다.

"모든 산 자들 중에 들어 있는 자에게는 누구나 소망이 있음은"(전 9:4 상). 소망은 산 자들의 몫입니다. 소망의 하나님이 결코 실망시키지 않으실 겁니다. 살아 계십시오. 그래서 사도 바울도 로마서 5장에서 우리에게 이렇게 외칩니다. "다만 이뿐 아니라 우리가 환난 중에도 즐거워하나니 이는 환난은 인내를, 인내는 연단을, 연단은 소망을 이루는 줄 앎이로다"(롬 5:3-4).

다하라 요네코라고 하는 일본 여성이 있었습니다. 그녀는 열여덟 살까지 부유하고 어려움 없이 살았는데 갑자기 어머니가 죽고 나서 우울증이 찾아옵니다. 사는 것보다 죽는 게 낫다고 죽음이 자꾸 속삭입니다. 그러다가 어느 날 전차에 몸을 던져서 자살을 시도합니다. 다행히 죽지 않고 살았는데 정신을 차리고 보니 두 다리와 왼팔이 사라지고, 오른팔 하나 남았는데 그마저도 손가락 세 개만 남아 있었습니다.

사는 것보다 차라리 죽는 것이 더 나은 상황이었습니다. 그 몸을 볼 때마다 더 절망이 됩니다. "이렇게 살아서 뭐 하는가?" 두 번, 세 번 더 자살을 시도하지만, 죽지 않고 살아납니다. 병원에 누워 있는데 이제는 살아도 산 몸이 아닙니다.

그런데 그 병원에 미국 선교사 부부와 아키도시라는 일본 총각이 와서 복음을 전합니다. 복음을 듣고 난 뒤에 잠이 들었는데 꿈속에서 하나님이 찾아와 "누구든지 그리스도 안에 있으면 새로운 피조물이라 이전 것은 지나갔으니 보라 새것이 되었도다"(고후 5:17)라고 말씀하십니다. 그 말이 마음을 울리기 시작하면서 밤새 예수님을 영접하고 구원을 받게 됩니다. 그리고 아침이 밝았는데 새로운 세상이 열립니다. 사지 멀쩡할 때에도 죽는 생각밖에 안 했는데, 예수 생명이 그녀 안에 들어오고 나니 살아야겠다는 의지가 불타오르기 시작합니다. 너무나도 감격스러운데, 또 원망스러운 기도가 나옵니다. "하나님, 날 찾아오시려거든 사지 멀쩡할 때 찾아오시지 왜 이제야 찾아오셨나요?" 하나님이 이렇게 말씀하십니다. "그것으로도 충분하다."

'하나님께서 충분하다고 하셨는데 이 세 손가락으로 뭘 할 수 있을까?' 생각하며 요리를 배우기 시작하고 무엇이든지 해 보려고 합니다.

재활 의지를 불태우면서 결혼을 하는데 신랑은 병원을 찾아왔던 청년 아키도시입니다. 그렇게 그녀는 목사의 사모가 되어 자녀들을 출산하고 훌륭하게 키워 냅니다. 그리고 중증 장애인들의 소망이 되기 위해 많은 도전을 해서 희망의 불씨가 됩니다. 육신이 멀쩡할 때도 죽음밖에 생각하지 않았는데, 예수님을 만나고 나니 손가락 세 개만 가지고도 살아야 할 충분한 이유를 알게 되었고, 자신과 비슷한 상황에서 죽음을 생각하는 모든 이들에게 희망의 메신저가 되었습니다.

자신의 이야기를 좀 더 많은 사람에게 들려주기 위해서 책을 썼고, 그 책이 우리말로도 번역되었는데 제목이 너무 멋집니다.《산다는 것이 황홀하다》(솔라피데)입니다. 예전에는 죽음이 그토록 달콤해 보였는데, 살고 보니 주 안에서 얻은 생명을 가지고 산다는 것이 그토록 황홀하더라는 겁니다.

죽은 자가 절대로 경험하지 못하는 것은 삶의 소망입니다. 소망의 항구로 하나님께서 인도하십니다. 살아야 합니다. 주 안에 있는 자는 얼마든지 살아도 됩니다. "네 소망을 주께 두라." 절대로 우리를 부끄럽게 하지 않으실 주님을 신뢰합시다.

〰 웃으며 살라

"너는 가서 기쁨으로 네 음식물을 먹고 즐거운 마음으로 네 포도주를 마실지어다 이는 하나님이 네가 하는 일들을 벌써 기쁘게 받으셨음이니라 네 의복을 항상 희게 하며 네 머리에 향 기름을 그치지 아니하도록 할지니라 네 헛된 평생의 모든 날 곧 하나님이 해 아래에서 네게 주신 모든 헛된 날에 네가 사랑하는 아내와 함께 즐겁게 살지어다 그것이 네가 평생에 해 아래에서 수고하고 얻은 네 몫이니라"(전 9:7-9).

기쁘게 사십시오. 즐겁게 사십시오. 뇌는 진짜로 웃는 것과 가짜로 웃는 것을 구분하지 못한답니다. 화가 날 때도 억지로 웃으면 뇌는 즐거워서 웃는 줄 알고 몸에 좋은 호르몬을 분비한다고 합니다.

전도자는 밥 한 끼를 먹어도 기쁨으로 먹고, 주스 한 잔을 마셔도 즐거운 마음으로 마시라고 합니다. 하나님이 우리가 하는 모든 일을 기쁘게 받으셨다고 합니다. 밥을 잘 먹는 것도 영성입니다. 하루를 살아도 그렇게 살아야 합니다. 하나님이 주신 하루하루가 너무 소중하기 때문입니다.

하나님의 양손에 자기 인생을 의탁한 사람은 그렇게 살 수 있습니다. 힘들 때마다, 화날 때마다, 일이 엉켜 스트레스가 폭발하려고 할 때마다 내가 누구 손안에 있는지 생각하면 됩니다. 전능하신 하나님 손안에 있다는 것을 절대로 잊지 말아야 합니다. 그래야 기쁨을 빼앗기지 않습니다. 그래야 밥맛도 잠도 빼앗기지 않고, 눌림이 아니라 누림으로 살 수 있습니다.

8절은 옷을 입을 때도 즐겁게 입고, 향수를 바를 때도 기분 좋게 바르라고 합니다. 좋은 향수가 아니라도 즐겁게 바르면 향기가 납니다. 좋은 옷이 아니어도 자신감 있게 입고 나가면 제일 멋있는 옷입니다. 좋은 향수, 좋은 옷이 따로 있는 게 아니라 기분 좋게 바르고 입는 게 제일 좋은 것입니다.

전도자는 한 걸음 더 나아갑니다. 아내와도 잘 지내라고 합니다. 지혜로운 사람은 배우자를 사랑하고 그와 즐겁게 지냅니다. 이왕 사는 거 즐겁게, 오늘부터라도 행복하게 사십시오. 살다가 남편도 아내도 실수할 때가 있고, 한눈팔 때가 있고, 제정신이 아니라 엉뚱한 일을 할 때가 있습니다. 서로 용납하고 과거에 묶여서 살지 말고 다 용서하십시오.

용서는 내가 사는 방법입니다.

드라마를 볼 때마다 비슷한 장면만 나오면 옛날 기억을 소환해 부부 싸움 하지 말고, 지나간 것은 지나간 대로 흘려보내시길 바랍니다. 못난 우리를 용납해 주시고 대신 십자가에서 죽으신 예수님의 그 사랑을 기억하면서 서로 용서해 줍시다. 오늘부터라도 남은 인생 행복하게 사시기 바랍니다. 하나님은 그렇게 사는 것을 가장 원하십니다.

가정에서 더 이상 선악과를 먹지 말고, 생명나무 열매를 드시길 바랍니다. 에덴동산 중앙에 있었던 두 나무 중에 선악과는 먹지 말고 생명나무 열매는 먹으라고 하셨는데, 하와가 선악과를 먹었습니다. 그래서 생명나무도 빼앗겼습니다. 가정 중에도 선악과만 따 먹는 가정이 있습니다. 서로의 잘잘못을 따지며 밤낮 선악과 논쟁입니다. 선악과를 따 먹는 가정은 파괴됩니다. 생명이 없습니다.

그런데 어떤 가정은 선악과에는 관심이 없고 생명나무 열매만 먹습니다. 서로 격려하고 용서하고 칭찬하고 사랑합니다. 가정이 살아납니다. 가정에 무슨 일이 있든지 오늘부터 선악과는 그만 먹고 생명나무 열매를 먹어 살아나고 살리시길 바랍니다.

준비하며 살라

"분명히 사람은 자기의 시기도 알지 못하나니 물고기들이 재난의 그물에 걸리고 새들이 올무에 걸림같이 인생들도 재앙의 날이 그들에게 홀연히 임하면 거기에 걸리느니라"(전 9:12). 사람이 준비해야 할 가장 중요한 준비는 노후 준비가 아니라 사후 준비입니다. 죽음 뒤에 오는 세상을 준비하면서 사는 것입니다. 잠시 사는 세상이 끝나고 영원한 세상이 펼쳐질 때, 지옥이 아닌 천국에서 살 수 있도록 준비하면서 이 세상을 살아야 합니다. 그날이 언제 우리 앞에 갑자기 다가올지 아무도 모릅니다. 오늘 전도자도 물고기가 그물에 걸리고, 새들이 올무에 갑자기 걸리듯, 인생들에게도 재앙의 날이 홀연히 임한다고 했습니다.

20대는 40대를, 40대는 60대를, 60대는 노후 준비를 부지런히 하면서도 정작 인생의 마지막 때인 죽음을 준비하는 데는 게으르고 무관심합니다. 인생을 가장 지혜롭게 사는 사람은 죽음 후 세상을 준비하는 사람입니다.

《하나님은 아무도 포기하지 않는다》(에젤)의 저자 박효진 장로님은 서대문형무소에서 교도관으로 있을 때, 열 명이 넘는 사형수들의 마지막을 함께했습니다. 사형수인데도 죽음 뒤의 세상을 준비하지 않고 사는 이들에게 어느 날 박효진 장로님이 묻습니다. "아무개야, 니 준비됐나?" 그 말에 사형수가 다리가 풀리고 오줌을 싸면서 이렇게 울먹이면서 묻습니다. "와예, 내 오늘 죽는 날입니꺼?" "아니, 니 천국 갈 준비됐냐고 묻는 기다." "내 준비 안 됐심더." "니 죽는 게 중요한 게 아니라, 죽음 뒤에 지옥 가는 게 더 무서운 기다. 니 준비해야 된다." 그 말에 예수님을 영접하고, 얼마 남지 않은 삶을 평안하게 살다가 죽음도 두려워하지 않고 마지막을 맞이한 사형수들을 많이 만났다고 합니다.

죽음을 코앞에 두고도, 사후 세상이 어디 있냐고 부인하며 준비하지 않는 사람들이 너무 많습니다. 그러나 우리는 준비하면서 살아야 합니다. 그날은 예고하고 오지 않습니다. 홀연히 누구에게나 찾아옵니다. 하나님의 손안에서 사는 인생이 복된 것은 매일의 삶이 그날을 준비하는 삶이기 때문입니다. 매일 천국을 준비하면서 살아야 합니다. 그것이 하나님의 손안에서 사는 사람의 자세입니다.

영국의 종교 개혁자인 존 브래드포드는 피의 여왕 메리 시절에 그리스도인이라는 이유로 스미스필드에서 화형을 당했습니다. 화형 기둥에 묶여서 순교를 기다리던 그의 옆에는 동료 존 리프가 함께 묶여 있었습니다. 두려움에 떨고 있는 동료에게 브래드포드가 이렇게 말했습니다. "편하게 있게나, 형제여. 오늘 저녁에 우리 주님과 함께하는 즐거운 만찬 자리가 있을 걸세." 그는 죽음 앞에서 어떻게 이렇게 평안할 수 있었을까요? 그 타오르는 불꽃 안에서 어떻게 이런 평안한 영성을 유지할 수 있었을까요? 그 비결은 그의 일상에 있었습니다.

그는 이른 아침에 길을 걸을 때면 긴 어둠의 때를 지나 맞이하게 될 가장 빛날 영원한 부활의 아침을 떠올렸습니다. 해를 볼 때마다 빛 되신 주님을 생각하며 찬양했고, 일어날 때마다 어떻게 그리스도께서 우리를 일으키셨는지 생각했습니다. 옷을 갈아입을 때면 '오 주님, 제가 주님으로 옷 입게 해 주십시오'라고 기도했고, 그리스도께서 우리를 어떻게 먹이시고 입히시는지를 기억했습니다. 식사를 할 때면 그리스도의 몸을 먹는 것을 기억했고, 일을 마치고 집으로 돌아올 때면 가장 평안하고도 행복한 우리의 영원한 집으로 돌아가는 기쁨을 떠올렸습니다. 밤에 옷을 갈아입고 잠자리에 들 때면 옛 사람을 그 정욕과 함께 벗어 버리고 죽음의 자리에 들 준비에 대해 생각했습니다.

이렇게 그는 매일매일 준비하면서 살았기에 그날이 왔을 때 조금도 놀라지 않고 화형대에서 담담히 죽음을 맞이하며 영원한 천국으로 들어갈 수 있었습니다. 먹을 때 우리의 떡 되신 그리스도를 생각하고, 마실 때마다 그리스도의 보혈을 생각하고, 옷을 입을 때마다 세마포 옷을 생각하고, 걸을 때마다 그리스도와의 동행을 생각하고, 지는 석양을 보며 인생의 황혼을 준비하고, 잠자리에 들 때 죽음을 생각하며, 아침에 눈을 뜰 때 영광스러운 부활을 기다리며 살아야 합니다.

위대한 영성은 위대한 일상에서 나옵니다. 오늘 하루를 뜨겁게 사랑하십시오. 밥 한 그릇도 맛있게 드십시오. 걸음 하나도 당당하게 걸으십시오. 아무리 어려워도 살아야 합니다. 산 자는 소망이 있습니다. 이왕 살아가는 삶, 즐겁게 살아야 합니다. 주님의 손안에 있는 인생은 그렇게 살아도 됩니다. 먹든지 마시든지 무엇을 하든지 하나님의 영광을 위해서 위대한 일상을 살며 영원을 준비해야 합니다. 그것이 전도자가 가르쳐 주는 하나님의 손안에서 사는 인생입니다.

25

성읍을 살리는
지혜 전 9:13-18

그 성읍 가운데에
가난한 지혜자가 있어서
그의 지혜로 그 성읍을 건진 그것이라 (전 9:15 상)

●●● 이번 장의 제목은 "성읍을 살리는 지혜"입니다. 성읍이라는 단어에 바로 우리 삶의 현장을 대입시키면 됩니다. 가정이 위기 가운데 있는 분들은 가정을 살리는 지혜로 읽으면 되고, 회사의 위기를 만난 분들에겐 회사를 살리는 지혜가 됩니다. 학교, 군대, 어느 곳이라도 좋습니다.

우선 13절에 지혜자가 어떤 지혜를 보고 크게 놀랐다고 합니다. "내가 또 해 아래에서 지혜를 보고 내가 크게 여긴 것이 이러하니"(전 9:13). 지혜자를 놀라게 할 만한 지혜, 지혜자가 봐도 큰 지혜는 어떤 지혜일까요? "곧 작고 인구가 많지 아니한 어떤 성읍에 큰 왕이 와서 그것을 에워싸고 큰 흉벽을 쌓고 치고자 할 때에"(전 9:14).

어느 평화롭던 작은 성읍에 큰 힘을 가진 왕이 군대를 이끌고 와서 그 성을 에워쌉니다. 방어할 수도 있고, 밟고 올라가 성을 칠 수도 있는 가슴 높이의 흉벽을 만듭니다. 그 흉벽으로 성읍을 다 에워쌌습니다. 얼마나 무서웠을까요? 이 성읍은 큰 왕의 군대와 싸워 이길 수 있을까요? 중소기업 옆에 동종 업계의 대기업이, 개척 교회 옆에 대형 교회가, 구멍가게 옆에 대형 프랜차이즈 슈퍼마켓이 들어온 형국입니다. 과연 이길 수 있을까요?

그런데 한 지혜자가 나타나 그 성읍을 구했다고 합니다. "그 성읍 가운데에 가난한 지혜자가 있어서 그의 지혜로 그 성읍을 건진 그것이라 그러나 그 가난한 자를 기억하는 사람이 없었도다"(전 9:15). 힘으로 이기지 않고 지혜로 이겼다고 합니다. 군사의 숫자가 아니라 지혜로 그 힘 있는 왕을 쫓아냈다고 합니다. 지혜가 이토록 위대한 것입니다. 지혜가 어떻게 성읍을 구했을까요?

〜 힘보다 강한 지혜

"그러므로 내가 이르기를 지혜가 힘보다 나으나 가난한 자의 지혜가 멸시를 받고 그의 말들을 사람들이 듣지 아니한다 하였노라"(전 9:16). 가난한 성읍의 지혜로 큰 왕의 힘을 이겼습니다. 지혜가 힘보다 낫습니다. 힘을 키우기보다 지혜를 키우십시오. 그러면 힘은 자연스럽게 따라옵니다. 돈을 많이 모으는 것보다 돈을 사용하는 지혜를 얻는 게 더 중요합니다. 사람을 많이 채용하여 직원의 숫자가 많아지는 것보다 지혜로운 한 사람을 채용하는 것이 더 낫습니다.

힘의 논리에 속으면 안 됩니다. 힘은 지혜로 다스릴 수 있을 만큼만 있으면 괜찮지만, 지혜의 한계를 넘어선 과도한 힘은 폭력이 되고 맙니다. 세상에서 제일 무서운 사람이 무식하고 힘 있는 사람입니다. 돈을 사용하는 지혜가 없는 사람이 부자가 되면, 돈으로 사람들을 무시하고 학대합니다. 군대를 이끌 지혜가 없는 사람이 지휘봉을 쥐면 군대가 전멸합니다. 나라를 이끌 지혜가 없는 사람이 나라를 맡으면 나라가 무시당하고 열강에 침략을 당합니다. 힘보다 지혜입니다.

큰 군대를 이끌고 작은 성읍에 쳐들어온 왕의 군대에는 지혜자가 없었나 봅니다. 왕은 지혜는 없으나 힘은 많았고, 작은 성읍은 힘은 없었지만 지혜자가 있었습니다. 결국 이 둘이 붙어 지혜자가 있는 작은 성읍이 이겼습니다.

좋은 지혜자 한 명이 위기를 해결합니다. 직원이 지혜로우면 사업을 일으키고, 아내가 지혜로우면 가정이 화목하고, 남편이 지혜로우면 가문이 일어나고, 자녀가 지혜로우면 부모의 노후가 행복합니다. 성도가 지혜로우면 교회가 평안하고, 목사가 지혜로우면 성도가 행복합니다. 힘을 키우기보다 지혜를 키워야 합니다. 그러면 힘은 저절로 그 지혜 밑으로 모여듭니다.

이채훈 저자의 《크리에이티브는 단련된다》(더퀘스트)라는 책에 나오는 내용입니다. 저자가 다니는 광고 마케팅 회사에서 광고 마케팅 대회가 있었다고 합니다. 전문가들이 내어놓은 아이디어들이니 얼마나 기발하겠습니까? 그중에 1등을 한 사람의 지혜가 놀랍습니다. 하루에 사용하는 일회용 컵이 얼마나 많습니까. 그 비용도 엄청나고 쓰레기의 양도 많아서 환경 파괴의 원인이 됩니다. 줄이려고 해도 잘되지 않았는데 이 사람이 낸 지혜로 사용량이 절반으로 줄었습니다.

더 놀라운 것은 10원도 들이지 않고 일회용 컵 사용에 지출되던 금액을 절반이나 줄인 겁니다. 그 아이디어는 바로 일회용 컵을 "이회용 컵"으로 이름만 바꾼 것입니다. 우리는 일회용 컵이라는 이름 때문에 두세 번 써도 문제가 없는 컵을 딱 한 번 쓰고 쓰레기통에 버리는데, 이 인식만 바꾸어 준 겁니다. 한 번 쓰지 말고 두 번 써서 이회용 컵. 이름을 바꾸자 두 번 쓰게 되더랍니다. 지혜로운 한 사람이 회사에 큰 유익을 준 경우입니다. 회사는 이런 지혜자를 만나야 합니다.

그런데 오늘 우리가 주의해서 봐야 할 내용은 그 성읍을 구한 지혜자가 가난한 지혜자라고 합니다. 가난했기에 아무도 그 사람이 그런 큰일을 행하리라고 예상하지 못했습니다. 이처럼 지혜자는 대부분 꼭꼭 숨겨져 있습니다. 눈에 잘 띄지 않습니다. 그래서 지혜자를 볼 줄 아는 눈을 키워야 합니다. 하나님은 남들이 다 예상했던 지혜자가 성읍을 구하게 하시기보다는 항상 아무도 예상하지 못했던 사람을 등장시켜 구원하십니다.

하나님께서는 골리앗만큼 키가 컸던 사울 임금을 통해 나라를 구하지 않고, 소년 목동 다윗을 등장시켜 나라를 구하게 하셨습니다. 부자들의 도시락으로 오천 명을 먹이지 않고, 한 소년의 점심 도시락으로 기적을 일으키십니다. 여리고 전쟁에서는 기생 라합을 통해서 전쟁에서 승리할 중요한 단서를 얻게 하셨습니다.

하나님은 드러난 지혜자보다 숨겨진 지혜자를 즐겨 사용하십니다. 아무도 눈치채지 못하고, 마귀도 감을 잡지 못하도록, 무명의 지혜자를 공동체 안에 감추어 두신 경우가 많습니다. 이 숨겨진 가난한 지혜자가 위기 가운데 등장해 성읍을 구합니다. 어떤 지혜를 사용했는지는 나와 있지 않지만 엄청난 지혜가 아니면 도저히 이길 수 없었으니 깜짝 놀랄 만한 지혜를 내어놓은 듯합니다. 그리고 그 지혜로 성읍을 구한 것입니다.

사람들은 가난한 지혜자를 무시하지만, 지혜로운 사람은 그 가난한 지혜자를 볼 줄 아는 눈을 가져야 합니다. 사장이 그런 사람을 보는 눈을 가져야 합니다. 하나님은 각 성읍을 살릴 사람을 반드시 곁에 두셨습니다.

〰 조용할 때 찾아오는 지혜

지혜는 천둥처럼 큰소리를 치면서 "이게 답이다" 하고 달려오지 않습니다. 지혜는 분주할 때 떠오르지 않습니다. 지혜는 조용한 시간에 생각의 문을 두드립니다. "조용히 들리는 지혜자들의 말들이 우매한 자들을 다스리는 자의 호령보다 나으니라"(전 9:17).

세상에서는 우매자들의 호령 때문에 조용한 지혜자들의 지혜가 묻히고 무시당합니다. 큰소리 내는 사람이 이깁니다. 그러나 지혜는 큰소리를 내지 않습니다. 언제나 조용하게 말합니다. 하나님의 지혜는 산을 부수고 바위를 깨는 강한 바람 소리와 함께 들리지 않습니다. 지축을 흔드는 지진 소리와 함께 들리지도 않습니다. 지진으로 땅이 갈라져 불이 용솟는 그 불 가운데서도 하나님의 음성이 들리지 않습니다. 모든 것이 조용해질 때, 하나님의 세미한 음성이 들립니다. "여호와께서 이르시되 너는 나가서 여호와 앞에서 산에 서라 하시더니 여호와께서 지나가시는데 여호와 앞에 크고 강한 바람이 산을 가르고 바위를 부수나 바람 가운데에 여호와께서 계시지 아니하며 바람 후에 지진이 있으나 지진 가운데에도 여호와께서 계시지 아니하며 또 지진 후에 불이 있으나 불 가운데에도 여호와께서 계시지 아니하더니 불 후에 세미한 소리가 있는지라"(왕상 19:11-12).

하나님의 소리는 조용할 때 들립니다. 하나님의 지혜는 조용한 소리로 다가옵니다. 그래서 위기를 만났을 때는 조용한 곳으로 가야 합니다. 세상의 소리가 요란해서 하나님의 소리가 들리지 않는 곳에 있으면 안 됩니다. 사람의 호령 소리가 들리지 않는 곳, 탄식 소리, 놀라 외치는 비명 소리, 땅 꺼지는 한숨 소리가 들리지 않는 고요한 곳으로 가야 우리를 살리러 찾아오시는 하나님의 세미한 음성을 들을 수 있습니다.

하나님의 작은 소리까지도 들릴 만한 고요한 곳으로 가야 합니다. 골방으로 들어가야 합니다. 하나님을 독대하여 만나는 시간과 장소를 찾아야 합니다. 이른 새벽도 좋고 깊은 밤도 좋습니다. 방해받지 않는 차 안이라도 좋고 며칠간 빌린 호텔 방이라도 좋습니다.

하나님의 음성이 가장 잘 들리는 각자의 장소로 가야 합니다. 세상의 소리가 줄어들면, 하나님의 소리가 찾아옵니다. 거기에 엄청난 지혜가 들어 있습니다. 나를 살리는 지혜의 목소리가 들려오고, 위기에 빠진 성읍을 구할 지혜의 소리가 그 가장 조용한 장소에 있습니다. 세상의 큰 소리에 파묻혀 들리지 않던 세미한 음성이 조용한 곳으로 가면 드디 어 들립니다.

조용한 곳으로 가면 하나님이 찾아오십니다. 때로는 어루만져 주시 기도 합니다. 눈앞의 위기보다 더 큰 위기가 무엇인지 보여 주시고, 문 제를 해결하기 전에 나를 만져 살아나게 만드시기도 합니다. 때로는 반 짝이는 지혜를 주셔서, 그 순간에 숨 쉴 틈 없이 받아 적게 하시기도 합 니다.

우리는 조용한 장소를 자꾸만 잃어 갑니다. 그래서 세상의 소리만 더 욱 가득합니다. 예수님은 공생애 사역을 하시기 전 조용한 소리를 듣기 위해 가장 조용한 광야에 나가 40일을 금식하며 하나님의 음성을 들으 셨습니다. 모세는 광야로 나가기 전 시내 산에 올라 40일을 금식하며 하나님을 만났습니다. 바울은 다메섹 도상에서 예수님을 만나고 당장 에 광장으로 나가서 복음을 전하기 전에 아라비아 광야로 가서 3년 동 안 하나님의 음성을 들었습니다. 조용한 곳에 하나님의 음성이 들립니 다. 번뜩이는 지혜가 그곳에 있습니다.

바쁘다고 그냥 살지 마세요. 우리를 살리려고 준비된 그런 곳에 올라 가야 합니다. 그곳에서 하나님께 번뜩이는 지혜를 얻어야 합니다. 위기 가운데 머물면 늪이 되어 더 깊은 수렁으로 빠져 들어갑니다. 잠시 쉼

표를 하고 하나님을 찾아야 합니다. 그러면 살길이 보입니다. 그게 지혜입니다.

〰 무기보다 나은 지혜

"지혜가 무기보다 나으니라"(전 9:18 상). 시간을 무기 모으는 데 쓰지 말고 지혜 모으는 데 쓰시기 바랍니다. 전통의 화살보다 더 많이 모아야 하는 것은 지혜의 화살입니다. 지혜는 적군의 모든 무기를 무력화하기도 하고 적군 스스로를 죽이는 병기로 바꿀 수도 있습니다. 사람들은 무기를 모으는 데 자기의 모든 에너지를 쏟습니다. 총알을 장착하고 투자자를 유치하고 화살을 모으고 칼을 벼리고 재정을 축적합니다. 모두 중요하지만, 시간을 거기에 다 쓰면 안 됩니다.

지혜의 전통에 화살이 더 많아야 합니다. 지혜의 화살은 어떻게 준비하는 것일까요? "여호와를 경외하는 것이 지혜의 근본이요 거룩하신 자를 아는 것이 명철이니라"(잠 9:10). 성읍을 구할 답이 여기에 있습니다. 마귀는 전통의 화살보다 하나님 앞에 무릎 꿇는 사람을 더 무서워합니다. 하나님 앞에 무릎 꿇는 자는 하나님의 지혜를 얻기 때문입니다. 하나님 앞에 무릎 꿇고 기도하는 시간은 그 사람의 지혜의 전통에 화살이 채워지는 시간입니다. 마귀는 돈 많은 사람을 무서워하지 않고 하나님 앞에 기도하는 사람을 무서워합니다. 그 시간에 무슨 지혜를 얻어서 자기를 향해 쏠지 모르기 때문입니다. 마귀는 칼을 벼리는 사람보다 기도로 지혜를 벼리는 사람을 더 무서워합니다. 하나님의 지혜는 절대로 이길 수 없다는 것을 알기 때문입니다.

하나님의 능하신 손 아래서 부지런히 하나님을 찾아 기도하십시오.

기도하는 그 시간이 하나님이 우리를 살리시는 시간입니다. 성읍을 살리는 지혜는 조용한 시간에, 하나님 앞에 무릎을 꿇을 때 찾아옵니다. 마음속의 화살이 전통의 화살보다 많아야 성을 구할 수 있습니다.

26

왼쪽 마음 _{전 10:1-20}

지혜자의 마음은 오른쪽에 있고
우매자의 마음은 왼쪽에 있느니라 (전 10:2)

●●● 전도서 10장에는 재미있는 표현이 나옵니다. "지혜자의 마음은 오른쪽에 있고 우매자의 마음은 왼쪽에 있느니라"(전 10:2). 지혜자의 마음이 오른쪽이고, 우매자의 마음이 왼쪽입니다. 더 쉽게 말하면 좋은 마음은 오른쪽, 나쁜 마음은 왼쪽입니다. 이번 장에서는 왼쪽 마음의 특징 세 가지를 살펴보려고 합니다.

〜 왼쪽 마음은 주권자의 말을 듣지 않는다

"주권자가 네게 분을 일으키거든 너는 네 자리를 떠나지 말라 공손함이 큰 허물을 용서받게 하느니라"(전 9:4). 왼쪽 마음을 가진 우매자는 사람의 말을 잘 듣지 않고, 들어도 삐딱하게 듣거나, 듣다가 일어나서 나가 버립니다. 공손하지 못한 마음입니다. 주권자가 경책하면 듣고 회개의 기회로 삼아야 하는데, 복수의 마음을 키우는 데 사용합니다. 이런 말이 있습니다. "야단을 쳐 보면, 그 사람이 나에게 어떤 마음과 자세를 가지고 있는지를 알 수 있다."

저는 목회를 하면서 담임목사로서 사역자든 중직이든 성도든 야단쳐 본 적이 거의 없습니다. 몇 번 해 봤는데 성공한 케이스가 거의 없기 때문입니다. 야단을 받아들이는 마음을 찾기가 힘듭니다. 그럼에도 영적 지도자로서 경책하고 야단치고 무섭게 가르치기도 해야 할 때가 있는데 그렇게 하고 난 뒤에는 하루 종일 그를 위해 기도합니다. 그 야단을 복수의 기회로 삼지 않고, 회개의 기회로 삼는 모습을 보면 얼마나 기쁜지 모릅니다.

못생긴 나무가 산을 지킨다고 했습니다. 잘난 사람은 야단을 견디지 못합니다. 영적 리더십과 권위를 인정하기 쉽지 않습니다. "너도 사람이고 나도 사람인데, 왜 큰소리야?" 하고 불같이 화냅니다. 겉으로 내지 않아도 분을 품고 집으로 돌아가 집에서도 화를 삭이지 못합니다. "내가 뭐가 잘못한 게 있어서 교회까지 와서 저런 사람에게 야단을 맞고 있어? 사회에서 내가 어떤 위치에 있는데 이런 대접을 받아야 돼?" 잘생긴 나무들은 불어오는 미풍도 견디지 못하고 산을 떠나 버립니다.

왼쪽 마음을 가지고 사는 사람은 야단을 이기지 못합니다. 야단을 자기 성숙의 기회로 삼지 못하고, 복수의 기회로 삼는 것이 어리석은 왼쪽 마음입니다. 주권자가 내는 분노를 이기지 못하고, 그 자리를 박차고 일어나 나가 버립니다. 그러고는 자기가 가장 현명하고, 자기 판단이 가장 옳다고 우쭐거립니다.

그러나 그 모습을 위에서 보시는 분이 계시니 하나님입니다. 하나님께서 우매한 왼쪽 마음의 사람을 가만 놔두실 리가 없습니다. 그 결과가 어떻습니까? "함정을 파는 자는 거기에 빠질 것이요 담을 허는 자는 뱀에게 물리리라 돌들을 떠내는 자는 그로 말미암아 상할 것이요 나무들을 쪼개는 자는 그로 말미암아 위험을 당하리라"(전 10:8-9).

결국 자기가 행한 일로 자기가 당하는 것이 왼쪽 마음입니다. 자기가 판 함정에 자기가 빠지고, 자기가 허문 담에서 나온 뱀에게 자기가 물리고, 자기가 캐낸 돌에 자기가 맞아 상하고, 자기가 쪼갠 나무에 살이 찔리는 것입니다.

"지혜자의 입의 말들은 은혜로우나 우매자의 입술들은 자기를 삼키나니 그의 입의 말들의 시작은 우매요 그의 입의 결말들은 심히 미친 것이니라 우매한 자는 말을 많이 하거니와 사람은 장래 일을 알지 못하나니 나중에 일어날 일을 누가 그에게 알리리요"(전 10:12-14).

왼쪽 마음을 가진 사람은 말을 많이 한다고 합니다. 섬기는 사람은 섬기느라 말할 시간이 없고, 말을 많이 하는 사람은 말하느라 섬길 시간이 없다고들 합니다. 오른쪽 마음의 사람은 섬기고 헌금하고 예배하고 전도하고 희생하느라 말할 시간이 없습니다. 그런데 왼쪽 마음을 가진 사람은 사랑해야 한다, 구제해야 한다, 선교해야 한다는 말을 하느라 정작 섬길 시간이 없습니다.

오른쪽 마음이 전도할 때 왼쪽 마음은 전도해야 한다고 말하고, 오른쪽 마음이 헌금할 때 왼쪽 마음은 헌금은 이렇게 써야 한다고 말하고, 오른쪽 마음이 불쌍한 사람을 도울 때 왼쪽 마음은 교회가 불쌍한 사람 도와야 한다고 말합니다.

오른쪽 마음 사람의 말은 은혜롭습니다. 12절 상반절에 "지혜자의 입의 말들은 은혜로우나"라고 말씀합니다. 조용히 있다가 가끔씩 한마디를 하는데, 그 말이 은혜롭습니다. 힘도 있고 능도 있고 사람을 감동시키기도 합니다. 그런데 우매자, 왼쪽 마음을 가진 사람의 말은 울리는 꽹과리와 같습니다. 말도 맞고 틀린 것 하나도 없는데, 허공을 울리는 꽹과리 같아서 들을수록 머리가 아프고 괴롭습니다. 오른쪽 마음을 가진 사람의 말은 은혜롭고, 왼쪽 마음을 가진 사람의 말은 아픕니다.

교회에 어떤 비전이 선포되면 오른쪽 마음은 어떻게 그 비전을 이룰까를 가장 먼저 생각하고, 왼쪽 마음은 그 비전이 어째서 터무니없는지

251

를 먼저 생각합니다. 오른쪽 마음은 내가 무엇을 할 수 있을까를 생각하고, 왼쪽 마음은 아무도 할 사람이 없다고 설명합니다. 오른쪽 마음은 기도로 하나님의 의견을 묻고, 왼쪽 마음은 사람들의 의견을 묻고 수집합니다.

안타깝게도 많은 교회가 은혜롭게 말하는 사람에 의해 움직이기보다 말을 많이 하는 사람에 의해 움직입니다. 목소리 큰 사람이 이긴다고, 결국은 회의를 해서 결정해도 말 많은 사람 의견대로 흘러가는 교회들이 많습니다. 일꾼을 세울 때도 일 잘하는 사람이 아닌 말 잘하는 사람을 세우면 말 때문에 어려워지는 일들이 생기고 맙니다.

세상에서는 목소리 큰 사람이 이길지 몰라도 교회에서는 은혜롭게 말하는 사람이 이겨야 교회가 은혜롭습니다. 그래서 골로새서는 이렇게 말씀합니다. "너희 말을 항상 은혜 가운데서 소금으로 맛을 냄과 같이 하라 그리하면 각 사람에게 마땅히 대답할 것을 알리라"(골 4:6).

⌒ 왼쪽 마음은 저주한다

"심중에라도 왕을 저주하지 말며 침실에서라도 부자를 저주하지 말라 공중의 새가 그 소리를 전하고 날짐승이 그 일을 전파할 것임이니라"(전 10:20). 오른쪽 마음을 가진 사람은 장점을 보고 칭찬합니다. 왼쪽 마음을 가진 사람은 단점을 보고 지적하거나 수군거립니다. 그래서 오른쪽 마음을 가진 사람은 축복의 말을 하고, 왼쪽 마음을 가진 사람은 저주의 말을 합니다. 그런데 본문은 남들 앞에서 말조심하라고 하는 것이 아니라, 심중에라도 왕을 저주하지 말고 침실에서도 부자를 저주하지 말라고 합니다. 왜 아무도 없는 침실에서도, 들을 수 없는 마음으로도 저주하지 말라고 하는 것일까요? 마음에 있는 것이 사람들 앞에서도 나오기 때문입니다.

심중에 품은 말은 부지불식중에 나오기 때문에 심중에도 저주하는 말은 품지 말아야 합니다. 혼자 있을 때도 예쁜 말, 은혜로운 말, 품위 있는 말을 연습해야 합니다. 혼자 한 저주의 말도 몸에 배면 나도 모르게 튀어나오기 때문에 마음속이나 혼자서도 저주의 말을 품지 말라는 것입니다.

"선한 사람은 마음에 쌓은 선에서 선을 내고 악한 자는 그 쌓은 악에서 악을 내나니 이는 마음에 가득한 것을 입으로 말함이니라"(눅 6:45). 그래서 오른쪽 마음의 사람은 항상 혼자 있을 때 좋은 말을 연습하면서 삽니다. 마음에 좋은 것을 매일 쌓아 두고 삽니다. 언제 누가 자극을 해도 은혜가 흘러나오게 하려는 것입니다. 은혜를 쌓은 사람은 자기도 모르게 내뱉은 말도 은혜롭습니다. 속에 있는 것이 나오기 때문입니다.

프랑스 화가 조르주 루오는 그의 판화에 이런 말을 써 놓았습니다. "의인은 향나무처럼 찍는 도끼에 향을 묻힌다." 향나무는 몸 전체에 향을 담고 있기 때문에 자기를 찍는 도끼의 날에도 향을 묻힌다고 합니다. 우리 안이 은혜로 가득 채워진다면, 은혜는 자연스럽게 흘러나올 것입니다.

27

가장 확실한
인생 준비 전 11:1-8

너는 네 떡을 물 위에 던져라
여러 날 후에 도로 찾으리라 (전 11:1)

•••　전도자는 인생의 막연함을 이렇게 표현합니다. "너는 아침에 씨를 뿌리고 저녁에도 손을 놓지 말라 이것이 잘될는지, 저것이 잘될는지 혹 둘이 다 잘될는지 알지 못함이니라…사람이 여러 해를 살면 항상 즐거워할지로다 그러나 캄캄한 날들이 많으리니 그 날들을 생각할지로다 다가올 일은 다 헛되도다"(전 11:6, 8).

일이 잘될지 못될지 자신이 없으니 손을 놓지 못하고 삽니다. 노년에 이르렀는데도 불안해서 붙잡고 삽니다. 앞으로 남은 인생, 무슨 일이 일어날지 모르기 때문에 불안합니다. 남은 인생이 즐거운 날이 될지 캄캄한 날이 될지 몰라 불안해서 손에 쥐고도 잠을 이룰 수 없습니다. 이것이 하나님 없이 사는 불안한 인생입니다.

그런데 하나님을 믿는다고 해도 이 불안함이 사라지지 않습니다. 왜냐하면 하나님이 우리의 인생이 어떻게 될지 다 보여 주시지 않기 때문입니다. 하나님이 내 인생을 어디로, 어떤 방향으로 끌고 가실지 다 알려 주시지 않기 때문에 하나님을 믿고 살아가는 성도들조차도 미래에 대한 불안함이 사라지지 않습니다. "바람의 길이 어떠함과 아이 밴 자의 태에서 뼈가 어떻게 자라는지를 네가 알지 못함같이 만사를 성취하시는 하나님의 일을 네가 알지 못하느니라"(전 11:5).

자연스럽게 이런 질문이 생깁니다. "그렇다면 어떻게 살아야 하는

가? 하루를 살아도 미래를 걱정하지 않고 마음 평안하게 사는 방법은 없는가?" 감사하게도 본문에 그 해답이 들어 있습니다. 어떻게 해야 후회 없는 인생을 살 수 있는지를 배워 보도록 하겠습니다.

〰 나누며 살기

"너는 네 떡을 물 위에 던져라 여러 날 후에 도로 찾으리라"(전 11:1). "네 떡을 물 위에 던지라"는 표현은 나눔과 구제를 말할 때 쓰던 경구입니다. 네 손에 꼭 움켜쥐며 살지 말고 오늘 먹을 만큼 먹었으면 나머지는 바구니에 담아서 흐르는 물에 던지라는 것입니다. 배고파 죽어 가던 누군가가 그 음식을 먹고 눈이 밝아져 살아나고, 힘을 내서 일하고, 먹을 것이 생기면 또 자기가 먹고 남겨 물 위에 띄우는 그 일이 반복되면, 언젠가 네 인생에 배고픈 날이 올 때에 물가에서 너를 살리기 위해 떠내려 오는 음식을 먹게 될 것이라는 뜻입니다.

고대 근동에 이런 이야기가 전해져 옵니다. 핫산의 아들 모하메드는 매일 떡 조각을 강에 버리는 습관이 있었습니다. 한번 그의 아들이 발을 헛디뎌 강에 빠져 떠내려가고 있는데, 강물에서 떠내려오는 떡 조각을 먹고 버텨 살아났습니다. 그 떡은 아버지가 위에서 습관적으로 던지던 떡이었던 것입니다.

평생 도움을 주기만 하거나 받기만 하는 사람은 없습니다. 오늘 내가 누군가를 도울 힘이 있으면 힘을 다해서 도와야 합니다. 인생의 앞날은 아무도 가늠하지 못하기 때문에, 오늘 내가 던진 떡이 언제 더 큰 떡이 되어 위급한 상황에 나를 살리는 떡으로 되돌아올지 모릅니다. 아무런 대가 없이 흘려보냈지만(flowing) 하나님은 기억하십니다. 무엇을 바라고 흘려보내지 않았지만, 어느 날 더 크게 돌아옵니다.

내 손에 있는 것을 흐르는 물 위에 던지는 사람은 바보 같아 보입니다. 그러나 그 무모한 일을 하나님은 다 보고 계십니다. 누가 언제 무엇을 가난한 이웃의 주머니에, 선교사님의 통장에, 교회 건축에, 외국인 노동자들의 고향 가는 비행기 표에, 신학생의 학비에 실어 보냈는지 하나님은 다 보고 계십니다.

마태복음 25장에는 선한 일을 한 양들에게 하나님께서 칭찬하시는 장면이 나옵니다. "그때에 임금이 그 오른편에 있는 자들에게 이르시되 내 아버지께 복 받을 자들이여 나아와 창세로부터 너희를 위하여 예비된 나라를 상속받으라 내가 주릴 때에 너희가 먹을 것을 주었고 목마를 때에 마시게 하였고 나그네 되었을 때에 영접하였고 헐벗었을 때에 옷을 입혔고 병들었을 때에 돌보았고 옥에 갇혔을 때에 와서 보았느니라"(마 25:34-36). 그 말을 들은 사람들이 "우리가 언제 그렇게 대접했습니까?" 하고 묻자 예수님의 대답이 이렇습니다. "임금이 대답하여 이르시되 내가 진실로 너희에게 이르노니 너희가 여기 내 형제 중에 지극히 작은 자 하나에게 한 것이 곧 내게 한 것이니라 하시고"(마 25:40).

나는 그렇게 하고도 다 잊어버렸는데, 하나님은 내가 언제 목마른 자에게 물을 주었는지, 헐벗은 이에게 옷을 벗어 주었는지, 나그네를 빈 손으로 보내지 않았는지 다 보고 기억하고 계셨습니다. 그리고 마침내 그 모든 것을 계산하시고, 하나님의 보좌 앞 가장 좋은 오른쪽에 앉히시고 모든 사람이 보는 앞에서 행한 일을 다 들추어내시고 내가 한 것과는 비교도 할 수 없는 큰 것으로 천국의 상속권을 주십니다.

～ 끝없이 나누기

"일곱에게나 여덟에게 나눠 줄지어다 무슨 재앙이 땅에 임할는지 네

가 알지 못함이니라"(전 11:2). 일곱이나 여덟에게 나눠 주라는 말이 무
슨 뜻일까요? 한두 개는 적은 숫자를, 서너 개는 적당한 숫자를 말할 때
쓰는 말이라면, '일곱이나 여덟'은 산술적으로 7-8개라는 뜻이 아니라,
제한 없이 많을 때 쓰는 표현법입니다. 따라서 일곱이나 여덟에게 나눠
주라는 것은 사는 동안 가능하면 수를 헤아릴 수 없이 많은 곳에, 많은
사람에게 나눠 주라는 말입니다. 언제 어디서 재앙을 만날지 모르고,
누구에게 그 재앙을 벗어날 도움을 받게 될지 모르니 멈추지 말고 나눠
주기를 계속하라는 것입니다.

　성경은 평생 멈추지 않고 나눔을 실천하기 위한 방법을 우리에게 가
르쳐 주었습니다. 오른손이 하는 일을 왼손이 모르게 하는 것입니다.
오른손이 남을 돕고, 다시 오른손이 하기에는 기억이 남아 있습니다.
그때는 오른손이 한 일을 전혀 모르는 왼손이 하면 됩니다. 그리고 또
나눔과 드림을 해야 할 때는 오른손이 그 일을 합니다. 그러면 평생 오
른손과 왼손으로 하나님의 일을 할 수 있습니다. 이번 주에 오른손으로
헌금했으면 다음 주에는 왼손으로 하면 됩니다. 오늘 오른손으로 이 사
람에게 도움을 주었으면 다음에는 왼손으로 도우면 됩니다.

　그러면 그 사람은 내게 도움 줄 수 없을지 몰라도, 하나님이 다 보시
고 사람이 줄 수 없는 복을 주십니다. "여호와께서 너를 위하여 하늘의
아름다운 보고를 여시사 네 땅에 때를 따라 비를 내리시고 네 손으로
하는 모든 일에 복을 주시리니 네가 많은 민족에게 꾸어 줄지라도 너는
꾸지 아니할 것이요"(신 28:12).

　일곱, 여덟에게 나누어 주는 자가 되어야 합니다. 한두 번으로 그치
는 것이 아니라 뒤에 있는 일은 잊어버리고 앞에 있는 푯대를 향하여
가야 합니다. 오른손이 했으나 왼손이 모르게 하는 것은 남에게 숨기는

것이 아니라 나에게 숨기는 것입니다. 아무것도 한 것 없다는 마음으로 섬기고 나누며 주님 앞에 섬기고 봉사하는 것입니다.

훌륭한 성도는 섬김과 드림과 나눔을 멈추지 않습니다. 절대로 할 만큼 했다는 말을 하지 않습니다. 그 누구보다도 힘에 지나도록 많이 했음에도 아무것도 한 것 없어 하나님께 죄송하고, 받은 은혜 생각하면 한 것도 아니라고 고백합니다. 자기의 전 재산을 드리고도 마땅히 할 일을 했다며 써 주시는 것만 해도 영광이라고 고백합니다. 이렇게 일곱 여덟, 숫자도 셀 수 없을 정도로 하나님은 다 세고 계십니다. 반드시 인생의 다급한 순간에 하나님께서 은혜의 손을 내밀어 주실 것입니다. 그것이 2절에 나오는 약속입니다.

〰 　움켜쥐지 않기

"구름에 비가 가득하면 땅에 쏟아지며 나무가 남으로나 북으로나 쓰러지면 그 쓰러진 곳에 그냥 있으리라"(전 11:3). 하늘에 있는 물을 구름이 다 차지하고 소유한다고 해도 다 품지 못합니다. 결국, 구름 보따리가 터지고 땅에 쏟아질 것입니다. 그때 '이럴 줄 알았으면 나눠 줘서 사람 마음이나 사고 하나님 칭찬이나 받을걸' 해도 늦었습니다. 나눔은 깨지기 전에 하나님이 주시는 감동입니다. 그 감동을 무시하면 안 됩니다.

나무가 열매를 떨구지 않고 무거운 열매 주렁주렁 매달고 서 있으면 작은 바람에도 쓰러지게 됩니다. 쓰러진 나무는 다시 일어나 열매를 맺지 못한 채 썩어 갑니다. 나무는 열매를 계속 땅에 떨어트려 지나가는 배고픈 사람이 먹게 해야 꿋꿋이 서서 더 많은 열매를 맺는 법입니다.

물을 품은 구름만큼 어리석은 구름 없고 많은 열매 혼자 달고 있다가 쓰러진 나무만큼 초라한 나무도 없습니다. 움켜쥐는 것은 가장 큰 비극이 됩니다. 비워야 더 좋은 것으로 채워 주시는데, 움켜쥐고 있으니 하나님이 더 좋은 것을 주실 수가 없습니다.

～ 바로 지금부터 나누기

"풍세를 살펴보는 자는 파종하지 못할 것이요 구름만 바라보는 자는 거두지 못하리라"(전 11:4). 기회라는 녀석은 앞머리는 무성하고 뒷머리는 대머리라서 내 앞에 올 때 손으로 잡아야지, 지나갈 때 잡으면 놓친다는 말이 있습니다. 섬김과 나눔도 항상 기회가 오는 것이 아닙니다. 하나님이 내 인생을 복되게 하려고 주시는 기회입니다.

기회가 왔는데도 계속 미루는 사람이 있습니다. 지금은 그럴 때가 아니니, 조금 더 있다가 하자고 합니다. 좀 더 형편이 나아지면 하자고 합니다. 그러나 전도자는 그러다 늦는다고 합니다. 매일매일 파종할 때가 맞는지 아닌지 바람만 살피다가 세월 다 보내는 사람들이 있습니다. 비가 오면 땅을 일구려고 쟁기를 어깨에 올려놓고 구름만 보는 사람은 비가 와도 갈아 두지 않아서 거두지 못합니다. 나눔과 섬김과 헌신의 때는 지금이라고 성경은 말합니다. 그래야 파종하고 거둔다고 합니다.

한 치 앞도 모르는 우리 인생, 하나님이 다 가르쳐 주시지 않은 인생을 살아갈 때, 전도서가 우리에게 알려 준 지혜들을 기억하시기 바랍니다. 네 떡을 물 위에 던져 나눠 주고, 일곱 여덟에게 제한 없이 나누며, 물을 품은 구름처럼 살지 말고, 열매 품은 나무처럼 살지 말고, 풍세만 살피다가 기회를 놓치지 말고, 지금 하루하루 마음을 주시고, 감동을 주실 때마다 나누고 섬기고 드리는 우리 인생 됩시다.

28

오늘이 가장
젊은 날 전 11:9-12:7

너는 청년의 때에
너의 창조주를 기억하라
곧 곤고한 날이 이르기 전에,
나는 아무 낙이 없다고 할 해들이
가깝기 전에 (전 12:1)

●●● 세월이 얼마나 빠른지 느낄 수 있는 50초짜리 외국 영상이 있습니다. 이 영상은 한 여성이 산부인과 침대에 누워 출산하는 것으로 시작합니다. 아기가 엄마 배에서 툭 튀어나와 창문을 깨고 날아갑니다. "아~" 소리와 함께 공중을 날아가는데 아기가 금세 소년이 되고 청소년이 됩니다. 그러다 근육이 붙고 뼈대가 굵어지며 청년이 됩니다. 계속 "아~" 하고 날아가며 중년이 되고, 이가 빠지고 머리가 다 빠지면서 마지막에 관 속으로 팍 들어갑니다. 마지막에 "Life is short(인생은 짧다)"라는 문구가 나오고 그다음으로 "Play More(더 놀아라)", 하루라도 젊을 때 더 놀라고 말하는 게임 회사 광고입니다.

우리 노래에도 '노세 노세 젊어서 노세'라는 가사가 있죠. 인생은 이렇게 화살처럼 날아가는데, 머뭇거리다가 이 인생 다 갈 텐데 무엇을 하며 살아야 할까요? 그래도 다행인 것은 남은 인생 중에 오늘이 가장 젊은 날이라는 것입니다. 절대로 늦지 않았습니다. 그렇다면 내 인생의 가장 젊은 날인 오늘 나는 무엇을 해야 할까요?

〜 어리석은 청년의 모습

본문에 한 어리석은 청년이 등장합니다. 이 사람을 어리석다고 하는 이유는 이 청년이 자기의 젊음의 때를 이렇게 보내고 있기 때문입니다.

"청년이여 네 어린 때를 즐거워하며 네 청년의 날들을 마음에 기뻐하여 마음에 원하는 길들과 네 눈이 보는 대로 행하라 그러나 하나님이 이 모든 일로 말미암아 너를 심판하실 줄 알라"(전 11:9).

힘이 가장 넘치는 청년의 날에 그 아까운 젊음을 제대로 보내지 못하고 그저 쾌락의 도구로만 사용합니다. 마음에 원하는 대로 눈이 끌리는 대로 자기가 주인이 되어서 살아갑니다. "네 감정대로 살아라. 마음이 이끄는 대로 살아라. 본능에 충실해라." 젊은이들을 향해 쏟아 내는 광고와 책을 읽고, 그렇게 살아야 하는 줄 알고 마음대로 살면, 결국 하나님의 심판의 이유가 됩니다.

내가 판단하는 대로 갔는데 왜 종착역은 하나님의 심판일까요? 중요한 한 가지를 놓쳤기 때문입니다. 그 청년은 자기 마음이 비뚤어져 있다는 걸 모르는 것입니다. 인간은 태어날 때부터 마음이 죄로 물든 상태라서 절대로 하나님을 향할 수 없습니다. 우리의 양심은 비뚤어져 있습니다. 비뚤어진 자를 대고 아무리 직선을 그리려 해도 비뚤어진 선이 나올 수밖에 없는 것처럼, 내 마음이 움직이는 대로 살았던 결과는 결국은 심판이더라는 것입니다. 그래서 마음이 움직이는 대로 산다는 게 이토록 위험한 겁니다.

"그런즉 근심이 네 마음에서 떠나게 하며 악이 네 몸에서 물러가게 하라 어릴 때와 검은 머리의 시절이 다 헛되니라"(전 11:10). 보이는 대로 느끼는 대로 원하는 대로 살면 기쁨이 와야 하는데 오히려 근심이 옵니다. 악한 일에 사로잡히고 지나온 모든 날들이 헛된 날로 여겨져 깊은 좌절에 빠집니다. 젊을 때 쾌락과 허랑방탕한 삶을 살면 쌓이는 것은 통장 잔고가 아니라 근심입니다. 젊어서는 오늘이 마지막인 것처럼 놀며 탕자처럼 살았지만 돌아보면 검은 머리 시절에 행한 일들이 다 의미 없고 헛된 것임을 알게 됩니다.

"YOLO – You Only Live Once. 인생은 한 번뿐이다. 부어라, 마셔라, 즐겨라, 오늘 있는 돈으로 네 마음에 이끌리는 것을 사라. 인생 한 번 살지 두 번 사냐? You Only Live Once, YOLO." 이렇게 사는 것이 욜로족입니다.

청년들을 이해 못 하는 것은 아닙니다. 준비도 미래가 어느 정도 보장되고 소망이 있어야 열심히 하는데, 젊어서부터 포기해야 하는 것들이 너무 많습니다. 살아 보지 않아도 어떻게 살지 뻔히 보이니 더 이상 소망하지 못합니다. 차라리 오늘 하루라도 행복하고 즐겁게 살자고 선택한 것입니다.

〜 우리는 모두 청년

하지만 청년 세대뿐 아니라 또 다른 청년들의 이야기도 하려고 합니다. 바로 우리 모두입니다. 우리는 나이와 상관없이 남은 인생 중 오늘이 가장 젊은 청년입니다. 그렇다면 오늘 본문은 우리 모두에게 동일하게 해당되는 말씀입니다. 이 시대의 청년들과 각자의 인생 가장 젊은 때를 보내는 이들이 함께 들어야 할 말씀이 있습니다. 우리 인생에서 하루라도 젊을 때 가장 중요하게 여겨야 할 것이 무엇일까요? "너는 청년의 때에 너의 창조주를 기억하라"(전 12:1 상).

바로 이 한 구절을 위해서 전도자는 1장부터 12장까지 우리를 이끌고 온 것입니다. 이 구절이 바로 전도서의 결론이자 기록 목적입니다. 헛되고 헛된 세상에서 참되고 참된 삶을 살 수 있는 유일한 방법은 창조주 하나님을 믿는 것입니다. 이것이 전도서의 핵심입니다.

전도서를 시작하면서 두 세상을 말씀드렸습니다. 해 위의 세상 올람과 해 아래의 세상 헤벨. 올람의 세상은 하나님이 계시고 시간의 시작도 끝도 없는 영원한 천국의 세성인 반면 헤벨의 세상은 인간의 세상으로 시간의 시작과 끝이 있으며 아무리 좋은 것도 시간의 흐름에 퇴색되는 허무의 세상이라고 했습니다.

12장 8절처럼 헛되고 헛되니 모든 것이 헛된 것이 헤벨의 세상을 살아가는 인간의 종착지입니다. 올람의 세상은 시간의 지배를 받지 않기 때문에 영원한 세상입니다. 우리의 문제는 헤벨의 세상에서 태어나 흐르는 시간 속에 올라탄 것입니다. 해 아래에 있다는 뜻이 뭡니까? 해가 뜨고 지는 시간의 흐름 속에 있다는 뜻입니다. 시간이 지나간다는 뜻입니다. 헤벨의 세상에서는 누구든지 시간에 올라탔기 때문에 시간의 흐름을 따라 청년과 중년 그리고 노년의 때를 거쳐 허무하게 죽게 됩니다. 이것이 해 아래에서 살아가는 존재의 비극입니다.

반면 올람의 세상은 해 위의 세상이라 해가 뜨고 짐이 없기 때문에 시간이 존재하지 않습니다. 시간의 시작도 없고 끝도 없기 때문에 영원합니다. 시간이 흐를 때와 흐르지 않을 때의 차이는 시간 속에 인생과 감정을 넣을 때 알게 됩니다. 기쁨이라고 하는 감정을 시간 위에 올려 봅시다. 집을 한 채 샀다고 가정해 봅시다. 기쁩니까, 안 기쁩니까? 너무 기쁠 것입니다. 그런데 기쁨도 시간 위에 있기 때문에 집을 사고 한 달 지나면 첫날 같은 기쁨이 없습니다. 시간이 기쁨을 갉아먹기 때문입니다.

헤벨의 기쁨을 올람의 세상으로 가지고 가면 시간이 흐르지 않기 때문에 퇴색되지 않습니다. 처음 기쁨이 다음날 그대로 재연되고, 1년 후에도 천 년 후에도 똑같은 그 기쁨입니다. 시간에 올라타지 않았기 때문입니다. 그래서 기쁨이 영원한 곳을 천국이라고 이야기합니다.

천국에 들어간 첫날은 엄청 기쁠 것입니다. 그런데 천국에 시간이 흐른다고 생각해 보십시오. 1년 후에도 첫날처럼 기쁠까요? 덜 기쁠 것입니다. 왜 그렇습니까? 천국에 익숙해져 버렸기 때문입니다. 그러나 천국에서는 시간이 흐르지 않기 때문에 수만 년의 시간이 흘러도 첫날처럼 계속 기쁜 것입니다. 그래서 천국이 천국인 겁니다. 천국 가서 그렇게 보고 싶던 예수님 만나면 너무나 반가울 것입니다. 그러나 만약 천국에 시간의 흐름이 있다면 한 달 후에는 별로 안 반가울지도 모릅니다. 한 3년 지나면 예수님과 마주쳐도 그냥 지나쳐 버릴지 모릅니다.

우리 인생은 끝이 나는 허무의 세상에 있는데 아무도 이 삶에서 벗어날 수 없습니다. 그렇게 헤벨의 시간에 올라타 살던 어느 날 놀라운 사건 하나가 일어납니다. 지금까지 그런 적이 없었는데, 헤벨의 시간을 살아가는 내 인생에 올람에서 손 하나가 내려오는 겁니다. 그러고는 내 인생을 꽉 잡아 올람의 시간으로 옮겨 놓는 사건을 우리는 구원이라고 이야기합니다. 왜 그 손이 하필 내게 내려와 포기하지 않고 당겨 헤벨에서 올람으로 구원해 줬는지 이해할 수 없습니다. 지금도 저 세상에는 태어나서부터 헤벨에 몸을 싣고 죽음의 길로 가는 사람이 있습니다.

설명하라 해도 설명하지 못합니다. 무슨 공로가 있느냐 물어봐도 그만 한 공로가 없는 걸 스스로도 압니다. 이유를 알 수 없으니 구원은 더더욱 영광스러운 초대입니다.

올람의 세상에서 헤벨의 세상으로 내려오신 분을 만나는 것, 그분이 내민 손을 잡는 것, 그래서 헤벨의 세상에서 올람의 세상을 살아가는 것, 그것이 한 번밖에 없는 인생을 가장 위대하게 사는 법입니다. 올람에서 헤벨의 세상으로 내려오신 하나님의 독생자 예수 그리스도, 그분만이 헤벨에서 올람으로 갈 수 있는 유일한 길이요 진리요 생명이니,

그분을 통하지 않고는 올람의 세상에 계신 하나님께로 갈 수가 없습니다. 이것을 요한복음 3장 16절에서는 "하나님이 세상을 이처럼 사랑하사 독생자를 주셨으니 이는 그를 믿는 자마다 멸망하지 않고 영생을 얻게 하려 하심이라"라고 표현합니다.

유일한 길인 예수님을 나의 구원자로 인정하고 받아들이기 위한 전제 조건이 있다면, 창조주 하나님을 인정하는 것입니다. 하나님을 인정해야 하나님이 보내신 독생자를 인정할 수 있기 때문입니다. 하루라도 젊을 때, 내 인생의 남은 날 중에 가장 젊은 오늘 가장 먼저 해야 할 일은 창조주 하나님을 인정하고 그분이 보내신 독생자 예수님을 믿어 구원받는 것입니다. 이것을 쉬운 말로 지옥 가는 인생이 방향을 바꾸어 천국으로 가는 인생이 되었다고 합니다. 요한복음은 이 주소 이동을 이렇게 쉽게 기록하고 있습니다. "내가 진실로 진실로 너희에게 이르노니 내(예수님) 말을 듣고 또 나 보내신 이(하나님)를 믿는 자는 영생(올람)을 얻었고 심판(헤벨)에 이르지 아니하나니 사망(헤벨)에서 생명(올람)으로 옮겼느니라."(요 5:24).

이것이 우리 인생 가장 젊은 날에 가장 먼저 해야 할 가장 위대한 일입니다. 이것보다 중요하고 위대하고 급한 일은 없습니다. 노년의 가난과 질병보다 더 두려운 것은 죽음 후 심판이라는 것을 알아야 합니다.

내 인생의 남은 날 중 가장 젊은 오늘, 하루라는 기회가 또 주어졌을 때 우리는 창조주를 기억하고 그분의 보내신 예수 그리스도를 확실히 믿어야 합니다. 그 준비가 안 되었을 때 어떤 일이 일어나는지 전도자는 1절부터 7절까지 속사포처럼 우리에게 경고하고 있습니다.

"너는 청년의 때에 너의 창조주를 기억하라 곧 곤고한 날이 이르기 전에, 나는 아무 낙이 없다고 할 해들이 가깝기 전에 해와 빛과 달과 별들이 어둡기 전에, 비 뒤에 구름이 다시 일어나기 전에 그리하라 그런 날에는 집을 지키는 자들이 떨 것이며 힘 있는 자들이 구부러질 것이며 맷돌질 하는 자들이 적으므로 그칠 것이며 창들로 내다보는 자가 어두워질 것이며 길거리 문들이 닫혀질 것이며 맷돌 소리가 적어질 것이며 새의 소리로 말미암아 일어날 것이며 음악 하는 여자들은 다 쇠하여질 것이며 또한 그런 자들은 높은 곳을 두려워할 것이며 길에서는 놀랄 것이며 살구나무가 꽃이 필 것이며 메뚜기도 짐이 될 것이며 정욕이 그치리니 이는 사람이 자기의 영원한 집으로 돌아가고 조문객들이 거리로 왕래하게 됨이니라 은줄이 풀리고 금 그릇이 깨지고 항아리가 샘 곁에서 깨지고 바퀴가 우물 위에서 깨지고 흙은 여전히 땅으로 돌아가고 영은 그것을 주신 하나님께로 돌아가기 전에 기억하라"(전 12:1-7).

"하나님께로 돌아가기 전에 기억하라"라는 마지막 경고를 가볍게 들어서는 안 됩니다. 천사를 보내어 소돔과 고모라가 멸망할 것을 경고했음에도 불구하고 그 말을 농담으로 여겨 불 가운데 멸망한 사람이 있습니다. "롯이 나가서 그 딸들과 결혼할 사위들에게 말하여 이르기를 여호와께서 이 성을 멸하실 터이니 너희는 일어나 이곳에서 떠나라 하되 그의 사위들은 농담으로 여겼더라"(창 19:14).

〜 날이 갈수록 살아나는 법

하루라도 젊을 때, 내 인생의 가장 젊은 날, 창조주를 기억하고 그분이 보내신 예수님을 믿어야 합니다. 우리의 목숨을 거두어 가지 않으시고, 또 한 번 허락하신 오늘은 예수 믿으라고 주신 날입니다. 예수 믿는 사람에게는 예수 더 잘 믿으라고 주신 날입니다. 예수님을 믿는 순간, 헤벨과 올람이 연결됩니다. 그러면 이 땅의 삶과 죽음 후의 삶이 연결됩니다. 그때부터 우리는 죽어 가는 것이 아니라, 하루하루 살아가게 됩니다. 올람을 붙잡았다면 우리는 매일매일 청춘입니다. 살아도 살고 죽어도 사는 매일매일 보석 같은 날이 이어지는 것입니다.

박완서 작가가 《모래알만 한 진실이라도》(세계사)라는 에세이에 "다이아몬드에는 중고라는 것이 없다. 천년을 가도 만년을 가도 영원히 청춘인 돌"이라는 멋진 말을 써 놓았습니다. 하나님을 만나기 전 우리는 길가에 뒹구는 돌멩이였지만 하나님을 만난 후 보석이 되었습니다. 그것도 다이아몬드가 되었습니다. 그때부터 우리는 천년만년 살아도 중고가 되지 않는 영원히 청춘인 돌이 되었습니다.

빛이 비치면 수많은 색깔을 반사하는 아름다운 다이아몬드도 해 아래에 있어야 빛이 납니다. 돌멩이였던 우리가 하나님 손에서 다이아몬드가 되었어도, 영원한 빛이신 하나님의 전능한 빛 안에 살아갈 때에야 비로소 황홀할 정도로 눈부신 다이아몬드의 빛을 낼 수 있습니다.

하루하루 나이 먹어 갈수록 빛이신 주님과 더 가까워지기 때문에 더 눈부시게 빛납니다. 세상은 썩어진다 할지 몰라도 우리는 주님과 더 가까워져 가고 있기 때문에 남은 생을 살아가는 동안 눈부시게 아름다울 것입니다. 우리가 가장 눈부시게 빛나는 날은 언제입니까? 내 인생 마지막 날이 주님과 가장 가까운 거리에 있는 날입니다. 빛이신 주님께 가장 가까이 있어서 그 빛이 반사되는 최고로 눈부신 날이 될 것입니다. 그래서 그리스도인들의 죽음이 더 아름다워지는 겁니다.

〈눈이 부시게〉라는 드라마에서 배우 김혜자 씨가 마지막에 읊은 대사가 있습니다. "삶이 한낱 꿈에 불과하다지만 그래도 살아서 좋았습니다. 새벽에 쨍한 차가운 공기, 꽃이 피기 전 부는 달큰한 바람, 해질 무렵 우러나는 노을의 냄새, 어느 한 가지 눈부시지 않은 날이 없었습니다. … 대단하지 않은 하루가 지나고 또 별거 아닌 하루가 온다 해도 인생은 살 가치가 있습니다. 후회만 가득한 과거와 불안하기만 한 미래 때문에 지금을 망치지 마세요. 오늘을 살아가세요. 눈이 부시게."

돌멩이 같던 우리 인생을 주님께서 찾아오셔서 건져 올리시더니 그분 손으로 쓱쓱 빚어 다이아몬드로 만드셨습니다. 매일매일 그분의 빛을 우리에게 비추어 주셔서, 돌멩이가 아닌 보석으로 매일매일 눈이 부시게 살도록 만들어 주신 하나님의 은혜를 찬양합니다. 죽어 가던 우리에게 매일 가장 젊은 날을 주사 살아가게 하셨습니다. 내 빛이 퇴색하는 것이 아니라, 주님과 가까워질수록 더 눈이 부시게 살게 하셨습니다.

내 인생 가장 젊은 날, 오늘. 썩어 가고 죽어 가는 삶에서 벗어나 창조주 하나님으로 인하여 살아나시길 바랍니다. 매일매일 청춘으로 살다가 내 인생 모든 날들이 눈부시지 않은 날들이 없었다고 고백합시다.

29

찌르는 채찍과
잘 박힌 못 <small>전 12:9-12</small>

지혜자들의 말씀들은 찌르는 채찍들 같고
회중의 스승들의 말씀들은 잘 박힌 못 같으니
다 한 목자가 주신 바이니라 (전 12:11)

● ● ●　　자동차 고장의 대부분은 설명서만 봐도 해결된 다고 전문가들은 말합니다. 목차를 보면 어떤 상황에서 어느 페이지를 봐야 하는지 아주 상세하게 나오고, 설명서에서 시키는 대로만 점검해 보면 대부분 해결할 수 있습니다.

하나님께서 우리를 흙으로 빚어 만드시고 난 뒤에 생기를 불어넣어 생명이 되게 하셨고, 그냥 살게 하지 않고 인생의 설명서를 만들어 주셨습니다. 그게 뭡니까? 성경책입니다. 우리 삶에 고장이 났을 때도 성경책을 보면 됩니다. 길 한가운데 인생이 멈추어 섰을 때는 시편 46편을 열어 보면 됩니다. "이르시기를 너희는 가만히 있어 내가 하나님 됨을 알지어다 내가 뭇 나라 중에서 높임을 받으리라 내가 세계 중에서 높임을 받으리라 하시도다"(시 46:10). 인생에 빨간 불이 들어올 만큼 위험한 순간에 처했다면 시편 23편을 열어 보면 됩니다. "내가 사망의 음침한 골짜기로 다닐지라도 해를 두려워하지 않을 것은 주께서 나와 함께하심이라 주의 지팡이와 막대기가 나를 안위하시나이다"(시 23:4). 인생에 탄식이 나올 때는 로마서 8장을 열어 보면 됩니다. "이와 같이 성령도 우리의 연약함을 도우시나니 우리는 마땅히 기도할 바를 알지 못하나 오직 성령이 말할 수 없는 탄식으로 우리를 위하여 친히 간구하시느니라"(롬 8:26).

어려운 일을 당할 때마다 성경 한 구절 한 구절을 펴 보며 살아갈 수 있습니다. 문제는 설명서가 성경에 들어 있는데 성경을 읽지 않는다는 겁니다. 인생의 답이 다 들어 있음에도 잘 읽지 않는 것이 현실입니다. 성경은 우리를 살리는 책입니다. 66권 중 어느 책 어느 구절이 나를 살릴지 모릅니다. 성경 속 어떤 구절이 날 살리고, 죽으려는 자녀의 마음을 돌이키고, 절망하고 좌절한 사람의 마음에 생기를 불어넣고, 지옥 가는 인생을 돌이켜 천국으로 가게 만들지 모릅니다. 그렇기에 성경을 가볍게 여겨서는 안 됩니다. 성경은 철학책이나 도덕책, 경전이나 마음 수양하는 책이 아니라 기록된 하나님의 말씀입니다.

〰 변치 않는 진리, 성경

"그러므로 모든 육체는 풀과 같고 그 모든 영광은 풀의 꽃과 같으니 풀은 마르고 꽃은 떨어지되 오직 주의 말씀은 세세토록 있도다 하였으니 너희에게 전한 복음이 곧 이 말씀이니라"(벧전 1:24-25).

어떤 사람이 시골 담장 사이를 오가면서 고개를 갸우뚱거립니다. 마을 사람이 그 모습을 보고 어느 집을 찾는지 묻습니다. 그러자 답이 이렇습니다. "제가 예전에 그 집 담장 위에 고양이가 있는 것을 분명히 봤는데, 지금은 그 고양이를 아무리 찾아도 안 보이지 뭡니까." 이런 사람을 바보라고 합니다. 움직이지 않는 것을 기준으로 삼아야 하는데, 움직이는 것을 기준으로 삼으니 어떻게 찾겠습니까? 진리는 변하지 않기에 기준으로 삼을 수 있는 것입니다. 진리가 세월 따라 변한다면 그것을 우리 인생의 기준으로 삼을 수 없습니다.

세월이 가면 생각, 사상, 법, 유행, 철학도 바뀌어 모든 것이 세월과 함께 흘러갑니다. 변하는 것을 붙잡으면 세월의 풍조에 떠내려가고 맙니다. 그러니 세세 무궁토록 변하지 않는 진리를 붙잡아야 살아날 수 있습니다.

세월이 아무리 흘러도 하나님의 말씀은 영원합니다. 세월이 간다고 수정되거나 빼거나 없던 것을 더할 수 없습니다. 하나님은 시간 너머에 계셔서 시간의 지배를 받지 않기 때문에 그 말씀이 시간이 간다고 변하지 않습니다. 태백산에 걸린 구름은 바람이 불면 흘러가지만, 태백산은 여전히 그 자리를 지키고 있습니다. 하나님도 산 같아서 여전히 그 자리에 계셔서 눈을 들면 보이는 분이십니다.

앞서 청년의 날에 가장 먼저 중요하게 해야 하는 것이 '창조주를 기억하고, 예수 그리스도를 믿는 것'이라고 했습니다. 그것보다 급한 일이 없다고 했습니다. 그래서 창조주를 기억하고 그분이 보내신 길이요 진리요 생명인 예수님을 믿게 되었습니다. 그렇다면 이제 어떻게 살아야 할까요?

예수님을 믿고 사는 성도가 남아 있는 날을 살아가기 위해 필요한 것이 바로 성경입니다. 성경이 우리 삶의 기준이 되어야 합니다. 성경이 가르치시는 대로 살아야 합니다. 전도자는 하나님의 지혜가 담긴 잠언을 어떻게 받아서 기록했는지 간증합니다.

⌇ 한 목자에게서 나온 성경

"전도자는 지혜자이어서 여전히 백성에게 지식을 가르쳤고 또 깊이 생각하고 연구하여 잠언을 많이 지었으며 전도자는 힘써 아름다운 말들을 구하였나니 진리의 말씀들을 정직하게 기록하였느니라 지혜자들의 말씀들은 찌르는 채찍들 같고 회중의 스승들의 말씀들은 잘 박힌 못 같으니 다 한 목자가 주신 바이니라"(전 12:9-11).

여기서 우리가 주목해서 봐야 할 두 구절이 있는데 첫째, "진리의 말씀들을 정직하게 기록하"였다는 것과 둘째, "다 한 목자가 주신 바이니라"라는 것입니다. 이 두 가지가 성경이 진리인 이유입니다. 모든 성경의 말씀은 진리의 말씀이고, 그 모든 말이 한 목자이신 하나님의 입에서 나왔습니다.

전도자는 솔로몬입니다. 솔로몬은 자기가 백성들을 가르쳤는데, 그냥 생각나는 말을 한 것이 아니라 깊이 생각하고 연구했다고 합니다. 솔로몬은 평생 삼천 개의 잠언을 말했고 그중 375개를 담은 것이 잠언서입니다. 그런데 잠언도 솔로몬의 머리에서 나온 것이 아닙니다. 성경에 기록된 어떤 말도 한 목자에게서 나왔습니다. 성경의 저자들이 대략 40여 명이고 다 환경과 문화와 배경을 가지고 있지만, 사실 그 모든 내용이 "한 목자"에게서 나왔습니다.

'모든 성경의 말씀이 한 목자로부터 나왔다'라는 이 말을 신약에서 바울은 이렇게 표현합니다. "또 어려서부터 성경을 알았나니 성경은 능히 너로 하여금 그리스도 예수 안에 있는 믿음으로 말미암아 구원에 이르는 지혜가 있게 하느니라 모든 성경은 하나님의 감동으로 된 것으로 교훈과 책망과 바르게 함과 의로 교육하기에 유익하니 이는 하나님의 사람으로 온전하게 하며 모든 선한 일을 행할 능력을 갖추게 하려 함이라"(딤후 3:15-17).

바울은 모든 성경이 다 하나님의 감동으로 되었다고 합니다. 모두 한 목자에게서 나왔다는 말과 같은 표현입니다. 성경의 66권 전권의 모든 말씀은 다 하나님의 말씀입니다. 지혜자는 이 성경의 역할을 두 가지로 의미 있게 요약합니다. "찌르는 채찍과 잘 박힌 못"입니다. 한 목자에게서 나와 스승들과 지혜자들에 의해 선포되는 하나님의 말씀은 찌르는 채찍과 잘 박힌 못과 같은 역할을 한다는 것입니다. 이게 무슨 뜻일까요?

〜 우리를 찌르는 채찍

"찌르는 채찍"이라는 표현은 유목 문화에서 나왔습니다. 이 채찍은 양들이 다른 길로 가지 않고 똑바로 갈 수 있도록 돕습니다. 허리를 찌르기도 하고 때리기도 해서 바른길로 가게 하는 것입니다. 하나님 말씀의 역할이 바로 찌르는 채찍입니다. 성도가 길을 잃어버리거나 신앙이 나태해지거나 다른 길로 갈 때에 하나님의 말씀이 무서운 채찍이 되어 찌릅니다. 그러면 정신이 번쩍 들고 다시 목자를 따라가게 됩니다.

성경은 하나님의 감동으로 되어 교훈과 책망과 바르게 함과 의로 교육하기에 유익하다고 했습니다. 성경이 아픈 채찍이 되어서 우리를 바르게 하고, 교훈을 주고, 눈물 쏙 빠지게 하는 책망의 권위를 가지고 있습니까? 옛날에 성도들은 아무리 야단을 맞아도 하나님의 말씀을 들을 줄 아는 귀가 있어서 말씀으로 교훈하면 양육이 되었는데, 언제부터인가 성도들이 귀에 쓴 말을 좋아하지 않게 되었습니다.

아픈 말 한마디만 들어도 서운해하고 시험에 들고 수군거리면서 교회를 힘들게 합니다. 한국 교회는 아픈 채찍을 견디지 못하는 성도들로 가득합니다. 옛말에 좋은 약은 입에는 쓰나 몸에는 이롭다고 했는데, 오늘날 단맛만 찾아다니는 성도들이 많아서 영적으로 병들었을 때 하나님 말씀으로 고쳐 내지를 못합니다.

아무리 좋은 보약을 집에 쌓아 두면 뭐합니까? 집에 가지고 있다고 건강해지는 것이 아니라 먹어야 건강해지는 것입니다. 하나님의 말씀인 성경을 집에 여러 권 모셔 두다고 내게 말씀의 능력이 나타나는 것이 아닙니다. 말씀을 읽고, 듣고 소화시킬 줄 알아야 내 삶에 역사하고 효력이 있는 것입니다.

교회에 나와서 선포되는 말씀을 먹을 줄 알아야 합니다. 편식하지 말고 쓰든 달든 아멘 하며 삼켜야 합니다. 그래야 말씀이 내 속에서 심령과 골수를 찔러 마음의 병, 육신의 병도 고치고 혼과 영을 쪼개면서 정신의 병과 죽은 영도 살리는 구원에 이르게 하는 것입니다.

똑같은 설교를 해도 은혜가 있는 성도는 '나에게 주시는 말씀'이라며 아픈 말도 달게 받는가 하면, '나 들으라고 하는 설교'라고 오해하고 마음 상해하는 성도가 있습니다. 아무리 말씀을 그대로 해석해서 가감 없이 전해도 그 말씀을 인간의 말로 듣고 서운해하고 시험에 드는 성도들이 얼마나 많은지 모릅니다.

설교자들도 두렵고 떨림으로 늘 깨어 하나님의 말씀을 연구해 정확하게 전해야 할 것이고, 그것을 듣는 성도들도 하나님의 말씀을 찌르는 채찍으로 받아 잠자는 영혼이 화들짝 깨어나도록 사용해야 것입니다.

잘 박힌 못

"잘 박힌 못"도 양을 키우는 유목 문화에서 나온 용어입니다. 양들을 이끌고 푸른 초장을 찾아 나선 목동들이 들에서 잠을 자기 위해 천막을 쳐야 하는데, 천막이 바람에 날려 가지 않도록 주변에 말뚝을 박고 밧줄을 묶어 두면, 어떤 바람이 불어도 날아가지 않게 됩니다.

그래서 천막을 칠 때 가장 중요한 것이 말뚝을 잘 박는 것입니다. 성경이야말로 우리 인생의 말뚝입니다. 다시 말해 우리가 믿음에서 파선되거나 바람에 요동하지 않게 성경이 붙들어 줍니다. 말씀을 제대로 읽고 연구하고 살아 내면, 우리의 믿음은 어떤 풍파가 와도 흔들리지 않습니다. 말씀을 읽지도 연구하지도 않고, 설교도 듣지 않고 말씀대로 살지 않으면 아무리 뜨거운 믿음도 곧 식어 버립니다. 말씀을 제대로 모르면 말씀을 마음대로 해석하고 이끄는 이단에 휩쓸려 믿음을 잃어 버리게 됩니다.

오늘도 마귀는 성도들의 믿음을 흔들고 있습니다. 태풍이 텐트를 흔들어 놓듯이, 뿌리째 뽑아 하늘로 날아가 버리게 만들려고 믿음을 흔들어 놓습니다. 그때 흔들리는 믿음을 붙잡아 주는 것이 하나님의 말씀, 즉 "잘 박힌 못"입니다.

하나님의 말씀은 잘 박힌 못입니다. 우리를 안전하게 지켜 주는 것이 하나님의 말씀입니다. 인생을 가장 복되게 살기 위해 하루라도 젊을 때 창조주를 만나야 하고, 그분이 날 살리기 위해 보내신 예수님을 믿어야 합니다. 그분의 말씀이 기록된 성경을 부지런히 읽으면, 그 말씀이 잘못된 길로 나가는 나의 옆구리를 찌르는 채찍이 될 것이며, 나를 흔들리지 않게 붙드는 잘 박힌 못이 될 것입니다.

말씀을 읽고 배우고 연구하며, 선포하는 설교를 귀담아듣고 삶에서 실천하면 말씀의 능력이 삶에 나타날 것입니다. 어떤 마귀도 이단도 건드리지 못하는, 말씀으로 무장되는 성도가 되는 것입니다. 하나님의 말씀이 말세에 우리를 안전하게 지켜 주는 가장 안전한 찌르는 채찍, 잘 박힌 못이 되어 주실 것입니다.

30

일의 결국을
다 들었으니

전 12:13-14

일의 결국을 다 들었으니
하나님을 경외하고 그의 명령들을 지킬지어다
이것이 모든 사람의 본분이니라
하나님은 모든 행위와 모든 은밀한 일을
선악 간에 심판하시리라 (전 12:13-14)

• • •　　첫 번째 장의 제목은 "영원이 순간에게 말을 걸다"였습니다. 지혜자(코헬렛)가 하나님께 받아 정직하게 기록한 말씀입니다. 전도서는 해 아래의 세상과 해 위의 세상을 대조합니다. 해 아래의 세상은 헤벨의 세상이요, 해 위의 세상은 영원한 올람의 세상입니다. 전도서는 올람이 헤벨의 세상에 말을 거는 이야기입니다.

해 아래서 사는 인생에게 가장 높은 곳은 해입니다. 해 아래에서 사는 인생에게 가장 빛나는 것도 해입니다. 그래서 해가 전부였습니다. 해가 뜨면 밝음이라고 해서 좋아했고, 해가 사라지면 흐림이라고 우울했습니다. 해 아래에서 최고 잘사는 사람이 되는 것이 목적이었습니다. 정직하게 살려는 사람도 최고의 목표가 하늘을 우러러 한 점 부끄럼이 없이 사는 것이었습니다.

우리가 잘 아는 소설을 영화화한 〈바람과 함께 사라지다〉에서 유명한 대사가 있습니다. 여주인공 스칼렛이 "내일은 내일의 태양이 뜰 거야" 하며 영화가 끝이 납니다. 내일의 태양이 찬란하게 뜰 것이기 때문에 우리는 오늘의 눈물을 참고 살아가기도 합니다.

이렇게 인간이 바라보는 최고의 존재는 해입니다. 해가 비치면 좋고, 해가 지면 슬퍼합니다. 밝은 날에 찬양하고 어두운 날에 눈물을 흘립니다. 해는 인생 희로애락의 이유입니다. 모든 것이 해 아래에서 일어나는 것들이지, 해 위의 세상은 아무에게도 존재하지 않습니다.

그래서 모든 사람은 내가 오를 수 있는 한 높은 자리에 올라 해와 가장 가까운 자리에 서려고 합니다. 자기 분야에서도 해와 가장 가까운 자리에 올라가는 것, 이게 해 아래 살아가는 사람이 가지는 최고의 목표가 아닐까 생각합니다. 그런데 우리는 질문해 봐야 합니다. 과연 해와 가장 가까워지면 행복이 올까요?

유하 시인이 《바람부는 날이면 압구정동에 가야 한다》(문학과지성사)에 발표한 시의 일부입니다. "눈앞에 저 빛! … 의심하라 모든 광명을!" 제목이 짐작 가십니까? 바로 "오징어"입니다. 오징어 배가 오징어를 유혹하기 위해 까만 밤바다 위에 대낮처럼 불을 켜 놓습니다. 오징어들이 "빛이다!" 하고 몰려들어 1등으로 달려가 탁 물면 밥상 위에 올라가는 것입니다. 그래서 오징어의 마음으로 쓴 시입니다. 오징어의 심정으로 읽으니 얼마나 와닿습니까?

우리 역시 하늘에 떠 있는 태양을 보고 이렇게 한번 의심해 볼 필요가 있지 않겠습니까? 눈앞에 저 빛! 의심하라 하늘에 떠 있는 저 태양을! 저 빛을 따라가도 되는지, 저 빛이 정말 내게 성공을 주는지, 저 빛이 정말 내 인생을 걸어도 될 만한 빛인지 한 번쯤 의심해야 합니다. 저 빛이 아닐지도 모릅니다. 다른 빛이 있을지도 모릅니다. 더 밝은 빛이 있을 수도 있습니다.

～ 올람을 맛본 청년

해 아래에서 최고가 되기 위해 달려가는 한 사람이 있습니다. 사울이라는 청년입니다. 길리기아 다소에서 태어난 이 청년은 예루살렘으로 유학까지 왔습니다. 열심히 공부해서 최고의 학교에 들어갔고 당대 최고의 스승 가말리엘의 제자가 됩니다. 최고 석학의 제자가 된다는 것은 이스라엘의 모든 유력 인사와 연결된다는 뜻이었습니다.

학문적으로 탄탄했으며 실력을 겸비했고, 가말리엘의 인맥을 등에 업고 많은 유력 인사들을 알게 됩니다. 그는 해 아래서 차근차근 최고의 자리를 향해 빈틈없이 달려갑니다. 그의 목표는 최고의 집권 세력인 산헤드린 공회원이 되는 것입니다. 이 정도 속도라면 최연소 산헤드린 공회원이 될 수도 있을 것 같아 가슴이 뜁니다. 이스라엘 조간신문 헤드라인에 "사울, 최연소 산헤드린 공회원 되다"라는 문구가 올라갈 때까지 달음박질을 멈추지 않습니다. 산헤드린 공회원이 된다는 것은 무소불위의 권력을 가진다는 것을 의미합니다.

산헤드린 공의회는 이스라엘의 최고 의결기구입니다. 대제사장이 의장이고, 제사장 24명, 장로 24명, 서기관 22명으로 구성됩니다. 처음에는 대부분 제사장들과 사두개인들로 채워져 있었는데, 점점 바리새파 사람들의 세력이 커지면서 바리새파 사람들도 산헤드린 공의회의 구성원이 되는 길이 열렸습니다. 사울은 산헤드린 공회원이 되기 힘들었던 바리새파였는데, 점점 산헤드린 공회원이 바리새파들로 채워지면서 그의 소망도 현실이 될 수 있는 길이 열렸습니다. 그러니 얼마나 더 열심히 달렸겠습니까?

그런데 남들도 다 열심히 달려가고 있으니, 뭔가 다른 업적이 필요합니다. 이력서에 써넣을 만한 눈에 띄는 업적이 필요했습니다. "아, 맞다. 예수쟁이들. 지금 이스라엘 산헤드린의 가장 큰 골칫거리인 그들을 잡으면 그것보다 더 확실한 공로가 어디 있겠는가?" 그때부터 그는 눈에 불을 켜고 예수쟁이들을 잡으러 다닙니다.

사람 몇을 모아서 예수쟁이가 있다는 소문이 들리면 그곳이 집이든 광장이든 달려가서 잡아옵니다. 예수 앞잡이면서도 백성들의 존경을 받던 스데반은 특별히 무리를 주동해 죽이기까지 합니다. 옷 지키는 자로 곁에 서 있었다고 했지만, 사실 사울이 그 모든 일의 주동자였습니다.

스데반 같은 거물급을 한 명 보냈으니 어느 정도 이력서에 쓸 만은 한데, 확실한 쐐기를 박기에는 뭔가 부족한 듯합니다. 그러다 저 다메섹에 예수쟁이 일당이 있다는 소식을 듣고 그 기회를 잡습니다. 산헤드린을 찾아가 체포 영장을 발부받아 사람들을 이끌고 그 먼 다메섹까지 살기등등하여 달려갑니다. 어쩌면 이번 예수쟁이 소탕 작전만 성공하면, 사울의 인생은 탄탄대로가 열릴 수 있을지도 모릅니다.

그날따라 내리쬐는 태양이 왜 그렇게 찬란한지. 그 해 아래서 이제 최고가 될 시간이 얼마 남지 않았습니다. 정오의 태양이 사울의 인생을 축복하듯 중천에 떠서 다메섹 가는 길을 비추어 줍니다. 가장 높이 떠 있는 정오의 태양은 가장 최고를 꿈꾸는 사울의 모습을 닮았습니다. 사울은 해 아래 헤벨의 세상에서 헤벨의 최고를 꿈꾸며 달려갑니다.

그런데 놀라운 일이 일어납니다. 한 번도 본 적도 들은 적도 없고, 상상조차 해 보지 않은 일이 거짓말처럼 펼쳐집니다. 하늘을 뚫고 해 위 올람의 세상으로부터 올람의 빛이 내리쬐는 것입니다. 태양을 보는데, 세상에 태양보다 더 밝은 게 어디 있습니까? 사울의 눈에 태양보다 더 밝은 빛이 내리쬐는데, 바로 올람에서 내려오는 빛이었습니다. 그 빛은 정오의 태양과는 비교할 수 없습니다. 사울은 그 순간 자기가 알던 해보다 더 밝은 빛이 존재한다는 것을 알았습니다. 그리고 그 빛과 함께 하늘을 뚫고 내려오는 예수님의 음성이 있었습니다.

그때 사울은 올람의 세상을 헤벨에서 경험합니다. 올람의 빛을 보았고, 올람의 음성을 들었습니다. 올람의 세상을 본 사람은 절대로 예전처럼 살 수 없습니다. 새로운 세상을 경험했기 때문입니다. 그 모든 경위를 바울은 아그립바 왕에서 이렇게 전합니다. "왕이여 정오가 되어 길에서 보니 하늘로부터 해보다 더 밝은 빛이 나와 내 동행들을 둘러 비추는지라 우리가 다 땅에 엎드러지매 내가 소리를 들으니 히브리 말로 이르되 사울아 사울아 네가 어찌하여 나를 박해하느냐 가시채를 뒷발질하기가 네게 고생이니라 내가 대답하되 주님 누구시니이까 주께서 이르시되 나는 네가 박해하는 예수라"(행 26:13-15).

그는 그때부터 해 아래 최고의 사람이 아니라, 해보다 더 밝은 빛이신 예수를 위해서 살기로 결심합니다. 올람의 빛을 맛본 사람은 당연히 그렇게 살게 되어 있습니다. 바로 사도 바울의 이야기입니다.

〜 우리가 올람을 만나는 순간

혹시 낮잠을 자다가 누가 깨우는 소리에 잠이 깬 적이 있으십니까? 정신을 차리고 보면 한참 동안 날 부르고 있었다는 것을 어렴풋이 알게 됩니다. 바울은 이 세상에서 꾸고 있던 단잠에서 깬 것입니다. 하늘에서 언제부터였는지 "사울아…, 사울아…" 자기를 부르시던 주님의 음성을 그날 들은 것입니다. 올람의 소리. 하나님은 해 위에서 우리를 부르고 계십니다.

고(故) 이어령 교수의 평생 화두가 되었던 말 '메멘토 모리'는 라틴어로 '죽음을 기억하라'는 뜻입니다. 그분이 6살 때 보리밭에서 굴렁쇠를 굴리던 밝은 대낮에, 해가 정수리 위에서 밝게 비추고 있을 때 이유 없이 눈물을 흘렸습니다. 갑자기 죽음을 생각하고 울었던 것입니다. 사람은 태어날 때부터 죽음을 기억하고 눈물을 흘립니다. 기저귀를 찬 아이가 우는 것은 기저귀에서 수의의 까칠한 촉감을 느끼기 때문이고, 고이 잠든 아이가 밤에 앙앙 우는 것도 죽음을 기억해서 우는 것입니다. 그분의 책《메멘토 모리》(열림원)에 기재된 동명의 시에는 다음과 같은 내용이 나옵니다. "목숨은 태어날 때부터/ 죽음의 기저귀를 차고 나온다/ 아무리 부드러운 포대기로 감싸도/ 수의壽衣의 까칠한 촉감은 감출 수가 없어/ 잠투정을 하는 아이의 이유를 아는가// 한밤에 눈을 뜨면/ 어머니 숨소리를 엿듣던/ 긴 겨울밤/ 어머니 손 움켜잡던/ 내 작은 다섯 손가락…."

이어령 교수는 한 인터뷰에서 이 시를 읽고 이렇게 설명합니다. "이게 대학에서 라틴어 메멘토 모리를 배우다가, 그래 맞아, 나는 6살 때 죽음을 본 거야. 깜깜한 밤이 아냐. 밝은 대낮, 찬란한 대낮 속에서 모든 게 정지된 것 같은, 정수리 위에 해가 뜬 어느 정적의 순간에 나는 죽음을 봤던 거야, 정반대로."

바울은 가장 밝은 대낮에, 멀리서 들려오는 주님의 음성을 들었습니다. 어쩌면 그 소리는 바울의 귀에 어릴 적부터 들려왔던 소리일지도 모릅니다. 출세의 소리가 너무 커서 자기를 부르는 주님의 소리가 들리지 않았던 것입니다. 태양이 너무 눈이 부셔 그 위에서 비치고 있는 주님의 빛을 볼 여유가 없었을지도 모릅니다. 이어령 교수는 6살 때 들려왔던 죽음의 소리가 자기를 부르는 주님의 소리였다는 것을 70 중반이 되어서야 깨닫고 예수님을 믿게 됩니다. 그리고《지성에서 영성으로》(열림원)라는 책에서 그 긴 여정을 소개했습니다.

우리를 부르는 주님의 음성이 어쩌면 영화에서 흔히 나오는 모습 같을지 모르겠습니다. 바로 옆에 포탄이 떨어지는 전쟁터, 그 엄청난 꽝음에 고막이 충격을 받아 아무 소리도 들리지 않고 의식을 잃어 갈 때, 누군가 어깨를 붙들고 흔들면서 내 이름을 부르는 모습 말입니다. 그러다가 갑자기 "정신 차려!"라는 소리가 들릴 때 숨이 돌아오고 기침을 하며 다시 살아나게 되는 모습 말입니다.

어쩌면 하나님께서 평생 우리의 이름을 불러 오셨는지 모릅니다. 바울의 어깨를 붙잡고 하나님이 계속 그 이름을 불러 오셨는지 모릅니다. 그러다 거짓말처럼 하늘을 가르고 쏟아지는 빛과 함께 그 음성이 들립니다. "사울아… 사울아…." 그 순간 그에게 구원이 임한 것입니다.

미국에서 개척 교회를 할 때 박사 과정 중인 유학생 한 명이 있었습니다. 교회에 크게 믿음이 있어서 오는 것은 아니었습니다. 질문도 많고 호기심도 많았으나 성경이나 예수님의 이야기를 무협지 소설만큼도 신뢰하지 않던 사람입니다. 그런데 어느 주일날 그 청년이 장난기가 싹 가신 얼굴로 주님을 만났다고 말하는 것입니다.

그가 목장 모임에서 간증하기를 주중에 차를 몰고 고속도로를 달리는데 갑자기 앞차가 사고가 났다고 합니다. 충돌하면 자신도 죽었을 만큼 빠른 속도로 가던 중이었습니다. "이제 죽었구나" 하는 순간에 그때까지 없었던 갓길이 중앙분리대 쪽에 보이더랍니다. 그 순간 핸들을 왼쪽으로 틀어서 갓길로 들어가 한참 미끄러지다가 차가 멈추고 살았다는 겁니다.

갓길에 차를 멈추고 정신 나간 사람처럼 핸들을 붙들고 있는데 갑자기 죽음이 코앞에 있었다는 것을 알고, 자기가 순식간에 죽음의 세계에 건너갔다 온 것 같더랍니다. 그는 그 차 안에서 올람의 소리를 들은 겁니다. 정신을 차리고 생각해 보니 지금까지 없던 갓길이 내 앞에서 생기는 것도 절대 우연이 아니다 싶어, 예수님이 날 부르고 있다는 것을 깨닫고 그 자리에서 예수님을 영접했답니다. 그 이후로 믿음이 좋아진 청년은 교회를 열심히 다니다 교회 청년과 결혼하고 박사를 마친 후 오클라호마 대학교에 교수로 갔습니다.

우리는 이 세상을 쫓아가느라 귀에 대놓고 말씀하시는 음성이 안 들릴 때가 많았습니다. '조금만 더 있다가, 조금만 더 있다가' 하며 마음을 닫아 놓아서 모태부터 들리던 그 소리가 뭔지도 모르고 살았습니다. 주님이 우리를 사랑하시어 대부분은 그 소리를 듣고 구원받았습니다.

우리는 살면서 이 세상이 아닌 다른 세상에서 들리는 소리, 다른 세상에서 비쳐 오는 빛을 만날 때가 있습니다. 하나님이 계신 세상이 있습니다. 저는 더 이상 할 말이 없습니다. 단지 성경이 말한 바, 우리가 살아가는 해 아래 헤벨의 세상과 우리가 가야 할 해 위 올람의 세상이 있다는 것을 전할 뿐입니다. 그리고 우리는 헤벨에서 단 하루를 살아도 올람의 소리를 들으며 살아야 하는 존재입니다. 전도서 12장 13절의 말씀으로 마무리하겠습니다. "일의 결국을 다 들었으니 하나님을 경외하고 그의 명령들을 지킬지어다 이것이 모든 사람의 본분이니라"(전 12:13).